河北省省级科技计划软科学研究专项资助（编号：22557614D）

河北省科技园区创新生态研究

石翠仙 著

中国社会科学出版社

图书在版编目（CIP）数据

河北省科技园区创新生态研究/石翠仙著. —北京：中国社会科学出版社，2023.8
ISBN 978-7-5227-2556-7

Ⅰ.①河… Ⅱ.①石… Ⅲ.①高技术园区—国家创新系统—研究—河北 Ⅳ.①F127.22

中国国家版本馆 CIP 数据核字（2023）第 165977 号

出 版 人	赵剑英
责任编辑	任睿明　刘晓红
责任校对	周晓东
责任印制	戴　宽

出　　版	中国社会科学出版社
社　　址	北京鼓楼西大街甲 158 号
邮　　编	100720
网　　址	http://www.csspw.cn
发 行 部	010-84083685
门 市 部	010-84029450
经　　销	新华书店及其他书店
印　　刷	北京君升印刷有限公司
装　　订	廊坊市广阳区广增装订厂
版　　次	2023 年 8 月第 1 版
印　　次	2023 年 8 月第 1 次印刷
开　　本	710×1000　1/16
印　　张	13
字　　数	209 千字
定　　价	69.00 元

凡购买中国社会科学出版社图书，如有质量问题请与本社营销中心联系调换
电话：010-84083683
版权所有　侵权必究

前　　言

随着经济全球化及市场环境不断地变化，一个单独个体或企业很难拥有创新所需要的全部资源。企业与上下游，甚至竞争对手之间需要互惠共赢。创新系统的生态性为创新活动提供所需的资源及支撑。创新生态系统是指聚集在一个或多个核心企业或平台周围的多方创新主体与外部环境相互联系、共同化，实现共生共惠和价值创造的创新网络。这个网络由不同参与者创新活动构成，具备动态协调结构。集合政、产、学、研、金、服、用等多种主体，以创新为落脚点、资源共享为载体的复杂网络结构，网络中各相关主体相互依赖、相互共生，不同于传统创新管理，核心企业是创新生态系统的枢纽，如提供生态核心关键技术、提供最终产品和服务等。若将创新生态网络划分出层次，应该有六层。分别是：基础设施和政策法规为保障的环境层；以创新平台为强化的链接层；创新产业集群为核心的技术扩散层；以创新网络为协同的效应放大层；以创新文化为促进的价值观层；以打造创新共同体为目标的方向层。

科技园创新生态注重科技园生态链上各类企业能否获得充足的"食物"和丰富的给养，享受更多生存发展机会，规避竞争和被"吞噬"的风险。本书以河北省科技园区创新生态发展为研究对象，围绕提升河北省科技园区整体创新实力为目标完成三项主要内容。一是成效和经验。通过对河北省域国家和省两级高新技术区、大学科技园区、科技成果转移转化示范区、农业科技园区、科技企业孵化器、创新平台等创新载体生态发展进行全面深入调研，系统总结河北省科技园区创新生态发展的成效和经验。二是问题与原因。镜鉴国内外典型科技园区创新生态发展实践及经验，分析河北省科技园区创新生态发展存在的主要问题及原因。三是对策与建议。基于新时代河北省科技园区创新生态发展面临的新形势及制约各类园区创新发展的关键问题，从远期与近期两个视角锁定新目标，提出整体提升河北省科技园区创新生态发展对策与创新路径。

　　基于全面普查调研河北省科技园区现状，本书研究从三个方面展开。一是河北省科技园区创新发展情况全面画像及数据资料库的构建。具体思路是，以科技园区整体创新实力提升为研究导向，基于河北省"十四五"科技规划中关键核心技术分类，在《中国科技统计年鉴》《中国高技术产业统计年鉴》《中国火炬统计年鉴》、EPS 数据库及各省份科技统计年鉴的数据基础上，结合科技创新生态指标研究学术成果，构建科学的、适合河北省省情的科技园区创新生态指标体系。通过指标的选取与设定，指导完善网络调查、田野调查、文献调查和问卷调查的数据采集目的及内容，全面深入地完成河北省主要科技园区数据调查，形成科技园区数据资料库。二是科技园区创新生态调查。具体思路是，分析河北省主要科技园产业的空间布局演化和产业增长格局，镜鉴国内外先行科技园理论和实践经验，依托河北省科技创新现状，从理论和实践两方面定性、定量分析河北省科技园创新生态、发展情况。继而以主要动力因素为依据，提炼河北省科技园产业集群演化的主要集聚模式，以有利于数据分析、规律发现和决策支持。三是样本科技园区实证研究。具体思路是，采用价值网络分析法对样本科技园区进行实证研究，分析其科技成果转化、创新与产业化策略。并对标发达省份实践经验，基于河北省发展内部需求和外部形势，依据新巴斯德象限的高科技政策范式理论和创新活动三方"科研院所—大学—产业"的三螺旋结构模型，总结样本科技园区经验，提出对策和建议。

目　　录

第一章　绪论 ………………………………………………………… 1
　　第一节　研究价值与意义 ………………………………………… 1
　　第二节　已有文献述评 …………………………………………… 3
　　第三节　框架思路 ………………………………………………… 7
　　第四节　研究各章节的主要内容及逻辑安排 …………………… 8

第二章　国外科技园区创新生态系统的发展模式及启示 ………… 11
　　第一节　德国科技园区创新生态发展模式及启示 ……………… 12
　　第二节　美国科技园区创新生态发展模式及启示 ……………… 15
　　第三节　法国科技园区创新生态发展模式及启示 ……………… 18
　　第四节　日韩科技园区创新生态发展模式及启示 ……………… 24

第三章　中国科技园区创新生态系统发展模式与经验 …………… 32
　　第一节　中国国家创新体系建设 ………………………………… 32
　　第二节　中国科技园区发展历程 ………………………………… 43
　　第三节　中国重点科技园区创新体系发展模式与经验 ………… 44
　　第四节　国内外科技园开发建设总体影响评价 ………………… 54

第四章　河北省科技园区创新生态优化 …………………………… 57
　　第一节　河北省科技产出和优势
　　　　　　——基于发明专利授权视角 ……………………………… 57

第二节　河北省科技园区数据资料库构建 …………………… 64
　　第三节　河北省特色产业数据资料库构建 …………………… 90
　　第四节　河北省各设区市科技园分布及重点项目 …………… 111
　　第五节　科技园区科技型企业创新生态评价指标体系 ……… 118

第五章　科技园区政策总体情况（2020—2022 年）……………… 126
　　第一节　科技园政策环境………………………………………… 126
　　第二节　我国科技园区发展政策逻辑主线……………………… 128
　　第三节　河北省科技园区政策重点领域分布…………………… 131

第六章　河北省科技园区创新生态对策建议与研究展望………… 144
　　第一节　对策建议………………………………………………… 144
　　第二节　研究展望………………………………………………… 160

附　　录……………………………………………………………… 162

参考文献……………………………………………………………… 198

第一章

绪　论

第一节　研究价值与意义

20世纪30年代之前，市场经济处于完全竞争阶段，政府不干预企业投资和经营，企业自发向成本更低的区域转移，逐渐形成集聚经济。根据马歇尔理论，一种产业选定某个地方后，同种或者关联产业也会向该地靠近，相互之间组成生产环节上的互利或者互补的共同体，共享基础设施和昂贵机器。在以蒸汽动力技术广泛应用为特点的工业革命时代，韦伯提出，一个工厂规模的扩大能够给工厂带来利益或者节约成本。而若干个工厂集聚在一个地点能够给工厂带来更多收益或者节省更多成本，所以工厂有集聚的意愿。实际支付运费最低的地点，将会成为工业集聚的地点。在西方发达国家的城市内部，陆续出现承载产业活动的工业区，有的是围绕城市内部自发形成，有的是围绕主导工业部门或者企业建立，有的是为多个新企业入驻而改造的城市内部综合性工业区，都是由于集聚而产生规模效益，并且一定数量的企业及其产业活动集聚必然需要一定的空间予以承载。

20世纪30年代后，世界各国政府基本采用产业区域开发政策，来加强对经济生活的干预和调节。美国、英国等国家，通过振兴老工业区或者内城地区以及在郊区建设新的产业园区，逐渐形成以产业集聚为特征的经济运行形式。产业园区可以给厂商提供公共设施服务、节约企业成本。

20世纪50年代后，发展中国家开始注重从政府维度通过产业区域开发政策来发展国家经济。政策目标则是实现经济快速增长，兼顾收入的公平分配。通过政策引导各地区均衡发展，减少区域差异。政策类型主要是两类，一是如何降低产业成本，二是如何提供基础软硬件支撑。为工厂设备提供资金、为投资者提供优惠税率和提供工业厂房等基础设施等政策，而建设产业园区则是产业区域开发政策的重要措施。

从产业区域开发政策来看，产业园可分为免税区、自由贸易区、工业园、科学园、经济技术开发区、创业产业园区等。由于各国国情和发展阶段不同，各自所设立的产业园区种类和名称也不同。产业园在冷战后期，面临全球能源危机、科技创新等各种发展压力，逐渐向现代产业园区转变，形成了包括科技园、创新开发区等新型园区。这其中以美国斯坦福研究园的形成为主要标志。其主要目的是应对传统产业转型及科技革命的推动。而后在日本筑波、中国台湾地区、韩国大德等地形成高科技园区。相比而言，我国大部分科技园起步较晚。总体来看，世界各国的科技园主要是以增加就业机会和促进高技术制造业增长为目的，通过完善的基础设施、创新创业孵化服务等为吸引力而形成的产业聚集区。科技园从创新和创业两个方面持续提升区域创新结构，成为促进科技与经济紧密互动的前沿阵地。

科技园区是为从事新产品或者新工艺开发、生产和销售的公司提供场所、服务和有关政策支持的组织机构，既是提升地区经济优势、促进企业发展的重要工具，也是国家创新体系的重要组成部分。科技园担负着提高我国技术创新水平和推动高新技术产业发展的历史重任，是国家创新体系的一个重要组成部分。[①] 科技园区在区位上邻近科研机构，以高新技术知识创造为核心地位以及帮助新创企业孵化发展的专业化服务网络。新知识生产（创新）和已有科技知识商业化利用（创业）是科技园的两大核心功能。

我国科技园区基本开始于20世纪90年代，主要依靠自身的科技力量和科技资源，实现高技术成果商品化、产业化和国际化。科技园区在市场机制的作用下，由众多不同的主体（企业、大学和研究机构、政

---

① 杨震宁等：《中国科技园绩效评估：基于企业需求的视角》，《科学学研究》2007年第5期。

府、中介服务机构）参与，相互作用和相互激励，对创新资源（人才、高技术成果、资金、政策等）进行重新组合，形成具有一定竞争力的高技术产业集群。①

科技园区创新生态系统是由产业集聚、行业领域的企业、中介服务机构、金融机构、科研院所等创新主体，在所处的经济环境和自然环境下共同构成的复杂系统，通过集群内企业群的相互关联及共同协作，从而实现集群内创新水平的提升。② 科技园创新生态系统重点在创新生态系统各主体间通过市场机制形成的网络之间的关系。对科技园区创新生态的研究会关注创新主体、外部环境。创新主体包括园区科技型企业、研发机构、科研院所等，外部环境涉及政府、金融机构、中介服务机构、文化氛围等。

河北省科技园始建于20世纪90年代，以高新区为代表。随着京津冀协同发展战略的实施，科技园成为河北省发展高科技产业、培育新动能的重要平台。经过三十多年的发展，河北省科技园区正在建立起适合自身特色的创新生态发展模式，为技术创新和产业升级营造优势。

基于创新生态系统的角度来研究科技园区，为河北省建设科技园指明了方向。研究显示，河北省科技园区创新生态系统具有不断增强的区域引领作用。构建成熟的科技园创新生态系统，对于培育高精尖产业，培养国际化高科技人才，实现技术创新驱动，促进河北省高质量发展和区域协调发展新机制意义重大。

第二节 已有文献述评

世界各国把发展高科技园区作为促进本国高新技术产业和区域经济发展的重要手段。高科技园区在建立了成熟的创新生态系统后，能够发挥国家和区域发展的强大辐射作用，促进高新技术产业聚集和升级，形成良性循环。

笔者从中国知网搜索到501篇关键词为"科技园"的中文核心及

---

① 吴林海：《中国科技园区域创新能力理论分析框架研究》，《经济学家》2001年第3期。
② 林嵩：《创业生态系统：概念发展与运行机制》，《中央财经大学学报》2011年第4期。

CSSCI 期刊文章，见图 1-1，11 篇关键词为"科技园、创新生态"的中文核心及 CSSCI 期刊文章，见图 1-2。

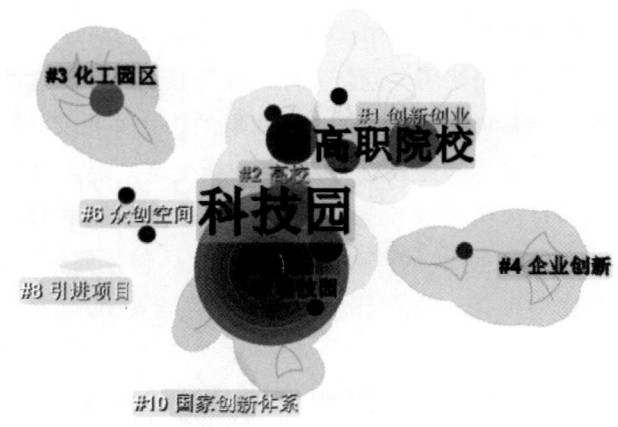

图 1-1　关键词为"科技园"的中文核心及 CSSCI 期刊文章关键词聚集情况

资料来源：笔者采用 CiteSpace 软件自制。

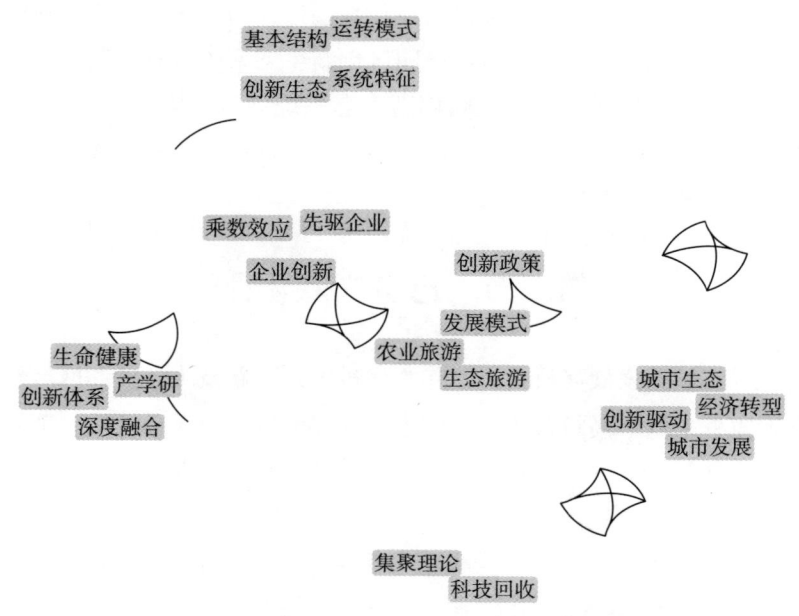

图 1-2　"科技园、创新生态"关键词聚集情况

资料来源：笔者采用 CiteSpace 软件自制。

学者研究集中在以下三个方面：

第一，科技园区为高新技术企业提供发展土壤。杨震宁等[①]提出科技园为知识型公司和高技术附加值企业规范生长提供土壤。科技园区内企业通过科技园提供的资源和研究机构构建合作关系。特别是对于一些中小型高科技公司来说，在科技园的良好研究环境中进行技术转移、积累商业运作技巧对公司的发展壮大是十分关键的。Felsenstein[②]认为，科技园的建立主要有两个目的，第一是扮演孵化器的角色成为新技术的温床，将大学和研究机构的知识转化到公司内部；第二则是扮演地区经济发展中催化剂的作用，促进经济增长。

第二，科技园区的创新生态发展有利于促进国家和区域经济发展。国际科技园协会首次提出科技园建设的三元参与理论，认为科技园作为政府、高校、企业三方互动结合的产物，其发展必须由各方共同参与、相互协调、积极推动。麻彦春[③]认为，政府、高校、企业、孵化器、中介机构以及金融机构铸成的体系共同驱动了科技园的快速发展。国家政府应密切关注科技园内高新技术企业的发展状态和对政策的需求，及时制定和修改政策，切实有效地鼓励和支持科技园内的高新技术企业发展壮大。马宗国等[④]总结了国外高科技园区创新生态的五种发展模式，分别是创新政策系统引导模式、营商环境系统共享、企业研发创新系统驱动、创新型人才系统驱动、文化系统培育等。通过研究新加坡裕廊工业园、法国索菲亚科技园、荷兰埃因霍温高科技园、德国慕尼黑高科技工业园区、美国硅谷、日本筑波、以色列特拉维夫等高科技园区创新生态系统，为我国高科技园区发展提供经验。

第三，高研院所技术溢出能力影响科技园孵化效率。汪涛和杨雪

---

① 杨震宁等：《企业入驻科技园的动机及影响因素模型研究》，《科学学研究》2008年第1期。
② Felsenstein, "University-related Science Parks", Technovation, Vol. 24, No. 3, March 1994, pp. 28-35.
③ 麻彦春：《产业集聚视角下科技园融资的市政分析》，《税务与经济》2007年第7期。
④ 马宗国等：《国际典型高科技园区创新生态系统发展模式及其政策启示》，《经济体制改革》2022年第1期。

梅[1]从高校技术创新能力入手，对2014—2018年大学科技园的孵化效率和高校技术创新溢出能力做了模型测试，深入研究大学科技园受技术扩散产生的孵化效率及空间异地扩展影响的程度和关系。詹绍文等[2]采用空间分析和数据统计方法，对大学科技园时空演化机理及特征进行评估，得出东部地区属于高校联盟模式，中部地区为政府主导型，西部地区为异地建设型，东北地区为产业导向发展模式。王宏伟等[3]认为大学科技园是承接高校科技成果转化和技术转移的平台。

综上所述，科技园区为高新技术企业提供发展资源与环境支持。科技园科技创新生态的形成、演化对企业创新有正向作用。学者普遍认识到生态系统内部各个创新主体之间的关系研究是考察科技园创新生态系统的关键。但是对于政府在科技园创新生态形成和演化中起到的重要作用以及如何发挥好政府政策影响的研究还比较缺乏。少数研究者贡献了为数不多的研究成果。比如谭劲松等[4]在考察轨道交通装备制造产业中讨论政府在产业创新生态中角色转变和与其他主体互动关系。欧阳桃花等[5]提出政府作为架构者，是科技创新生态发展的关键主体。

从时间维度来看，中国科技园发展中政府的角色定位和行为特征完全影响了其成长程度。特别是对于科技创新总体评分在全国后1/3位置的河北省来说，政府角色纳入科技创新生态对企业影响分析研究是有重要意义的。

课题组深入研究国内外多个优势科技园区的发展经验，去深入理解科技园创新生态系统发展的重要影响因子，比如创新主体和外部环境。创新主体将企业、科研院所、融资机构全部纳入，外部环境可以理解为科技园科技生态形成所需要的自然、基建、文化、政策等，深入讨

---

[1] 汪涛、杨雪梅：《高校技术创新溢出能力对国家大学科技园孵化效率的影响》，《华中师范大学学报》（自然科学版）2021年第5期。

[2] 詹绍文等：《国家大学科技园时空演化特征与发展绩效评估》，《中国科技论坛》2021年第9期。

[3] 王宏伟等：《寻求推动高校科技成果转化的有效途径——以北京科技大学科技园为例》，《中国高校科技》2020年第8期。

[4] 谭劲松：《产业创新生态系统的形成与演进："架构者"变迁及其战略行为演变》，《管理世界》2021年第9期。

[5] 欧阳桃花等：《中国企业产品创新管理模式研究》，《管理世界》2008年第2期。

论河北省科技园科技创新系统中创新主体构成的企业群相互关联和共同协作关系，以及主体与外部环境之间形成的复杂系统之间的交互关系，为实现集群内创新水平提升，政府角色怎样做更加有效果，提出对策建议。

第三节 框架思路

本书的研究思路如图1-3所示。

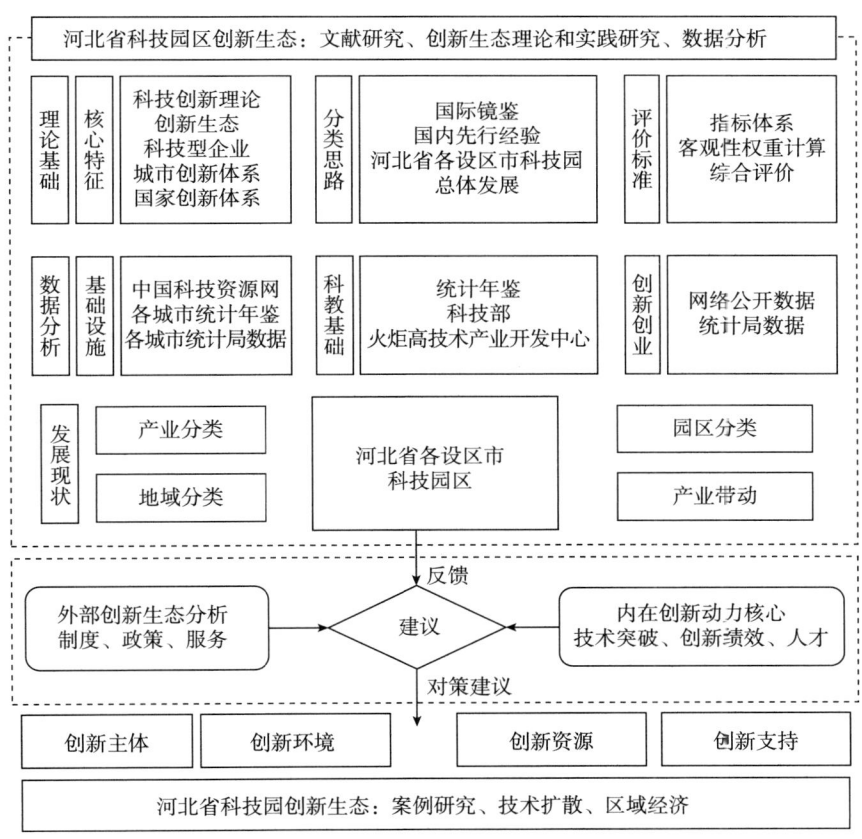

图1-3 本书研究思路

第四节　研究各章节的主要内容及逻辑安排

创新是提高社会生产力和综合国力的战略支撑，是现代化建设全局的核心。党的二十大提出到2035年建成科技强国的目标。科技强国是科技原创水平高，创新引领能力强，经济实力、综合国力和世界影响力强的国家，是由发展中大国向社会主义现代化强国迈进的必由之路。

要以中国式现代化全面推进中华民族伟大复兴，必须具有强大的科技实力和创新能力。党的二十大报告提出"加快实现高水平科技自立自强"，并对进一步完善科技创新体系提出全面要求。习近平总书记主持召开的中央全面深化改革委员会第二十七次会议亦强调，加快转变政府科技管理职能，营造良好创新生态，激发创新主体活力。在二十届中央政治局第三次集体学习上，习近平总书记强调切实加强基础研究夯实科技自立自强根基，要求各级领导干部要学习科技知识、发扬科学精神，主动靠前，为科技工作者排忧解难、松绑减负、加油鼓劲，把党中央关于科技创新的一系列战略部署落到实处。

我国科技创新体系在效能和完善性上总体上比较好。科技已经从点的突破、多点开花到成系统地整体推进，已经摆在国家工作的核心位置。按照科技部部长王志刚在2023年"深入实施创新驱动发展战略，加快建设科技强国"的主题新闻发布会上的发言重点，科技创新体系应该从以下六个方面理解。第一是科技创新能力提高。通过改革推动国家创新体系建设，构建成系统的科技能力。改革的着眼点在科技创新和科技体制机制，这是创新体系框架的基础。在体制上，政府政策要聚焦国家战略目标，开展有组织的科研，形成布局，要坚持"四个面向"开展各项科技创新活动。在机制上，要与相关部门形成合力，分级分类提出措施，及时发现创新体系中的问题，做到及时解决。第二是突出使命导向。围绕建设科技型强国，在法律、政策、战略科技力量、文化、社会、科技资源的配置、科技的评价等多个方面形成生态。第三是政府构建创新生态。政府要为有志于投身科技、立志在科研方面取得成果的全社会的参与者的积极性上构建合适的法律、政策和社会体系。第四是区域的创新布局。高校、科研院所、企业等各种力量在国家创新体系中找到位置，通过科技创新活动达到个人目标和国家目标的一致。基础研究和高科技产业化统筹起来共同支撑科技创新体系。第五是各种平台、人力、政策等资源的统筹。第六是形成科技创新合力。要注重科技人员价值观的获得。

实现高水平科技自立自强，要落实好立足新发展阶段、贯彻新发展理念、构建新发展格局、推动高质量发展的战略要求，以深化"放管服"改革为着力点和切入口，完善优化科技创新环境，瞄准世界一流的创新生态，推动提升国家科技创新整体效能，需要在基础研究、原始创新、成果转化、创新治理以及人才环境领域同步发力布局。习近平总书记强调要长期稳定支持一批研究创新基地、优势团队和重点方向，打造原始创新策源地和研究先锋力量。而科技园则是创新体系的重要组成部分和自主创新的重要基地，是区域经济发展和行业技术进步的主要创新源泉之一。科技园承担着加快科技服务产业发展、加强"产学研用"深度融合、促进科技成果转移转化的重要使命。也是吸引高科技产业、创新人才和促进区域经济发展的重要手段。

放眼世界知名科技园，有许多都在为全球创新做出巨大的贡献。如斯坦福工业园，也就是今天的硅谷，由斯坦福副校长特曼教授创建，从起初的租给工商企业或校友企业，到高科技企业聚集地，再到今日之硅谷，它已经成为影响世界高科技产业的存在。再如美国北卡三角科技园、新加坡纬壹科技城、荷兰埃因霍温高科技园区、中关村科技园、中国台湾地区新竹科技园等众多优秀的科技园，为国家和地区经济发展做出了巨大贡献。

本书对国内外知名科技园做了深入对比研究，学其风采，避其不足，以兹思考共进。在京津冀一体化大背景下，限于创新资源禀赋和创新基础条件限制，依托河北省发展实际，最有可能有作为的方面是加强"京津转化"辐射溢出能力，同时"加强企业主导的产学研深度融合，强化目标导向，提高科技成果转化和产业化水平"。这也就是说，从全省层面上看，坚持以科技成果转化为落实点来推进科技创新工作是重中之重，而科技园区则是其肯綮。

课题组以营建高水平科技园创新生态视角，在充分借鉴国内外经验基础上编写了《河北省科技园区创新生态研究》。基于科技创新理论、科技生态研究、科技创新政策、科技园理论和实践研究等，提出了河北省科技园区创新生态发展分析框架，总结归纳了科技园区创新生态发展助力河北省区域经济发展的对策建议。

  本书共分为六个部分。第一章为绪论。第二章为国外科技园发展经验。第三章为中国科技园发展情况。第四章为河北省科技园区做整体画像分析。第五章为科技园区政策汇总和分析。第六章为河北省科技园区创新生态发展的对策建议。最后附录部分为展望、调研报告、样本科技园科技数字生态的专题研究等。

第二章

国外科技园区创新生态系统的发展模式及启示

科技园发展模式主要分为两类,一类是以发展高科技技术和产业的科学城,比如斯坦福研究园(美国)、北卡三角研究园(美国)、大德研究园(韩国)、伦敦科学城(英国)等。另一类是以开展基础研究,附加大科学装置的科学城。比如哈维尔科学与创新园(英国)、筑波科学城(日本)、格勒诺布尔科学中心(法国)等。政府在科技园发展中或为主导、或为政策支持。总的来说,科技园是在一定地理范围内聚集较多的创新要素和创新主体,围绕基础或者应用研究,开展针对性原始创新活动,政府为其打造良好的体制机制及创新环境,促使科技园区成为原始创新的策源地(见表2-1)。

表 2-1　　国外部分科技园区发展经验和启示

序号	政府作用	国家科学中心	经验借鉴和启示
1	政府主导	剑桥科学园(英国)	中小企业合作频繁,生态好
2	政府主导	哈维尔科学与创新园(英国)	大科学基础设施;多学科研究中心;牛津大学、剑桥大学、伦敦大学学院、曼彻斯特大学
3	政府主导	筑波科学园(日本)	政府主导;大科学装置
4	政府主导	格勒诺布尔科学中心(法国)	大科学装置
5	政府+市场	索菲亚科技园(法国)	高端、高附加值且环保的产业;地方政府管理

续表

序号	政府作用	国家科学中心	经验借鉴和启示
6	产业+市场	硅谷（美国）	创新环境好；创新文化好
7	市场主导	北卡科技三角园（美国）	创新服务机构发达
8	政府主导	慕尼黑科技园（德国）	政府在政策环境、资金支持、产业导向示范
9	市场主导	特拉维夫（以色列）	科技创新组织扁平化管理，政府对科技创新生态的打造

资料来源：笔者通过公开资料收集整理。

历史证明，每一个科技园发展初期，一定是由政府通过政策引导的，再是国家或社会资本进场，促进生态的全面发展，进而促进产业的爆炸性发展。科技园是与所在城市高度融合的创新区域，在空间表现上为产城高度融合。许多国家会以城市为基础建设科技园区，即通过对基础服务设施较为完善、有一定创新创业基础的城区进行升级，以打造创新创业和高技术发展的创新城区或创新城市。也就是说，城市文化和环境对创新创业活动促进作用明显。与此同时，科技园也借助城市打造的创新体系来保障创新创业的持续产生。所以，对科技园创新生态研究亦要关注城市创新生态和园区创新发展两个部分。

第一节 德国科技园区创新生态发展模式及启示

一 德国城市创新体系特征

科技园区发展得益于城市创新创业体系。德国城市创新体系主要特征见图2-1。

二 德国重点科技园区创新生态模式及启示

（一）发展模式

在城市创新体系基础上，德国重要科技园区也逐渐形成生态。比如德国柏林州的阿德勒斯霍夫（Adlershof）科技园。阿德勒斯霍夫科技园位于德国首都柏林市的东南部，拥有优越的城市地理位置，现已发展成为欧洲最大的城市科技园，也是德国高科技产业园区之一。阿德勒斯霍夫科技园是世界上最早的飞机发动机研发基地，是德国航天工业的发源地。现主导产业为高新科技、光电、可再生能源、微系统和材料、信息

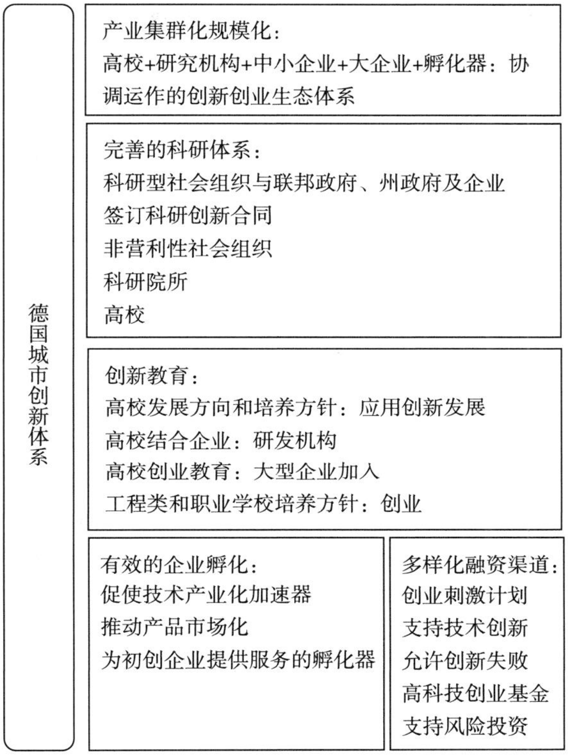

第二章 国外科技园区创新生态系统的发展模式及启示

德国城市创新体系
- 产业集群化规模化：
  高校+研究机构+中小企业+大企业+孵化器：协调运作的创新创业生态体系
- 完善的科研体系：
  科研型社会组织与联邦政府、州政府及企业签订科研创新合同
  非营利性社会组织
  科研院所
  高校
- 创新教育：
  高校发展方向和培养方针：应用创新发展
  高校结合企业：研发机构
  高校创业教育：大型企业加入
  工程类和职业学校培养方针：创业
- 有效的企业孵化：
  促使技术产业化加速器
  推动产品市场化
  为初创企业提供服务的孵化器
- 多样化融资渠道：
  创业刺激计划
  支持技术创新
  允许创新失败
  高科技创业基金
  支持风险投资

图 2-1 德国城市创新体系

资料来源：笔者根据公开资料收集整理。

和传媒、生物和环境等。截至 2022 年 6 月，阿德勒斯霍夫科学城已经成为全球最大的 15 个工业园之一，形成了完整的产业链条，包括基础研究、概念与原型开发、产品设计、实验验证以及市场推广等。园区入驻企业超过 1100 家，科研机构超过 15 家，从业人员超过 2 万人。

（二）发展启示

德国是老工业国家，有优秀的企业运行经验。在"工业 4.0"的基础上，阿德勒斯霍夫科技园建设了目前较为完善的创新创业生态体系，形成了"五城"联动、"内生"创新的有机生长模式。

其中"五城"包括：一是以洪堡大学（洪堡大学是德国最好的大学之一）科技类院系为主的高教城，这是阿德勒斯霍夫科技园创新创业生态体系的核心。二是形成了以光伏和可再生能源等六大产业研发体系的科技城，可再生能源产业在园区的集聚，光伏企业 Photovoltaics 是阿德勒斯霍夫科技园技术创新的主导企业。三是以原民主德国广播电视台为基础的传媒城，开展文艺演出、科技论坛、科技会展等多样化的活动，也创建了多功能的信息交互平台。四是以柏林创新中心等四大孵化器体系为依托的创业城，创业城中拥有强大的创新和商务孵化器，为企业提供科研、投资、应用等多方面的服务。五是节能环保的柏林州未来城，将科技园区的生态体系扩散到整个城市，建立节能环保的新型城市。

其中"内生"创新包括：内生的产学研一体。阿德勒斯霍夫科技园构建强健的产学研产业链条，在企业生产车间建设实验室，科研人员、工程师共同攻关，实验室技术直接通过生产线检验应用，极大地提高了科技成果转化效率。初创企业内部培育园区的创新和孵化中心为初创企业提供包括咨询、基础设施、租房等全方位服务。丰富的产业结构。科技城的产业结构多元，包括高新技术、文化传媒、服务经济。"五城"联合、"内生"创新形成了完整的城市创新创业链条，再加上从建设初期就已经根植的生态智慧、绿色环保、产城融合理念，不仅仅建立了阿德勒斯霍夫科技园目前完善的创新创业生态体系，也建成了宜居宜业的生活区（见图2-2）。

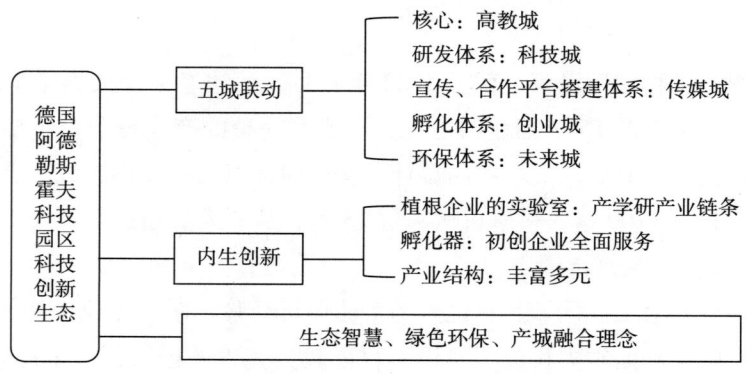

图 2-2　德国阿德勒斯霍夫科技园区科技创新生态

资料来源：笔者根据公开资料收集整理。

第二节　美国科技园区创新生态发展模式及启示

一　美国城市创新体系特征

美国城市创新体系主要体现在政府的广泛倡导与支持。其主要特征可以从政府和资源两个维度来理解。

一是政府法律法规及政策支持。美国国会制定一系列的科技法案，涉及技术创新、技术成果商业化、知识产权保护等诸多领域，形成了完善的城市创新创业法规体系。美国联邦政府在税收上推行一系列的优惠政策。联邦政府的能源部、卫生部等部门是科技管理的重要机构，国家科学基金会管理国家的科技资源。

二是政府项目计划支持。美国联邦政府制订项目计划，为创新创业提供资助，弥补风险投资的缺口，并且联邦政府的诸多部门均能够资助科研项目。比如美国联邦政府的小企业创新研究计划（SBIR），有11个联邦政府部门参与，每年投入约25亿美元，支持拥有高风险创新项目的初创公司，并且支持成立约有25%的创新型公司。

三是政府采购。美国政府通过向创新型企业采购产品的方式来支持企业的发展，并将采购的重点放在小型创新企业，这种采购支持方式通过立法的形式加以规定。联邦采购条例与美国小型企业法均明确规定政府每年从小企业采购的最低金额等各方面内容。在创业服务机构上，美国联邦政府成立一系列为创新企业提供服务的包括联邦小企业管理局（SBA）、小企业发展中心（SBDC）在内的创业服务机构。这些创业服务机构能够提供创业培训和咨询，指导企业起草商业计划书，为企业提供必要的管理技术，与银行合作为企业提供担保贷款等。此外，美国各州、郡、市也为创新创业提供所必需的服务。

四是资源体系化。美国联邦政府重视各方资源的整合，以资源的体系化促进城市创新创业生态体系的完善。联邦政府在此过程中十分重视高校的作用，将小企业发展中心（SBDC）与高校相结合，将能源部联合生物能源研究所等国家重点研究机构与高校联合，给予高校巨额的资金支持，并以"拜—杜法案"等促进科技成果转移转化的系列法律为保障。除此之外，美国联邦政府也积极地促成大中小企业之间的合作，并在研究开发、政府采购方面提供法律保护。

二 美国重点科技园区创新生态模式及启示

(一) 发展模式

美国是最早创建科技园的国家,以硅谷、128号公路、北卡三角科技园等为著名。其中北卡三角科技园是美国最有影响力的科学研究院之一,也是美国最大的研究公园。北卡三角科技园由北卡政府创设,基于三所研究型大学:北卡州立大学、达勒姆杜克大学、北卡大学。这三所大学形成了一个三角形地理带,北卡三角科技园正好处在三角形地理带的中央位置,因此得名。

北卡三角科技园于1959年1月创建,由北卡罗来纳州三角研究基金会(RTF)管理,旨在促进三角大学之间合作、大学和工业之间合作,促进经济发展。其中不乏著名研究院,如国家环境卫生科学研究院、北卡生物技术中心、微电子研究中心以及GE、IBM、思科和杜邦等大型跨国公司的科研机构等,还拥有数百家公司,包括科技公司、政府机构、学术机构、初创公司和非营利机构。有众多科研人员,仅IBM一家科技研发人员就达到15000人,[①]是全美甚至全世界高技术、高素质人才就业、圆梦的"黄金地带"。

北卡三角科技园筹建初心是为了留住高科技人才,以应对战后当地以农业、纺织业和家具业为主产业的经济衰退。北卡三角科技园紧紧抓住世界科技发展主流,从20世纪90年代开始,加速网络工程和生物技术的科技战略布局。进入21世纪,科技园重点布局生命科学、信息技术等领域(见图2-3)。

北卡三角科技园能够成为美国最具创新的科技园区,要归功于政府、企业、高校之间的密切合作。北卡政府通过大量投资,在园内兴建和发展北卡微电子研究中心及北卡生物研究中心,以吸引这两大领域的高技术公司。为帮助一些新创小型科研机构开展业务,政府下属的小企业管理局向在园内开业的小企业提供贷款担保及其他金融服务。高研院所为企业提供科技成果,企业将科技成果开发为商业产品,回馈科研人员,形成了政府—企业—高校良性的科研互动闭环(见图2-4)。

---

① 刘永:《北卡罗来纳州三角研究园区创新发展的启示》,《创新科技》2016年第9期。

第二章 国外科技园区创新生态系统的发展模式及启示

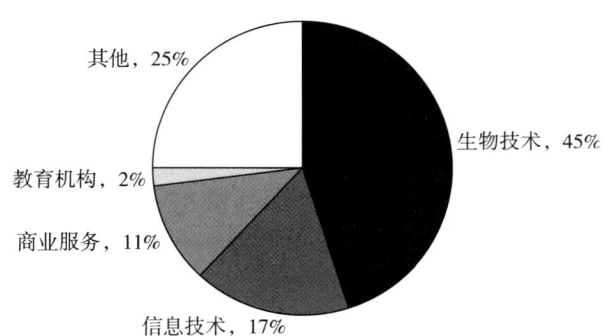

图 2-3 北卡三角科技园主要产业比例

资料来源：www.rtp.org。

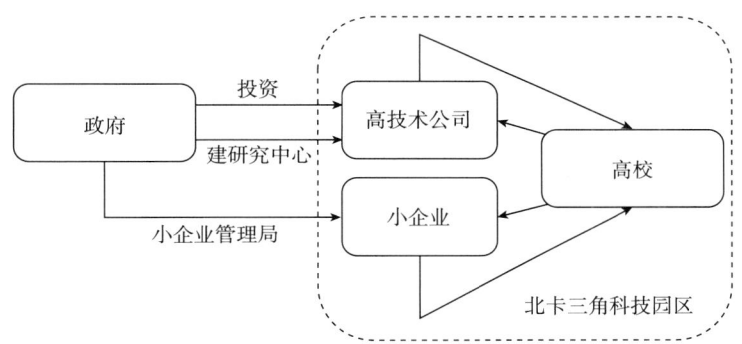

图 2-4 北卡三角科技园政府、企业、高校的良性互动

资料来源：笔者根据公开资料收集整理。

（二）发展启示

纵观北卡三角科技园的六十多年的发展，政策的持之以恒、人才的培养激励、环境的适宜舒适、大企业带动，都是其成功的重要砝码。

政策上，政府并不直接管理园区事务，而是成立三角园区基金会，使之全面运营管理园区。此外，政府的支持还体现在其辅助基金会提供园区基础设施、助力招商引资、联结企业与高校、给予税收优惠等积极行动中。在政府的持续支持下，园区内良好的营商环境得以形成。

人才上，科技园通过中央公园的地理空间协助人才广泛交流集中。园区将集装箱设计改造成微缩商业体，将园区各区域有机连接起来，加速人才交流。科技园还通过社群组织为高校学生提供施展才华的机会。

17

通过青年科学营培养、普惠科学素养,挖掘创新人才。科技园从筹划之初就关注人的生活舒适度,配套最大程度满足居民的生活和工作平衡的软硬件环境,将酒店、零售、公园、办公区和住宅等功能囊括在内。通过这三个模块的建设,北卡科技三角区将为园区居民提供高质量的住宅和商业配套,为企业提供现代化和高性价比的密集办公场所,进而吸引重新选址的大企业,帮助有创业梦想的企业家,并改变之前各组织较分散的布局,增强了不同人群、企业之间官方、非官方的互动和联系,为产学研的协同发展助力。

依托成熟企业的带动作用。1965年IBM公司加入后,园区才借势进入快速成长通道,也正是因为IBM的加入,电子业等高新技术顺利成为北卡三角区的标签。现阶段更注重对新企业的培育与孵化。

第三节　法国科技园区创新生态发展模式及启示

一　法国国家创新体系特征

法国国家创新体系经过四个阶段。20世纪60年代前,法国开始大力发展科学研究事业。到20世纪80年代末,科技创新体系逐渐形成,包括科技计划、评价、咨询和成果转化等。到21世纪20年代,国家科技体制改革继续深化。从2015年,世界科技强国地位逐渐形成(见图2-5)。

图 2-5　法国国家创新体系路线

资料来源:笔者根据公开资料收集整理。

法国戴高乐将军集中优势力量,围绕国防和战后经济复苏,组建了以基础研究和应用研究为主的科研机构,拉开了法国的国家创新体系序幕。第二次世界大战前后,法国政府组建的国立科研机构有两大类,即自由探索性质的科技型科研机构和应用导向的工贸型科研机构。科技型研发机构诸如国家科研中心、发展研究院、国家人口学研究所、国家农业研究所等。工贸型科研机构诸如石油与能源研究院、国家通信研究中心、原子能委员会和国家航空航天研究院等。这些国立科研机构成为法国科技创新体系形成的重要推动力量。

为有效管理国家科研机构，法国政府成立"科学研究与技术进步国务秘书办公室"（Secrétariat d'Etat à la Recherche Scientifique et au Progrès Technique，SERSPT）来对全国科研活动统一领导，确保政治上的集中。法国政府从1946年后开始实施"五年经济计划"，这种政府干预科研活动的做法直到2009年。从2009年开始，法国政府转而颁布实施集科学研究、经济发展、技术创新、人才培养等目标于一身的综合性科技战略规划——"国家研究与创新战略"（Stratégie Natinale de Recherche et d'Innovation，SNRI，2009—2014年），统筹谋划医疗卫生、生命健康、食品安全、生物技术、环境资源、能源交通、信息通信、纳米技术等重点领域发展。至此，法国正式进入了依靠综合性战略规划手段全面推进科技创新和经济社会发展深度融合的时代。

为有效评价科技创新体系，法国政府从20世纪80年代开始建立科技评价体系，构建出多元分类评价体系（见图2-6）。

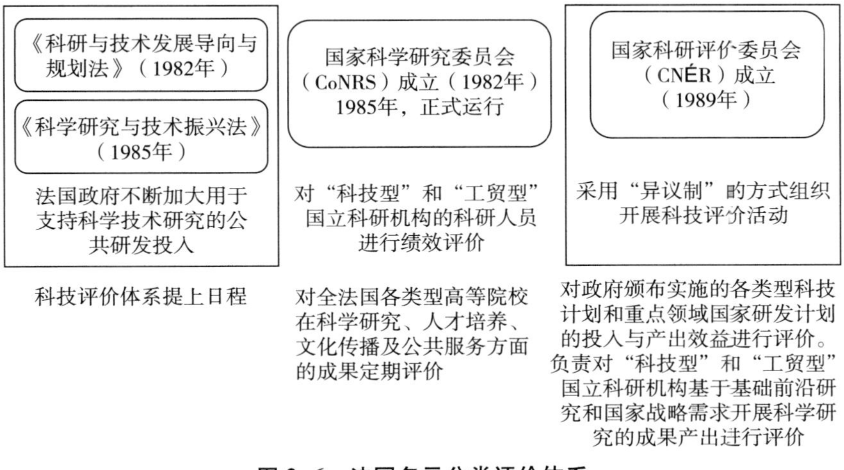

图 2-6　法国多元分类评价体系

资料来源：笔者根据公开资料收集整理。

法国两级科技成果转化体系很有学习价值，20世纪60年代到80年代，法国能够在航空航天、军工制造等多领域在世界市场均有一席之地，并实现法国辉煌三十年的成就，都得益于科技成果转化体系。该体系共由四种类型的实体机构组成，每一类机构职责分明、各有侧重、相互配合（见表2-2）。

表2-2　　　　　　　　　法国科技成果转化体系

类型	名称	特征
中央	国家科技成果推广署	统计"公—私"科研机构、实验室和个体的基础研究成果，通过技术、法律和商业评价，帮助具备"高经济价值"或"高应用前景"成果发明者申请专利并与潜在应用者开展技术创新谈判。为中小企业量身选择有合作意愿的研究或实验室机构，促使两者开展技术创新合作。举办技术创新成果展，向企业提供必要的咨询服务，全程帮助其开展技术创新服务
地区	创新与技术转让中心	向中小企业推广高研院所基础研究成果。帮助企业升级、改造工业生产模式和工具，为企业技术人员提供专业技术培训
地区	技术顾问网络	帮助企业解决技术难题，为技术转让牵线搭桥。对已经成功推广的新技术进行跟踪调研，分析市场价值
地区	研究与技术代表机构	协助科研机构和企业及时了解国家政策以及国家研发计划等。围绕国家重点任务和方向展开联合研究

资料来源：笔者根据公开资料收集整理。

20世纪初期，由于第三次石油危机和金融危机，法国市场疲软、经济滑坡，因而进行了新一轮的科技创新改革。通过颁布《科研与创新法》（1999）等系列法律，以立法形式健全在编科研人员双向流动机制，大幅度提高科研人员与企业之间的灵活度。进入后全球经济金融危机时代，在面对德国、日本、韩国等国家新一轮科技崛起的势头下，法国要维持老牌科技和制造强国，国家科技战略必须有所调整。比如建立新型科技研发组织——融合研究院。这类研究院是虚拟组织，是由一家独立法人牵头，跨学科多方共建，以经济社会发展主要技术研究需要或全球有挑战性难题研究为导向的网络化科研组织模式。比如：数字农业融合研究所：牵头申请机构是"国家农业与环境科技研究所"，联合16家合作伙伴，开展涉及社会科学、地球宇宙、生命科学、数学科学等跨学科的研究所。

法国从第二次世界大战后几十年的科技创新体系构建使得其牢牢占据世界科技强国地位。从其发展历程来看，有以下三点值得学习。递进式国家创新体系的推进、以需求为导向及时调整创新体系要素、科技立法保证科技创新体制改革的持之以恒（见表2-3）。

表 2-3 法国国家科技创新体系优势

类型	特征
科技立法	法国政府在建立、健全和完善国家创新体系进程中，无论是组建或改组创新研发执行、评价、咨询、资助机构，还是调整研发经费投入规模与强度，甚至是支持科研人员开展创新创业活动，均有明确的法律法规依据
递进式国家创新体系	"点—线—面"递进式推进的模式 "点"是指第二次世界大战结束后法国政府以特定学科领域和使命定位为导向，建立的分布在全法境内的国立科研机构和科研管理机构 "线"是指法国政府于20世纪60—90年代组建的科技评价、咨询、成果转化和资助机构及其产生的效应 "面"是指自21世纪以来，法国政府基于立法、体制机制改革等手段，着力营造有利于科技创新的生态与环境
创新体系要素组成	优化完善甚至不惜结构性改组创新体系"硬要素"的数量、使命定位与组织构架，例如，改组科技评价机构、整合科技咨询与决策机构等，以期充分确保国家科技创新政策的科学性及创新体系的韧性与有效性

资料来源：笔者根据公开资料收集整理。

二　法国重点科技园区创新生态模式及启示

（一）发展模式

法国索菲亚科技园位于法国东南部，毗邻尼斯国际机场，地理位置优越。当地以旅游业为主，缺乏工业基础。科技园建成后入驻企业超过1300家，来自60多个国家和地区，超过3万名科研人员，年创税收总额超过30亿欧元。

索菲亚科技园的创建源于皮埃尔·拉菲特个人的企业型政治家的夙愿，起于协作式"社团治理"。园区产业重点发展信息技术（包括计算机科学、电子、网络与通信）、生命科学产业（包括健康科学、精细化学与生物技术）、其他（包括地球科学等）。园区技术研发类公司占30%以上，服务与制造占40%，其他（包括协会与俱乐部、专业法人社团、零售、贸易等）占30%。还有众多有影响力的教育研发机构，如法国国家科学研究中心、国家计算机科学与控制研究所、尼斯索菲亚·安蒂波利斯大学、欧洲电信通信研究院等。①

索菲亚经过近六十年的发展，虽有各阶段的发展困境，但依然发展成为欧洲首位的战略高科技园区。在发展中，索菲亚科技园逐渐构建了成熟的企业、研究机构、高校、政府相互交叉运行格局（见表2-4）。

表2-4　　　　　索菲亚科技园发展历程

	1960—1972年 建立期间	1973—1986年 成熟阶段	1987—1995年 高峰阶段	1996—2003年 二次高潮	2004—2022年 持续发展
挑战	如何抓住机遇从制造业向知识经济转变	如何快速发展并注重环境和生活	如何解决园区快速发展带来的瓶颈	如何解决园区中小企业缺乏技术和资金问题	如何扩大索菲亚影响力
机遇	1960年IBM和Texas Instrument公司建立研发中心	出现风险投资；实验室出现；法国82年权力分治法律	科技业在全球迅速发展；欧洲人才寻求本国"硅谷"	园区科技人员积极创业；大量教育、科研、技术人才来到园区	加大对外合作
举措	政府将研发机构迁移此地；成立相关部门进行规划和区域研究；银行资金支持；引入大学和各类研究院	建立尼斯大学索菲亚分校；完善《科技园区宪章》；强调在发展经济的同时保护环境；Franlab入驻；索菲亚基金会成立；园区扩大到2300公顷	政府职能部分转移至园区；园区基础设施改善；引入咨询顾问公司、风险投资公司、律师等，形成配套产业；形成索菲亚城市管理中心	加强人才苗圃、企业孵化器等结构性运作；成立投资公司发展风险资金；大量中小科技型企业出现；以高科技企业和科研为主营业额超过旅游营业额，地区经济结构性变化	2008年，索菲亚科技园区与广州开发区、中关村签署合作意向书；与中国、韩国、日本、印度、突尼斯、摩洛哥、以色列、埃及等35个国家超过几千家机构合作

资料来源：笔者根据公开资料收集整理。

（二）发展启示

索菲亚科技园建设的成功，从社会技术②（美国演化与创新经济学家理查德·R. 尼尔森提出"社会技术"一词。包含"制度""产业商业模式""深层次文化需求"三个维度）理解，离不开其产业模式的发展（包括"电信谷"园区品牌战略的实施、"地方性"生产网络构

---

① 沙德春：《索菲亚科技园转型中的社会技术创新研究》，《科技管理研究》2016年第3期。
② Richard Nelson, "Making Sense of Institutions as a Factor Shaping Economic Performance", *Journal of Economic Behavior and Organizations*, No. 44, 2001, pp. 31–45.

建)、制度构建(包括中小企业振兴计划、"集群化"发展倡议)、深层文化气质塑造(包括"分权化"运动等)方面。①

在产业模式发展上,"电信谷"园区品牌塑造撬动力最强的是1991年成立的电信谷协会。包括法国电信、欧洲电信标准化协会、IBM等7家计算机电信领域的重要企业机构。这个协会从成立初期就是以科技研发、应用、转化为立会基础,以构建"信息社会"技术基础的共同体,形成企业与信息技术产业交流互动的重要枢纽。这种开放性合作机制从实质上推动索菲亚科技园的发展,包括科技园电信产业的技术基础、标准制定、产业规模等。同时也推动索菲亚科技园区贴牢"欧洲电信领域战略性科技园"的标签,其独特性得以树立。在地方性生产网络建构上,本土小型协会、企业家俱乐部为产业模式发展起到重要作用。这些致力于地方性知识扩散和技术创新网络建构是索菲亚科技园区迅速发展的毛细血管,强力地推动了地方性商业活动和中小机构的创建。

在制度构建上,法国政府有关中小企业的系列政策有力地推动了索菲亚科技园发展(见图2-7)。

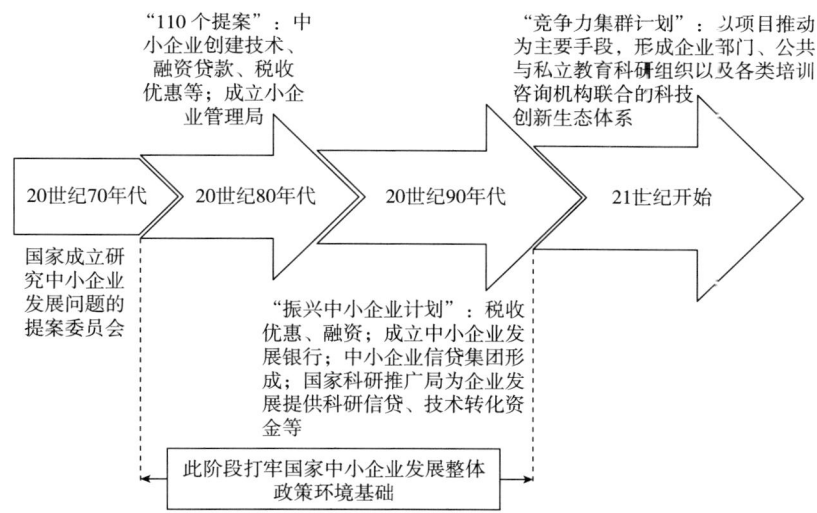

图2-7 法国促进中小企业发展政策对索菲亚科技园的影响
资料来源:笔者自制。

---

① 沙德春:《索菲亚科技园转型中的社会技术创新研究》,《科技管理研究》2016年第3期。

在深层文化气质塑造上，索菲亚科技园经历了法国从传统集权治理模式向分权化转变（见图2-8）。

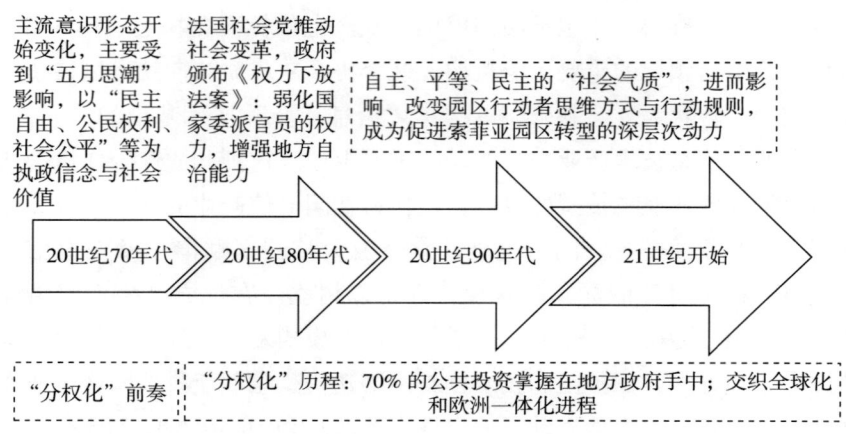

图 2-8　法国分权化进程

资料来源：笔者自制。

第四节　日韩科技园区创新生态发展模式及启示

一　日韩国家创新体系特征

日本国家创新体系鲜明特征是对企业核心技术的把握。[①] 政府和企业财团联合资助设立科研机构，以技术、专利提高核心技术研发，拉动产能。同时强调政府创新体系与科研机构创新体系深度融合，吸引人才，凝聚创造力。

20世纪60—70年代，韩国国家创新体系的核心在于对市场的敏锐感知和利用信息网络开展市场化创新、通过国际贸易打开本国企业产品竞争力的能力。一些发达国家对韩国迅速发展的贸易地位感到恐慌，因而采取保护主义措施，限制高科技流入韩国，这也促使韩国政府逐渐从贸易立国向技术立国转变。韩国于1969年成立科技部，1973年成立以

[①] 李强等：《日韩国家创新体系研究及我国的启示》，《科学管理研究》2021年第3期。

第二章 国外科技园区创新生态系统的发展模式及启示

总理为主席的国家科技委员会，1982年成立总统为主席的国家科技促进委员会，可见韩国对科技领导和决策机构的逐渐升级。20世纪70年代后效仿日本、美国等国家，开始筹建国家科技园，为本国培育新产业人才基地。

二 日韩重点科技园区创新生态模式及启示

（一）发展模式

日本筑波科技园是日本科创高地，筑波科技园在推进高校、科研机构成果转化上成果丰硕，创新了政府行政化管理模式。日本筑波科技园在距离东京东北60千米的筑波山上，距离东京机场约40千米，总面积为284平方千米。筑波科技园不仅是日本科研中心，也是世界科研中心。

筑波科技园是随着日本政府科技政策推动，逐渐形成科技创新资源的大量聚集。最早，日本政府通过《筑波科学城市建设法》督促新城建设和机构搬迁。到20世纪70年代，日本政府在东京师范学校基础上建设了筑波大学，并基于引领筑波科学城社会发展和科学技术研发的目的而进行筑波大学的学科和行政设置，形成基于学群的学科分类。这种设置体现了经济学上的产业集群思维。在80年代初期，日本出台了《周边郊区发展规划》，建设了八个工业研究开发区。政府政策的利好吸引了民间研究机构及企业的大规模入驻。可以说，筑波城的集聚效应是由政府行政力量推动而形成的。从20世纪60年代开始，筑波科技园已经建设了众多国际竞争力的大科学重要装置，有4位诺贝尔奖获得者、超过2万名科技研究人员、30多个国家级研究和教育机构。

到2000年左右，筑波科技城为应对科技成果转化率低的难题，开始向科技创新生态系统转型。日本政府通过实施综合特区制度，制定战略性、整体性的一揽子政策措施，集中投入国家政策性资源来促进区域优势资源会聚，构建产学研合作平台。重点聚焦生物医药、科技前沿、新材料等领域，开展科技研发与产业化项目。逐渐形成从项目筛选、基础研究、中试、标准研制、产业孵化等各环节的孵化链条，创新生态得以形成。

2011年后，筑波科技园因日本国家高校科技成果转移与师生创业政策的放开，得以迅猛发展（见表2-5）。

表 2-5　　　　　　　　日本科技成果转化重要法律政策

年份	法律政策	主要内容	政策推动成效
1998	《大学等技术转移促进法》	支持大学进行围绕科技创新成果进行科技成果转移转化；促进了TLO（Technology Licensing Organization）等科技转移专业化机构的兴起	TLO作为科技成果转化平台，主要的功能是进行产业化研究成果的发掘、评估和挑选，向企业提供特定研究成果相关的技术信息，向企业进行专利的使用权转让和出售，提供相关咨询建议以及进行技术指导和研发等
2000	《产业技术力强化法》	明确国立大学教师可以在民间企业兼职	2003—2007年，日本政府加快推进大学知识产权部门完善事业
2004	《国立大学的法人化》	赋予大学经营职能	随着国家政策的放开，日本的高校和研究机构也逐渐成为企业孵化的重要主体
2013	《产业竞争力强化法》	明确了大学出资业务，作为"特定研究成果应用支援事业"的核心主体	

资料来源：笔者根据公开资料收集整理。

高校和科研机构加快体制机制创新和业务模式创新，推进科技成果转移转化。基于大学经营职能及赋予相关投资权限，筑波大学积极从体制机制和业务拓展角度，加快推进科技成果转化，成立由校长领导的国际产学合作总部。合作总部具体业务包括重大联合研究事业、联合研发、委托研究、学术指导、专利管理、社会应用支援事业、创新创业教育、筑波大学SCORE、开放创新国际战略机构、企业孵化、企业研发中心联合建设、国内合作（产业合作平台）以及国际合作等。

重大联合研究事业主要是筑波大学为了推进科研成果的社会应用，联合企业共同推进。聘请企业负责人作为筑波大学的教授或准教授与企业合作进行人才培养。重大联合研究事业项目的期限一般定为2—5年。大学根据企业的委托，接受研究经费或设备，针对特定课题，形成大学的业务，其研究成果报告给委托的企业。共同研究则是大学和企业等在对等的立场上共同进行研究。从企业接收研究经费和研究人员，由学校和企业分担进行研究。

日本政府通过打造高水平科研机构来统筹科技创新，设立的国立研发法人共有31个，多数在筑波集聚。2016年，日本出台《特定国立研究开发法人研究开发等促进相关特别措施法》（以下简称《措施法》），将产业技术综合研究所、物质·材料研究机构以及理化学研究所3个国立研发机构列为特定国立研发法人。特定国立研发法人在体制机制和业务模式创新以及研发模式上具有极高的权限，在科研人员聘用及待遇等方面，《措施法》规定"雇用形态及专门研究开发在职人员中，对于从事特别需要利用世界最高水平的高度专业知识和经验来完成业务的人员，必须确保是在国际上具有卓越能力的人才"，即特定国立研发法人可以对标国际最高标准以招聘到最优秀的研发人才。同时《措施法》也明确了这些高水平的研发人才的工资和其他待遇不仅是基于自身的研发成果的水平，也要基于对于年轻人才的培养。其规定："特定国立研究开发法人专门从事研究开发工作的职员工资及其他待遇，考虑研究者等进行的关于研究开发内容及成果的国际评价，同时考虑确保优秀人才及促进年轻研究者等的培养及活跃"。这样，日本便从法律上确保了这些顶尖科研机构源源不断输出顶尖科研人才的机制，这些在筑波集聚的高水平的政府研发机构成了筑波科技创新的核心力量。

这些政府研究机构积极通过业务模式创新，来提升自我造血功能和产业孵化功能。以日本三大特定国立研发法人之一的产业技术综合研究所（以下简称产综研）为例，该研发所成立于2001年，为经济产业省下属国立研发机构，通过业务模式和资源整合模式创新，形成了以筑波总部、东京总部以及多中心方式在全国范围内进行资源整合和科技成果转化的模式。

国立研发法人作为政府机构，享受财政拨款和业务财政补助等政策条件，同时通过市场创收，形成了兼具政策性（财政资金使用）和市场性（业务收入）的特征，市场化核心业务包括接受企业委托研究、共同研发、专利出售、技术咨询、检验检测、地质调查及相关土地手续办理以及人才培养等业务。2020年，产综研实现收入1114亿日元。其中，财政资金占比近七成，市场化业务创收占比近三成。产综研同时也将自己打造成产业孵化平台，积极进行创新型企业培育。截至2021年，产综研已累计孵化企业152家，主要集中于生命工学、信息·人类工学、电子·制造等新兴产业领域，其中，生命工学领域孵化企业47家，信息·人类工学企业41家，电子·制造企业25家，其他孵化企业涉及能源·环境、材料·化学、计量标准、地质等产业领域。

产综研作为企业孵化主体，为其所孵化的初创企业提供诸多扶持，重点包括专利的使用、研究设备的支持以及专业人才、外部机构、活动资源等的嫁接。专利的使用上，产综研提供独占使用权、再使用权以及相关专利使用费用的减免；研究设备的支持上，产综研向其孵化的企业进行研究设备的支持，以及提供研究设备人才支持，同时进行相关费用的减免。为所孵化的企业提供专家、支援机构、金融机构等资源，为初创企业提供广泛的资源网络。

产综研也会通过出资委员会对所孵化的企业进行股权投资，除了向自己孵化的企业投资之外，产综研也会对相关领域的初创企业进行股权投资，产业投资平台的角色进一步加强。

基于筑波高能级的科创资源以及高校、科研机构创新体制机制的提升，筑波市加快构建创新创业生态系统联盟，致力于打造 DeepTech StartUp 全球基地城市，重点从以下三个方面推进。

第一，筑波市联合茨城县重点发挥组织协调功能，打造适合创新创业的环境，出台创新创业的支援政策，并且提供产业中试平台。同时以高水平机制推进融入创新创业生态东京联盟体系。

第二，筑波市强化发挥域内高水平高校及国立科研机构等核心资源优势，为创新创业型企业提供人才支持、技术咨询以及联合研发资源。

第三，筑波市同时通过"政产学金"的合作，致力于为创新创业型企业提供适合成长的软环境，联合筑波银行、东京海上日动、野村证券等第三方服务机构，提供金融支援、产业资源以及各种创新创业配套服务。

筑波的成功不仅在于集聚了高能级的科创资源，更在于如何把这些资源用好。当然，国家层面关于高校和科研院所创新创业政策的放开以及支援至关重要，但是，在国家政策之下，如何从市场化角度探索出创收路径和模式来提升造血功能更是关键。作为城市，更要从整合资源的角度，来构建创新创业生态，形成城市与科创资源互动双赢的生态格局。

我们再看韩国。韩国大德创新特区（Daedeok Innopolis）得益于韩国政府对科技创新的引导，是源于政府、兴于市场的典范。政府引导下完成四步战略：创新集聚—成果转化—价值挖掘—商业形成。

大德创新特区地理位置优越，处在南北大型交通干线京釜高速和湖南高速的交会点，所在城市为韩国大田广域市，距首尔167千米，是一个集教育、科研和生产于一体的高科技园区，被誉为"新技术的孵化器"和"韩国科技的摇篮"。发展至今，大德创新特区的规划面积已拓展至70.4平方千米，这里集聚了韩国超过10%的理工科博士级研究人员和23%的科研设施，形成了信息技术（IT）、生物技术（BT）、纳米技术（NT）和辐射技术（RT）等产业集群带。大德创新特区极大地带动了韩国经济社会发展。

（二）发展启示

政府对科技创新的引导和激励，对于日韩两国科技园发展壮大起到了重要作用。

第二次世界大战后，日本加强国家对引进技术的引导、鼓励和管理，建立了跟踪和追赶型的科研体制，大力发展日本化技术，对国外先进技术边引进、边消化、边创新、边出口，形成"以进养出"的良性循环。日本科技战略重在技术立国，政府从政策、计划、财政、金融等方面，对发展应用技术、基础研究，尤其是对高技术大力引导和支持。

韩国大德创新特区是在政府主导下的发展模式。大德创新区研究型公司成立的流程包括：大德管理办公室、技术服务中介和研究机构联合识别和选择可产业化的新技术成果；然后提出研究型公司的可行性分析报告；寻找和选择进行联合投资的私人企业；签署成立研究型公司的基本协议和技术评估协议；企业与研究机构达成合作合同草案；最后制订研究型成立计划方案，最终注册成立新公司（见图2-9和图2-10）。

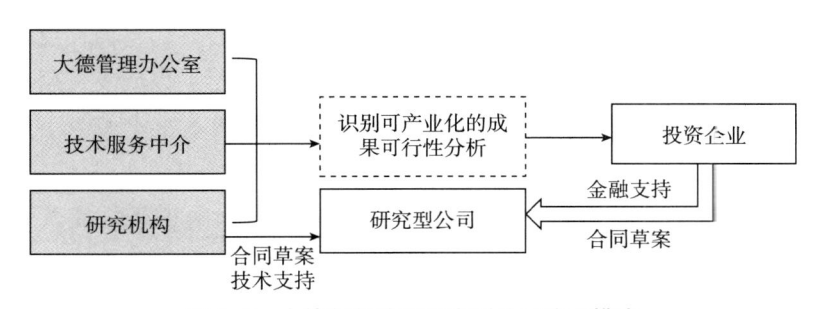

图2-9 大德创新特区研究型公司建立模式

资料来源：笔者自制。

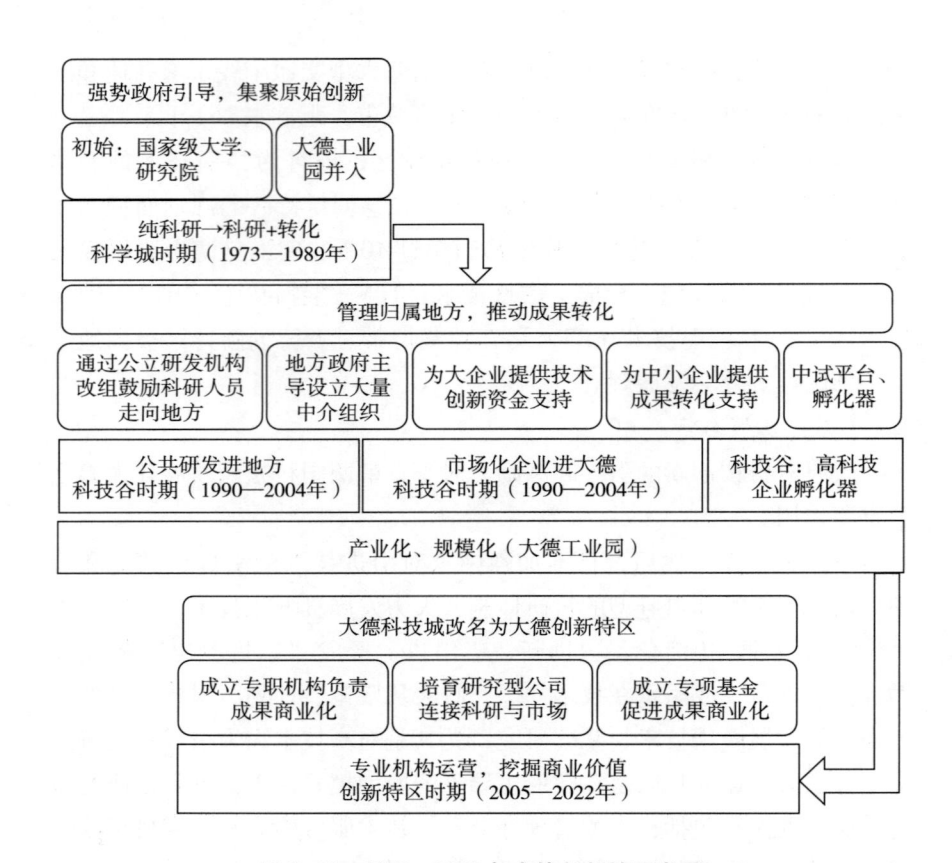

```
┌─────────────────────────────────────────────────────────┐
│ 强势政府引导，集聚原始创新                              │
├──────────────────┬──────────────┐                       │
│ 初始：国家级大学、│ 大德工业     │                       │
│ 研究院           │ 园并入       │                       │
├──────────────────┴──────────────┤                       │
│ 纯科研→科研+转化                │                       │
│ 科学城时期（1973—1989年）       │                       │
└─────────────────────────────────┘
```

图 2-10   1973—2022年大德创新特区发展

资料来源：笔者自制。

从以上我们发现，大德创新特区是政府主导的起步发展模式，相关的法律法规促进创新园区健康高效运行。其科研成果商业化能力非常强，政府为加大中小企业、科研机构的发展营造了较好的营商环境。大德创新特区将中小企业视为创新成果转化的重要力量。以研发费用占年销售额5%以上的中小企业，以及转化研发成果的技术密集型中小企业为主。在大德创新特区的一些研究机构和大学等下设中小企业孵化器，以尖端科技领域为发展方向，促进风险投资创业和中小高科技企业的发展。

在提升创新策源功能方面，大德创新特区的发展模式可以为我们提供参考。研究型公司的"研发—产业化"一体的商业模式，达到了促进科技研发、加速产品转化、带动市场运营的多重效果。科技园在大力推进产学研合作的同时，可以借鉴和探索更高效的合作模式，以实现更多自主创新成果的落地。此外，大德创新特区积极与全球著名科学园建立合作伙伴关系，与国内外优质园区联手，资源互补、形成合力，促进国内外科研力量合作攻关的创新联合体发展模式也是值得深入研究和学习的。

第三章

中国科技园区创新生态系统发展模式与经验

第一节 中国国家创新体系建设

一 中国科技创新发展史

自新中国成立以来，党中央逐渐重视科技创新在社会经济发展中的巨大作用。政府通过政策实施，指导开展各类科技活动，促进科技与经济紧密结合，为国家科技创新能力稳步提升发挥了保障作用。我国科技创新发展历程始终立足在中国特色实践基础上，经历了"向科学进军"到"科学技术是第一生产力"，从"科教兴国战略"到"创新驱动发展战略"，从"坚持创新驱动发展"到"坚持创新在现代化建设全局中的核心地位"，从无到有、从点到面、从零散到系统、从中央到地方不同维度变化，形成了多主体、多元化、多层次的科技创新政策体系。科技事业在党和人民事业中始终具有十分重要的战略地位，发挥了十分重要的战略作用。①

"考世系，知终始。"党和政府高度重视科技创新事业，是社会主义现代化建设中得出的实践经验。新中国成立在即之时，召开科技工作者会议，周恩来总理在《在中华全国第一次自然科学工作者代表会议

---

① 中国科技创新政策体系报告研究编写组编著：《中国科技创新政策体系报告》，科学出版社 2018 年版，第 5 页。

筹委会全体会议上的讲话提纲》中强调科技发展的四个方面，如"政治与科学""理论与实践""普及与提高""自由研究与计划研究"，①这四个方面是周恩来科技思想的核心。1956 年 1 月，在几次大规模的思想改造运动之后，中央召开了关于知识分子问题会议，对知识分子政策进行调整，周恩来在大会上代表中央作了报告。周恩来认为，知识分子"中间的绝大部分已经成为国家工作人员，已经为社会主义服务，已经是工人阶级的一部分"，"知识界的面貌在过去六年来已经发生了根本的变化"。他批评了党内在知识分子问题上存在的宗派主义倾向，指出不能低估"知识界在政治上和业务上的巨大进步"和"他们在我国社会主义事业中的重大作用"，要"最充分地动员和发挥知识分子的现有力量"。当然，周恩来总理同时也强调了知识分子改造的重要性。②后来的多次会议，如 1962 年 1 月 5 日的首都科技工作者会议、1962 年 3 月 27 日第二届全国人大第三次会议、1962 年 12 月 31 日科技发展规划制定等，周恩来同志都强调保护科技工作者、调动他们积极参加工作，以及强调社会主义建设中发挥科学和科学家的作用，强调建设社会主义强国过程中，科学技术工作者承担着光荣而艰巨的任务。

邓小平同志明确提出知识分子"绝大多数已经是工人阶级和劳动人民自己的知识分子，因此也可以说已经是工人阶级自己的一部分"，③从理论上根本解决了知识分子的阶级定性问题，把科技工作者从政治束缚中解放了出来。1988 年，邓小平提出"科学技术是第一生产力"的重要论断，并一直贯穿在此后的全党重点工作中。

从深入实施科教兴国战略、人才强国战略，到不断完善国家创新体系、建设创新型国家，再到党的十八大后提出创新是第一动力、全面实施创新驱动发展战略、建设世界科技强国；党的十九大提出创新在现代化建设全局中具有核心作用，科技事业在党和人民事业中始终具有十分重要的战略地位，发挥了十分重要的战略作用；党的二十大首次将科技

---

① 中共中央文献研究室和中央档案馆编著：《建国以来周恩来文稿》第 1 卷，中央文献出版社 2008 年版，第 119 页。

② 中共中央文献研究室编辑委员会编著：《周恩来选集》下卷，人民出版社 1984 年版，第 162、163、166 页。

③ 邓小平著：《邓小平文选》第 2 卷，人民出版社 1994 年版，第 89 页。

创新作为单独一章出现在党的报告中。可见，我党对科技创新战略关注的持续性。

党的十八大以来，习近平总书记以全球视野、立足世界科技发展的趋势和国家的实际国情，发表科技创新发展的一系列重要讲话，做出了一系列重要指示，形成了系统完整的关于科技创新重要论述。自2015年，把创新摆在国家发展全局的核心位置，不断推进理论创新、制度创新、科技创新、文化创新等，让创新贯穿党和国家一切工作，让创新在全社会蔚然成风。2017年党的十九大报告提出"创新是引领发展的第一动力，是建设现代化经济体系的战略支撑"。党的二十大报告提出，加快实施创新驱动发展战略，加快实现高水平科技自立自强，以国家战略需求为导向，积聚力量进行原创性、引领性科技攻关，坚决打赢关键核心技术攻坚战，加快实施一批具有战略性、全局性、前瞻性的国家重大科技项目，增强自主创新能力。在布局上"坚持面向世界科技前沿、面向经济主战场、面向国家重大需求，面向人民生命健康"。2018年5月28日，习近平总书记在中国科学院第十九次院士大会、中国工程院第十四次院士大会上讲话，指出："面向世界科技前沿，自主创新是科技工作的首要前提。要瞄准世界科技前沿，抓住大趋势，下好先手棋，打好基础，储备长远，甘于坐冷板凳，勇于做栽树人、挖井人，实现前瞻性基础研究，引领性原创成果重大突破，夯实世界科技强国建设的根基。""面向经济主战场"是科技工作的根本要求科技工作必须面向经济社会发展主战场，围绕产业链部署创新链，消除科技创新中的孤岛现象。"面向国家重大需求"，把握时代要求是科技工作的使命担当。习近平总书记讲，要从国家急迫需要和传统需求出发，在石油、天然气、基础原材料、高端芯片、工业软件、农作物种子、科学实验用仪器设备、化学制剂等方面关键核心技术上全力攻坚，加快突破一批药品、医疗器械、医用设备、疫苗等领域关键技术。"面向人民生命健康"是科技工作的现实意义。习近平总书记讲，在重大疫情面前，我们一开始就鲜明提出把人民生命安全和身体健康作为第一个问题。在路径上，坚定不移地走中国特色自主创新道路，坚持科技创新与体制创新双重驱动，以全球视野谋划和推动科技创新。习近平总书记2014年6月讲，"如果把科技创新比作我国发展的新引擎，那么改革就是点燃这个新引擎必不可少的点火系"。2021 年,《求是》杂志发表习近平总书记努力建成世界主要科学中心和创新高地内容。在这篇文章中,习近平总书记讲,"要坚持科技创新和制度创新双重驱动,以问题为导向,以需求为牵引,在实践载体、制度安排、政策保障、环境营造上下功夫,在创新主体、创新基础、创新资源、创新环境等方面持续用力,在目标上建设世界重要人才高地和创新高地,成为创新型国家和科技强国。"

在党的二十大报告基础上进行梳理后,总体上来看,习近平总书记关于科技创新的系列重要论述,也是习近平新时代中国特色社会主义思想的组成部分,也是马克思主义科学技术观点中国化、时代化的最新组成,也是我们做好科技创新工作的根本遵循和行动指南。(见表 3-1)。

表 3-1　　　　　　　　中国科技创新发展重要事件简史

时间	重要推动人物	事件	重点内容
1949 年 7 月 13—18 日	周恩来	中华全国第一次自然科学工作者代表会议筹备会	周恩来科技思想:"政治与科学""理论与实践""普及与提高""自由研究与计划研究"
1956 年 1 月	周恩来	关于知识分子问题会议	知识分子是工人阶级一部分
1962 年 2 月	周恩来	科学工作会议	强调社会主义建设中要发挥科学和科学家的作用
1962 年 3 月 27 日至 4 月 16 日	周恩来	第二届全国人大第三次会议	强调知识分子中绝大多数已经属于劳动人民
1962 年 12 月 31 日	周恩来	主持制定 1963—1972 年科技发展规划	科学技术研究的基本任务是为了发展生产,如果不把我国现有的科学力量适当地组织起来,作出长期的规划,那么我国科学事业的发展就没有了方向
1975 年 8 月 3 日	邓小平	国防工业企业的整顿讲话	科技人员要受到重视,要给他们创造较好的条件,使他们能够专心致志研究一些东西,这对于我们的事业发展将会是很有意义的

续表

时间	重要推动人物	事件	重点内容
1975年9月26日	邓小平	听取《关于科技工作的几个问题》《科学院工作汇报》	发表《科研工作要走在前面》讲话，肯定科学技术也是生产力，科技人员就是劳动者，并肯定《汇报提纲》所提关于整顿研究所、党的领导班子等意见，强调科研人员必须走在国民经济前面，要落实知识分子政策，要办好教育
1977年5月24日		与王震和邓力群的谈话	指出科技和教育问题：要实现四个现代化，关键是科学技术要能上去
1978年3月18—31日		全国科学大会	科学技术是生产力，为社会主义服务的脑力劳动者是劳动人民的一部分。必须打破常规去发现、选拔和培养杰出的人才，把"尽快培养出一批具有世界第一流水平的科学技术专家作为我们科学、教育战线的重要任务"。科技人员至少必须保证六分之五的时间搞业务。大会还制定了《1978—1985全国科学技术发展规划（草案）》，将108个项目确定为全国重点科研项目
1983年6月18日		北京科技政策讨论会	搞四个现代化的关键是知识问题
1985年9月15日		星火计划	抓好对国计民生有重大战略意义的中长期项目。抓一批针对中小企业特别是乡镇企业有示范和推广意义的科技与经济紧密结合的"不显眼"的适用技术项目，提高中小企业、乡镇企业和农村建设的科学技术水平，为当地经济的进步发展植入新的胚胎
1986年2月		国家自然科学基金会成立	支持基础研究
1995年5月	江泽民	全国科技大会	实施科教兴国战略
2006年1月	胡锦涛	全国科学技术大会	加强自主创新，建设创新型国家

续表

时间	重要推动人物	事件	重点内容
2012 年	习近平	党的十八大	科技创新是提高社会生产力和综合国力的战略支撑，必须摆在国家发展全局的核心位置
2014 年 6 月		两院院士大会	必须坚定不移贯彻科教兴国战略和创新驱动发展战略，坚定不移走科技强国之路
2014 年 8 月		《中国科学院"率先行动"计划暨全面深化改革纲要》批示	提出了"三个面向"要求
2016 年 5 月		全国科技创新大会、两院院士大会、中国科协第九次全国代表大会	发表《为建设世界科技强国而奋斗》重要讲话
2017 年 10 月		党的十九大	"加快建设创新型国家"，并指出"创新是引领发展的第一动力，是建设现代化经济体系的战略支撑""坚持创新在现代化建设全局的核心地位"
2018 年 5 月		两院院士大会	在港中国科学院院士、中国工程院院士致电习近平主席，表达了报效祖国的迫切愿望和发展创新科技的巨大热情
2018 年 7 月		中央财经委员会第二次会议	把科技发展主动权牢牢把握在自己手中，为我国发展提供有力科技保障
2019 年 2 月		《粤港澳大湾区发展规划刚要》	建设粤港澳为国际科技创新中心
2020 年 9 月		在科学家座谈会上的讲话	从最初提出四个现代化到现在提出全面建设社会主义现代化强国，科学技术现代化从来都是我国实现现代化的重要内容。关于科技创新的重要论述作为马克思主义中国化的理论成果，新在"四个自信"的内核要义上

续表

时间	重要推动人物	事件	重点内容
2021年5月28日	习近平	中国科学院第二十次院士大会、中国工程院第十五次院士大会和中国科学技术协会第十次全国代表大会	科技人才、管理、环境、服务等各方面指示要求
2021年9月24日		向2021中关村论坛视频致贺	中关村是中国第一个国家自主创新示范区,中关村论坛是面向全球科技创新交流合作的国家级平台。中国支持中关村开展新一轮先行先试改革,加快建设世界领先的科技园区,为促进全球科技创新交流合作做出新的贡献
2022年6月22日		全面深化改革委员会第二十六次会议	要遵循科技创新规律和人才发展规律,以激发科技人才创新活力为目标,按照创新活动类型,构建以创新价值、能力、贡献为导向的科技人才评价体系,引导人尽其才、才尽其用、用有所成
2022年6月28日		湖北省武汉市考察	科技自立自强是国家强盛之基、安全之要。一靠投入,二靠人才
2022年9月6日		中央全面深化改革委员会第二十七次会议	强化党和国家对重大科技创新的领导。强化国家战略科技力量,大幅提升科技攻关体系化能力。提高院士遴选质量,更好发挥院士作用,让院士称号进一步回归荣誉性、学术性
2022年10月16日		党的二十大	实施科教兴国战略,强化现代化建设人才支撑
2023年1月31日		中共中央政治局第二次集体学习	加快科技自立自强步伐;强化国家战略科技力量,优化配置创新资源,使我国在重要科技领域成为全球领跑者;坚持教育发展、科技创新、人才培养一体推进,形成良性循环

续表

时间	重要推动人物	事件	重点内容
2023年2月21日	习近平	中共中央政治局第三次集体学习	切实加强基础研究，夯实科技自立自强根基

资料来源：笔者根据科技历史资料整理。

二　中国国家创新体系建设

在理论上理解，国家创新体系是创新理论在国家制度建设中的应用与实践。国家创新体系（National Innovation System，NIS）侧重研究创新网络系统，是一种生态形成，重点关注各参与主体：企业、大学、研究机构、科技中介形成的知识转移、知识流通、技术形成发展和扩散特性等。

关于国家创新体系的研究已经成为世界主要科技强国与国际组织制定创新战略和进行创新研究的重要基础。技术经济学家朗德维在《国家创新体系》中提出国家创新体系概念，其研究侧重于技术创新中相互作用。他认为至少可以确认出三种创新体系，分别是基于研究开发、基于生产体系和基于生产和人力资源开发的创新体系。亦有研究认为国家创新体系是弗里曼在研究日本经济发展中所提，弗里曼的研究侧重于日本国家创新体系特色。通过分析技术创新与国家经济发展实绩之间的关系，特别强调国家专有因素对于一国经济发展实绩的影响。弗里曼认为技术扩散以及支持技术扩散的必要基础设施和网络环境，能够实现技术创新推动经济提升。弗里曼关于创新理论的解读也符合曼纽尔·卡斯特尔关于信息及信息技术的应用对于提高人类信息驾驭能力意义的数据价值论研究。学界普遍认为，弗里曼对国家创新体系的研究概念和研究方法对后续研究产生了广泛而重要的影响。后来，经济合作与发展组织（OECD）提出国家创新体系为"由公共部门和私营部门的各种机构组成的网络，这些机构的活动和相互作用决定了一个国家扩散知识和技术的能力，并影响国家的创新表现"。

纵观以上研究，国家创新体系是国家关于科技与科技产生的知识在经济体系中良性循环的制度安排。显现出科学研究到新产品研发并进入市场的路线图，侧重研究创新的不同参与者之间的互动和交流。

改革开放后，我国经济的快速发展，离不开国家创新体系的技术和产业升级作用。我国国家创新体系是从计划经济向社会主义市场经济转型过程中建立和发展起来的，总体而言是一种支撑经济社会发展的追赶型国家创新体系。1999年8月，全国技术创新大会发布的《关于加强技术创新，发展高科技，实现产业化的决定》，第一次提出"将完善和发展国家创新体系作为一项长期战略任务"。2001年，《国民经济和社会发展第十个五年计划纲要》提出"建设国家创新体系"的目标。2006年，《国家中长期科技发展规划纲要（2006—2020年）》进一步明确国家创新体系的内涵和建设路径。

党的十八大以来，以习近平同志为核心的党中央把科技创新摆在发展现代化全局的核心位置，推动我国科技事业取得历史性成就，发生历史性变革。从"自主创新"到"自立自强"，从"跟踪参与"到"领跑开拓"，从"终点领域突破"到"系统能力提升"，实现了我国科技事业跨越发展。我国创新指数排名从2012年的第34位上升到2022年的第11位，成功进入创新型国家行列，开启了实现高水平科技自立自强，建设科技强国的新的发展阶段。党的二十大强调坚持创新在我国现代化建设全局的核心位置。把教育、科技、人才作为全面建设社会主义现代化国家的基础性、战略性之策，并首次进行专章部署。这说明现代化建设在资源配置，支撑动力和资源等方面的战略思路。也反映我国对现代化强国建设的规律性认识的不断深入与现代化强国对科技、人才、教育强国的迫切需要。从整体上看，这三个方面都是国家发展能力的决定性因素。并且这种因素既是基础性的，也是影响深远性的。科技领域深化改革和创新发展统筹推进，科技创新在国家发展中的地位前所未有。国家创新体系整体效能显著发力。重点领域改革多点突破。中国特色国家实验室体系加快构建。高水平研究型大学、科研院所，在实施国家重大科技任务中发挥关键作用。企业科技创新主体地位进一步上升，高新技术企业从2012年的3.9万家增加到2022年的40万家，贡献了全国企业68%的研发投入。762家企业进入全球企业研发投入2500强。统筹推进国际创新中心和区域科技创新中心建设。

　　2012年，《关于深化科技体制改革加快国家创新体系建设的意见》全面部署科技体制改革，围绕意见落实，各部门出台了两百多项改革政策文件。2015年，《关于深化科技体制改革加快实施创新驱动发展战略的若干意见》系统部署了国家创新体系建设的相关改革任务，强调市场在资源配置中的决定性作用，形成了"人才、资本、技术、知识流动，企业、科研院所、高等学校协同创新"的新格局。2016年，《"十三五"国家科技创新规划》从创新主体、创新基地、创新空间、创新网络、创新治理、创新生态六个方面提出国家创新体系要求。2017年，党的十九大提出把国家创新体系能力作为国际竞争的核心。党的十九大报告则明确指出要"建立以企业为主体、市场为导向、产学研深度融合的技术创新体系"。2018年5月28日，习近平总书记在两院院士大会上强调，"我们坚持以深化改革激发创新活力，推出一系列科技体制改革重大举措，加强创新驱动系统能力整合，打通科技和经济社会发展通道，不断释放创新潜能，加速聚集创新要素，提升国家创新体系整体效能"。2019年，党的十九届四中全会报告则再一次强调了"产学研深度融合"的重要性。2021年，新修订的《中华人民共和国科学技术进步法》第一章第四条对我国国家创新体系进行了完整论述："国家完善高效、协同、开放的国家创新体系，统筹科技创新与制度创新，健全社会主义市场经济条件下新型举国体制，充分发挥市场配置创新资源的决定性作用，更好发挥政府作用，优化科技资源配置，提高资源利用效率，促进各类创新主体紧密合作、创新要素有序流动、创新生态持续优化，提升体系化能力和重点突破能力，增强创新体系整体效能。国家构建和强化以国家实验室、国家科学技术研究开发机构、高水平研究型大学、科技领军企业为重要组成部分的国家战略科技力量，在关键领域和重点方向上发挥战略支撑引领作用和重大原始创新效能，服务国家重大战略需要。"这个定义中，国家创新体系构成包含了科技与制度双重创新，强调了新型举国体制以及国家战略科技力量的重要作用，勾画了由政府为保障创新环境以及各类创新主体协调发展的国家创新体系法理框架。2022年10月，党的二十大明确提出要"完善科技创新体系"，在"坚持创新在现代化建设全局中的核心地位"总要求下，通过"完善党对科技工作统一领导的体制",强化和优化科技力量及创新资源布局,来提高国家创新体系的整体效能。党的二十大报告还明确提出科技创新的支撑基础制度改革,以及科技创新文化氛围与对外开放创新生态的建设要求。

从我党对国家创新体系理论和实践来看,党的十八大以来,新时代国家创新体系侧重于全球化创新体系形成,也就是中国式现代化的科技创新生态形成。党的十九届五中全会将创新放在我国现代化建设全局的核心地位来部署,强调创新对中国式现代化高质量发展的重要驱动作用。党的二十大将教育、科技、人才"三位一体"战略独立成章布局,形成国家创新体系各构成要素相互依存的耦合关系,通过制度和组织创新,促进科技和经济更好结合,从科技经济一体化来促进改革发展跨越式发展（见图3-1）。

科技创新引领全面创新成为国策	阶段	内容
	全国技术创新大会（1999年8月）	将完善和发展国家创新体系作为一项长期战略任务
	"十五"计划纲要（2001年）	提出"建设国家创新体系"的目标
	《国家中长期科技发展规划纲要（2006—2020年）》	进一步明确国家创新体系的内涵和建设路径
	《关于深化科技体制改革加快国家创新体系建设的意见》（2012年）	全面部署科技体制改革,围绕意见落实各部门出台了两百多项改革政策文件
	《深化科技体制改革实施方案》（2015年）	系统部署了国家创新体系建设的相关改革任务
	党的十九大（2017年）	国家创新体系能力作为国际竞争的核心
	《中华人民共和国科学技术进步法》（2022年）	国家创新体系法理定义
	党的二十大（2022年）	完善科技创新体系

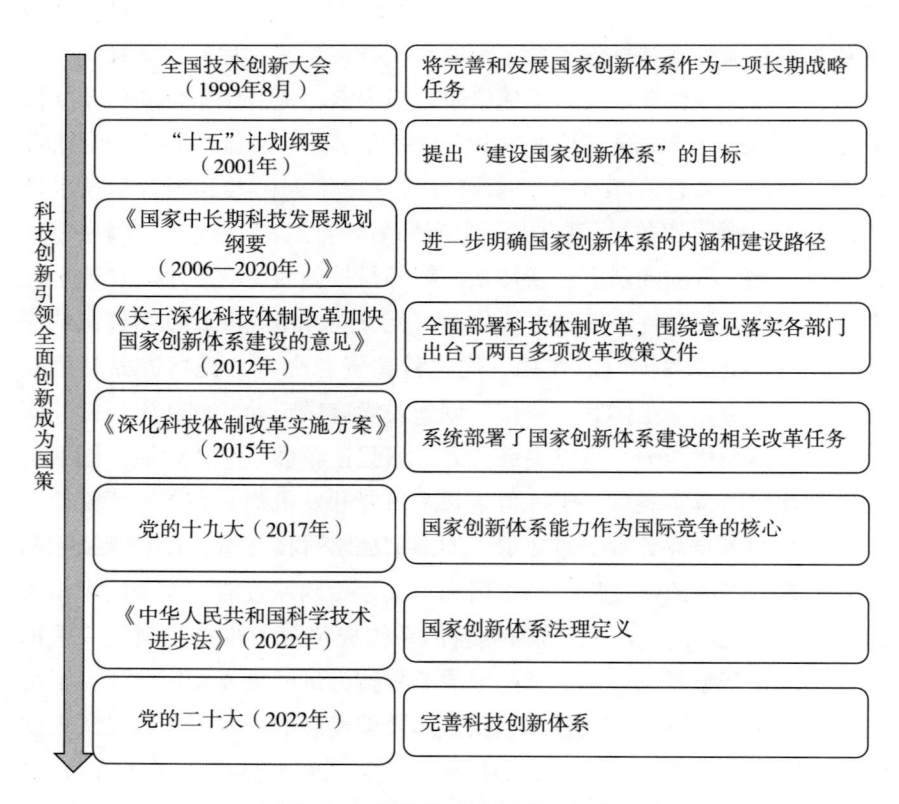

图3-1 国家创新体系探索历程

第二节 中国科技园区发展历程

从科技园投资主体和建设类型来看，我国科技园发展模式可以分为两类：政府建设管理模式和企业建设管理模式。前者是我国科技园早期开发模式，我国众多园区采取此种模式。诸如北京中关村、上海张江科技园区、武汉光谷等。其主要由政府主导投资管理。政府管理部门会在园区挂两块牌子，一块是管委会，另一块是开发建设公司（国企）。管委会负责对园区规划、政策、管理、招商。开发建设公司负责园区基础建设和运营，运营包括企业孵化、产业投资管理等。企业建设管理模式主要由地产商建设开发的园区。这种园区是在已有园区内建设的园中园或者子园区，由运营者或者投资者承担园区运营和企业服务。此类模式的园区各有特色，不一而足。比如，以产业运营和孵化见长的清华科技园和大连科技园、以产业链孵化和大企业带动中小企业形成生态的海尔产业园和小米产业园、以产业地产开发运营的联动U谷和天安数码城，以及传统地产转型为科技园的万通工社等。政府主导建设管理模式在建设、招商和运营商上拥有政策优势，但是市场化运作不足；企业建设管理模式运营灵活，但是在产业运营能力和盈利水平上还有待提升。

从我国众多科技园发展历程来看，科技园发展基本经历了从工业加工园向产城互动园区的转变。

早期科技园是我国改革开放早期产物，政府主导建设，园区发展以"三来一补"形式承接加工为主，主要分布在沿海城市，比如蛇口工业区。随着开发区的大范围集中建设，资金、技术密集成为早期科技园的主要配置，比如天津经济技术开发区。开发区、高新区和科技园在改革开放后迅猛发展，国家和地方在科技园产业发展扶持政策越来越密集，各地科技创新中心等多种形式孵化器，产学研一体化和高新技术产业化上更加被重视，比如武汉光谷、西安高新区等科技园区的崛起。这个阶段的科技园运营也从政府过渡到国有工业地产开发商，比如张江高科和天津泰达等。

随着我国经济发展向集约化发展，产业结构和产业升级也成为这个阶段科技园的主旋律。科技园高技术含量、高附加值、高产业带动性的战略性产业成为科技园区标配，比如苏州工业园。随着我国一二线城市土地资源紧缺，价格持续走高，科技园选址逐渐远离主城并迁址城郊接合部。在园区运营上重视产业生态链和产业群落的形成，重视产业生产链培育，包括产业上游、下游配套产业体系，相关商业与商务服务体系，以及必需的社会生活保障体系。这种科技创新生态系统是园区与城市发展实践的经验。实践是从现实问题中总结出来的经验。比如北京亦庄经济开发区，它是国务院批准建设的北京市唯一一个开发区，是北京现代制造业的核心基地。一度出现园区发展与城市发展不融洽的画面，亦庄东边科技园大量办公和工业用房，但是并没有科技人员需求配套，出现了亦庄人不在亦庄办公，亦庄办公不在亦庄住的怪象，出现产业升级不平衡、区域经济活力弱的现象。可以说，科技园发展是跟区域经济发展、城镇化之间有特殊效应关系的。科技园建设与城市建设的产城互动模式已经成为共识。比如苏州工业园已经发展成集中央商务区、高品质住宅、商务配套为一体的产业新城。张江科技园也是具备了发展现代服务业和文化产业、优质商业为一体的城市功能区。

从科技园盈利模式来看，依靠园区地产增值，主要在地产增值上开展运营服务和享受关联政策为主要特点。一般情况下，园区会建立或者控股专业性投资机构，像天使基金、私募股权投资等开展项目投资，利用孵化器优势对进驻潜力型企业开展股权投资，实现园区企业长期收益。园区重视专业中介服务机构对产业资源的服务。政府为科技园建设若干公共服务平台和配套服务设施、共享大型试验设备、财政资金项目补贴等方式对园区予以资金扶持。

第三节 中国重点科技园区创新体系发展模式与经验

一 台湾地区新竹科学园发展模式与启示

（一）发展模式

台湾地区新竹科学园区是我国台湾地区探索产业结构升级的成功实践。新竹科学园区最初是政府为吸引海外留学人员，效仿美国硅谷模式建设，主导产业为电子、资讯等高科技领域。新竹科学园刚开始建设也是以空间量的扩展来推动快速发展，而后加大与硅谷合作，引入硅谷人才、技术、项目，向质的发展方向转变。彼时，台积电等一流企业带动集成电路产业上、中、下游和外围支持产业蓬勃发展。1991年以后直至现在，众多企业采取了与国际著名企业之间进行技术转移及建立策略联盟的发展模式，已经可以与日、韩企业竞逐市场。实现精密仪器产业从无到有，初具规模。此外，生物科技等新兴产业也在不断成长。

园区位于新竹市南侧，距离台北市70千米，距离基隆港94千米，距离桃园国际机场55千米，区位交通条件优越。现在，新竹科学园区辖属6个卫星园区，分别是新竹、竹南、铜锣、龙潭、宜兰与新竹生物医药园区，总开发面积超过1375公顷。截至2022年年底，核准厂商数量超过600家，员工超过16万人。园区产业细分为六大类，包括积体电路产业、电脑及周边产业、通信产业、光电产业、精密机械产业及生物技术产业。其中积体电路产业产值占园区达七成，是园区第一产业。光电产业营业额占园区产值近两成，为园区第二大产业。截至2022年5月，单新竹科学园区一家，入驻企业数量达到402家，园区包含财税、法律、学校、合作社、工会等各类服务机构达到114家，食、育、乐、景点和金融机构达到23家。

(二) 发展启示

台湾地区新竹科学园区的成功关键在于"当局、大学、企业"三种力量有效整合，推动园区创新发展。第一，政府在园区设置指导委员会，通过委员会制订规划和管理日常业务。通过制定税收优惠、投资优惠、租金优惠、人才政策等扶持激励创新创业企业。同时，注重本土人才的培养，规定企业员工必须有一半来自当地。在引导、促进风险投资发展上，风险投资在高技术产业的占比高，占到总投资企业数的87%左右，占总投资资金的88%。

第二，大学对科技园的研究贡献。园区选址时靠近大学和科研机构，临近台湾清华大学、交通大学、工业技术研究院等众多高校和科研机构。这些高校及科研机构十分注重其在微电子方向的发展，为园区朝微电子方向发展提供了很好的条件。

第三，科教一体化发展。新竹科学园区的企业发展重视本土人才培育，台湾当局规定企业雇佣本地科技人员数必须占科技人员总数的50%以上，以保证把更多的台湾地区本土科技人员培养成高科技人才和高级管理人才。

第四,创新氛围的营造。通过鼓励员工持股来增强企业凝聚力,许多企业都留有15%—20%的股份用于分配给员工。

总体来看,新竹科学园周边高校及科研院所与园区企业与合作开发的合作形式。随着园区的日趋成熟,高校院所与园区企业逐渐由利用式创新向探索式创新(技术使用许可和成果转化)和利用式创新并存的形式发展。

二 中关村国家自主创新示范区发展模式

(一) 发展历程

中关村国家自主创新示范区(以下简称"中关村")被称为是中国的硅谷。经过四十多年的发展,现有海内外上市公司超220家,培育出大批行业顶尖企业,诸如百度、联想、北京科兴生物、新浪等,是中国科技园的领头羊。中关村作为高科技产业集聚的载体,在区域经济发展、产业调整升级上,起到了聚集创新资源、培育新兴产业和推动城市化建设的重要使命。

中关村重点发展时期是政府推动的结果。但与新竹不同的是,在其形成初期,政府是通过一系列战略性政策的调整来实现的,即放开对科研人员的束缚和管制,进而推动高科技企业的发展。20世纪80年代初,在国家经济体制和科技体制改革的大背景下,受新政策的激励,中关村地区科研人员积极投身经济建设,以四通、联想、京海、科海、信通、科理高、新时代等为代表的一批从事电子信息及相关产业、机电产业、环保产业、新医药等新技术产业的公司相继在中关村地区成立(见图3-2)。2010年中关村成立科技创新和产业化促进中心,职能是整合首都高等院校、科研院所、中央企业、高科技企业等创新资源,采取特事特办、跨层级联合审批模式,落实国务院同意的各项先行先试改革政策。园区企业科技实力强盛,初步形成以IT产业为主导的高新技术产业企业总部和企业研发总部聚集区。2012年国务院印发《关于同意调整中关村国家自主创新示范区空间规模和布局的批复》,调整后,中关村示范区空间规模扩展为488平方千米,形成了包括海淀园、昌平园、顺义园、大兴—亦庄园、房山园、通州园、东城园、西城园、朝阳园、丰台园、石景山园、门头沟园、平谷园、怀柔园、密云园、延庆园等 16 园的"一区多园"发展格局。园区拥有丰富的科技资源，包括北京大学、清华大学等著名学府及中国科学院等研究机构，拥有清华科技园、北航科技园等 20 个大学科技园，各类创业服务机构（集中办公区、孵化器、留创园、大学科技园、加速器）数量 170 余家。2022 年 9 月，北京市科学技术委员会、中关村科技园区管理委员会印发《关于推动中关村加快建设世界领先科技园区的若干政策措施》，在加强中关村创新创业活力上再次按下助力按钮。

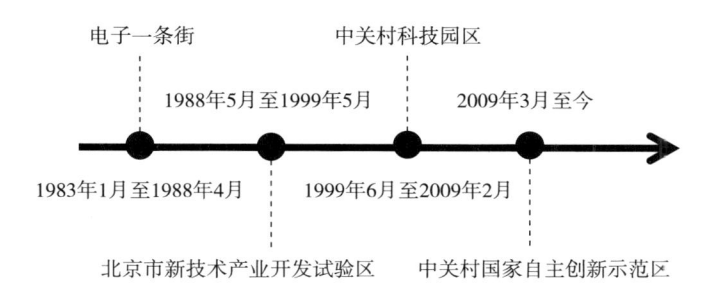

图 3-2 中关村国家自主创新示范区发展历程

（二）中关村国家自主创新示范区发展启示

中关村国家自主创新示范区的实践探索为中国特色自主创新道路积累了经验，为我国进入创新型国家前列和世界城市建设做出了贡献。中关村国家自主创新示范区是我国最早建设的国家自主创新示范区，起到重要的引领示范作用。首先，中关村在发展和培育新兴战略性产业上成为示范引领、辐射带动的自主创新引领者。在立足国家战略、问题导向基础上，创新出生物健康、人工智能、集成电路、大数据与云计算等一系列处于国际领先的技术和产品。其次是改革政策先行先试，为高水平科技自立自强做出贡献。在融资、产学研用、协同创新上为支术企业创造便利，通过开放实验室、创新平台等行业组织来整合产学研用资源。中关村在推进科技成果的研发、转化和产业化，开展国际合作与交流等，提供了重要载体和平台。①

---

① 钟观：《中关村——探索中国特色的自主创新之路》，《前线》2010 年第 6 期。

（三）中关村与河北科技园区合作情况

中关村科技园区绝对是京津冀区域科技园贡献率最高的部分，从区域空间分布上，河北的 11 个设区市，现有 11 个国家级园区（含国家自主创新示范区、国家级高新区和开发区）和 40 个省级园区。河北省省级科技园有一半集中在廊坊、唐山、沧州，在冀中南地区，石家庄、衡水、保定、邯郸占到省科技园的三成（见表 3-2）。

表 3-2　　　　　河北省级以上园区数量列表　　　　　单位：个

地区	石家庄	唐山	秦皇岛	邯郸	邢台	保定	张家口	承德	沧州	廊坊	衡水
国家级园区	2	2	1	1	0	1	0	1	1	2	0
省级园区	3	6	2	4	2	3	3	0	5	8	4
园区总数	5	8	3	5	2	4	3	1	6	10	4

资料来源：笔者通过河北省科技统计数据整理。

在科技园产业定位有鲜明的区域特色，比如石家庄的生物医药产业、邯郸的机械制造产业、保定的新能源与能源装备、唐山的石油化工、沧州临港的物流产业等。总体来看，园区都将现代信息电子、生物医药、新材料等战略性新兴产业定为重点发展产业。

河北省紧紧抓住京津冀协同发展战略、京津冀城市群建设契机，主动对接中关村优势高科技资源，在保定、廊坊、张家口等地建立中关村创新中心或者科技园等（见表 3-3）。

表 3-3　　　　　河北承接中关村高新技术转移

序号	合作共建园区名称	合作共建园区产业类型	合作共建园区地点
1	中关村昌平园怀来分园	电子信息、生物医药、食品	张家口沙城经济开发区
2	京津冀大数据走廊	大数据、节能环保、大健康	承德高新区
3	保定·中关村创新中心	新一代信息技术、智能电网、节能环保、新能源、智能装备	保定高新区
4	中关村丰台园满城分园	新材料、新能源、高端纸制品、高端制造业及仓储物流	保定满城经济开发区
5	保定·中关村智能制造创新中心	新能源、智慧城市	

续表

序号	合作共建园区名称	合作共建园区产业类型	合作共建园区地点
6	中关村（曹妃甸）高新技术成果转化基地	互联网、海水淡化、激光显示、新材料、智能制造、新能源、通航	唐山曹妃甸经开区
7	正定中关村集成电路产业基地	集成电路、智能硬件、智能制造	石家庄正定高新区
8	中关村海淀园秦皇岛分园	电子信息、生物医药	秦皇岛开发区
9	雄安新区中关村科技园	节能环保、智慧城市服务	雄安新区

资料来源：笔者根据中关村科技园区管理委员会数据整理。

截至2020年12月，中关村企业累计在津冀设立8800余家分支机构，保定·中关村创新中心吸引近400家知名企业和机构注册办公。北京企业可以保留"北京身份"，同时在河北投产，打破了京企外迁壁垒。中关村海淀园秦皇岛分园在税收分成上有一定改革代表性，入驻企业税收由海淀、秦皇岛两地政府各得40%，另外20%共同设立产业发展基金，进一步培育新兴产业。

中关村与河北合作共建科技园以政府推动为主。虽有很多产业转型转移可复制可推广的典型模式，如税收分成、飞地经济、异地监管等，但河北承接中关村高新企业方面还有难点。如北京市远郊延庆、密云、怀柔、房山等地的科技园区亦从工业开发区转型，同样具有承接中心城区高科技产业转移的需求，因此，难以调动北京市政府部分向冀转移高科技产业的积极性。

在资源禀赋上，京冀两地产业层次落差较大，产业链以及创新链、功能链的对接融合不够，高效的产业和技术梯度转移对接路径尚未形成，创新合作存在一定难度。还有，北京和河北之间区域产业协作配套水平不高，未能形成区域整体竞争实力。如中关村科技园以电子信息产业、先进制造业为代表的科技产业的产业链配套目前主要来自长三角、珠三角两地。京冀两地的电子工业和精密机械制造工业合作不深。在政府服务上，京冀两地尤其是河北省地方政府的行政管理水平和服务意识与北京存在较大差距。

从京冀两地共建中关村科技园模式来看，目前有三种模式：中关村海淀园秦皇岛分园为代表的政府推动利益共建模式、京南·固安新型显示产业园为代表的市场推动产业新城模式、保定·中关村科技创新中心为代表的以科技孵化为主的创新模式。

中关村海淀园秦皇岛分园是中关村海淀园在全国建立的首个分园。中关村海淀园秦皇岛分园同北京大学科技产业园、秦皇岛京津人才创新创业园、中科院秦皇岛创新成果转化基地共同构成了秦皇岛"三园一基地",成为承接北京产业的主要平台载体（见图3-3）。

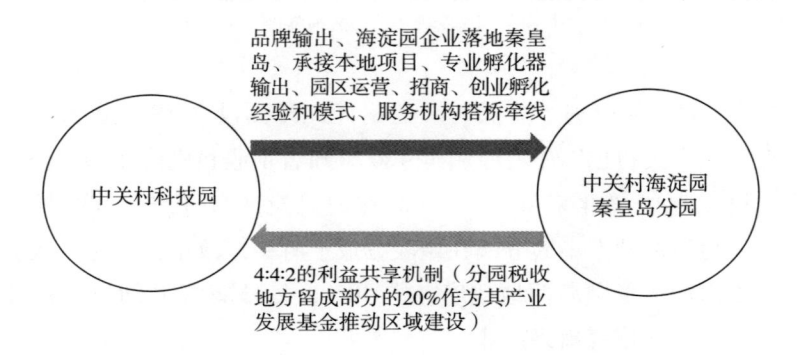

图3-3 中关村海淀园秦皇岛分园运营模式

资料来源：笔者自制。

中关村京南·固安新型显示产业园是中关村科技成果转化重要示范区,集智慧芯、生物医药、绿色节能、广告文化四大产业体系于一体。其位于河北省廊坊市,总投资88.16亿元,占地34平方千米。其地理位置优越、环境宜人、配套齐全,是拓展北京及周边市场的首选区。廊坊市虽然在固安新型显示产业园筹建的开始和发展中给予了政策支持,但其并不是京冀协作共建的成果。而是华夏幸福通过与固安当地政府签订PPP合作协议（李志启,2015）,采用产业新城开发模式引进了大量中关村科技企业入驻而建立的（见图3-4）。[1] 石家庄正定集成电路产业示范区也复制此类模式。

---

[1] 苏文松等：《京津冀城市群高科技园区协同发展动力机制与合作共建模式——中关村科技园为例》,《地理科学进展》2017年第36期。

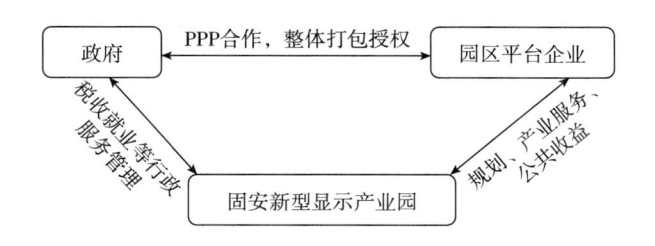

```
                    PPP合作，整体打包授权
        政府  ←─────────────────────→  园区平台企业
         ↑ ↓                              ↑ ↓
    税收就业等行政                    规划、产业服务、
       服务管理                        公共收益
              ↘                      ↙
                固安新型显示产业园
```

图 3-4　中关村京南·固安新型显示产业园运营模式

资料来源：笔者自制。

保定·中关村科技创新中心是保定高新区委托中关村软件园信息谷公司托管运营，协议规定免去前 10 年租金并每年贴补运营管理费用，以建设辐射保定市所属各园区的区域创新创业平台。目前企业入驻率已超过 70%，其中京冀企业超过 50%，领军企业包括碧水源、用友网络、中国网库等，搭建了中国技术交易所、中国信息安全认证中心、河北省软件评测中心、华北电力大学融智空间等技术平台，带动了保定所属园区的产业转型升级（见图 3-5）。

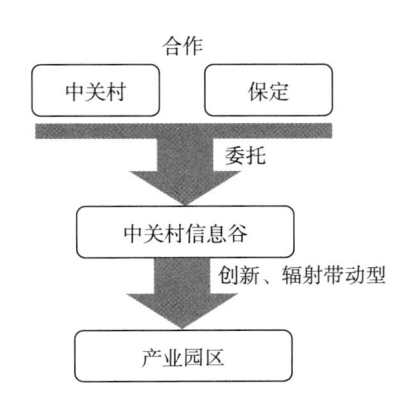

```
              合作
        中关村 ─── 保定
              ↓
             委托
              ↓
          中关村信息谷
              ↓
         创新、辐射带动型
              ↓
            产业园区
```

图 3-5　保定中关村科技创新中心运营模式

资料来源：笔者自制。

三　上海张江科学城

张江科学城又被称为张江中国药谷，始建于 1992 年，设在浦东新区，规划面积为 25 平方千米。1994 年，张江科学城启动生物医药产业

发展计划。1996年，科技部、中国科学院、卫生部、药监局和上海市人民政府五方共建张江上海国家生物产业基地。1999年，上海市提出"聚焦张江"战略。2000年年初推出并实施《上海市促进张江高科技园区发展的若干规定》，共计十九条，确定生物医药产业、集成电路产业、软件产业作为园区主导产业，提出了给予张江高科技园区一系列优惠政策和待遇，2001年又对"十九条"做了进一步修改，将更多权限下放给张江园区。

21世纪初，上海市实施"1035"计划，目标是"自主创新10个药品、搭建5个药物筛选平台、5个药物研发安全评价中心以及5个药物临床研究中心"。一大批科研机构和重点企业纷纷入驻张江，中科院上海药物所、复旦大学药学院、上海中医药大学、上药集团的研究院、上海医药工业研究院等相关单位，纷纷向张江集聚。第一个国际级新药筛选中心、第一个国家级药物安全评价中心在张江建立。一系列研究中心如药物代谢中心、国家制剂研究中心、中医药现代化研究中心、上海中药标准化中心等，逐步构建起我国药物创新平台的机制体系，缩小了和国际先进技术的差异。

从"聚焦张江"和"1035"计划之后，张江科学城的特色更加鲜明，重点聚焦和发展生物医药技术和现代医药产业领域的创新企业。截至2023年2月，张江科学城有超过1700家生物医药企业，其中纳入市统计局规模以上工业企业（主营收入2000万元以上）超过70家。有各类新型研发机构、企业技术中心、公共技术服务平台等近500家，近年来还建设了李政道研究所、张江复旦国际创新中心等一批基础研究领域的创新机构，以及上海科技大学等研究型大学。张江科学城是全国最早建立生物医药专业孵化器的园区，对于中小企业的培育由来已久，目前已有十多家、近20万平方米的孵化器。近1/3的中国医药工业百强企业在张江布局研发，许多本土传统药企把张江视为开启创新药转型征程的第一站，大批生物医药海归也将张江作为创业首选地。全球医药10强中有7家入驻张江，全球医药20强中有一半在张江设立开放式创新中心，张江正成为链接全球生物医药研发网络的重要节点。

(一)张江科学城发展模式

1. 张江科学城的研发能力

张江科学城聚集了上海全市近八成的医药研发机构,已经成为全国领先、全球瞩目的生物技术和医药产业创新集群。张江科学域的新药研发和新药注册成功率很高。国家重大新药创新科技重大专项,每3个就有1个来自张江。在抗体药物、基因工程药物、小分子化学药、微创介入治疗器械、快速诊断试剂等细分领域形成竞争优势。张江在肿瘤、免疫性疾病、代谢性疾病、心血管系统、神经系统等重点医疗领域已经实现突破,涌现出一批填补行业空白的重磅级药物。

张江的服务研发、服务外包既是衡量产业创新研发能力的重要指标,也是做强研发的重要抓手。张江科学城是全国生物医药专业研发服务外包 SIRO 机构集聚度最高,承接研发外包业务最活跃的两大地区之一。上海市研发外包服务项目数量占全国登记合同总数的比重一直在 20%以上。

2. 张江科学城的人才模式

生物医药产业属于技术密集型产业,对人才和技术的依赖程度极高。张江科学城凭借良好的国际化环境、浓厚的学术氛围和便利的交通条件,吸引了一批在海外具有生物医药科研、生产领域相关背景的专家在沪创业。比如原辉瑞研发副总裁谭凌实创办缔脉医药;罗氏研发首席科学家陈力创办华领医药。大批海归研发人才、留学学者在张江创办了100多家科技型创新企业。这些创新型科技企业率先推广风险投资+知识产权+研发外包模式。研发出了一批含金量高、社会关注度强、技术突破力度大的重大新药。

3. 张江科学城的产业带动模式

张江科学城最早期积极引进罗氏、安进等跨国药企,通过龙头企业带动产业上下游发展。而后围绕产业链查漏补缺,积极完善配套服务产业,并大力推动公共技术服务平台建设。这个平台涵盖了检测分析、药效评价、病理分析、质量评价等领域,逐步形成了较完备的产业链。尽管张江的房租和人力资本都比较高,但创新全过程都可以在张江一个地方完成,大大降低了创新的综合成本,企业的感受度普遍较好。

张江成立药谷孵化器,为入驻企业提供精装修的实验室、大型仪器的检测服务以及金融服务。张江科学城孵化器已经培育了400多个创新型的生物医药项目，目前有70多家初创阶段的企业入驻。

4. 张江科学城的创新试点

张江科学城建设了面向国际的知识产权交易服务平台等十项创新试点。例如，在新药审批上，上海市新药审批的一个分中心落户在张江，未来还将争取国家的新药审批分中心落户。在生物医药研发的跨境材料通关方面，其他地方可能需要2—3天，而通过张江跨境科创监管服务中心只需要6—10个小时，这主要得益于关联联合查验平台、一站式通关平台、产业公共服务平台等多重功能的整合创新。张江科学城已经成为中国药谷，未来将成为具有全球影响力的科创中心。

第四节　国内外科技园开发建设总体影响评价

从国内外众多科技园区建设理论和实践经验基础上，总结科技园建设影响因素，包括区位交通、科技资源、金融服务、基础设施等。

一　区位交通

便利的交通区位优势是国内外科技园发展的必备条件。美国硅谷有280公路、101公路和880公路；布鲁斯特尔分布M4高速公路；瑞典科技园Kista位于欧洲干道E18和E4交会点；美国128公路高科技园坐落在波士顿地区一条半圆形公路两侧；法国索菲亚科技园高速、机场云集，交通优越。

二　科教资源

国内外科技园科教资源丰富是共性。比如北卡三角科技园拥有至少三个知名大学。韩国大德科技城在政府帮助下引入知名大学和研究机构。硅谷以斯坦福大学为科研核心，形成鼓励创业、奉行创新、宽容失败的文化氛围。深圳为营造创新环境，联合北清哈工大等众多名校与深圳大学等建立研究院。中关村科技园也拥有清华、北大等众多知名大学。

三　金融服务

科技园区一般会通过政府为入驻企业提供融资服务和建设融资两个方式。在建设上，通过滚动开发，如浦东新区采用此模式，通过设立开发投资公司对园区土地滚动开发。企业投资，如通过外部企业带动与园区物业和地产等资产增值。PPP模式，如通过社会资本与公共部门联合投资，共享收益。园区开发投资公司上市，如浦东金桥、陆家嘴、外高桥和张江高科等。设立园区开发基金和债券融资，如上海临港集团发起设立了规模高达100亿元的园区开发基金等，筹集科技园区建设资金。

充分的金融服务对科技园建设成败至关重要。如北卡三角科技园通过园区内巴克莱银行、瑞士信贷集团、富达投资等带动园区发展。相反，缺乏金融支持的园区或者创业项目遭受挫折。如谷歌光纤在堪萨斯城谋划的创业小镇，尽管拥有超快网速和扶持政策，由于缺乏风投支持和创新人才而面临失败；因RRE和Battery等风投机构拒绝投资，扎克伯格不得不把Facebook公司总部从哈佛大学迁往硅谷；新英格兰地区观念保守，投资人年龄偏大，对新生事物不敏感，制约了创新创业项目发展。

总体来看，发达国家和地区园区建设市场化程度较高，由企业开发运作的科技园区和产业新城等案例较多。如私人公司尔湾公司开发建设的产业新城加州尔湾，盖尔国际及韩国浦项制铁公司规划设计和投资建设的智慧城市松岛新城，新加坡裕廊集团投资开发的裕廊工业园，伦敦港区开发公司（LDDC）和CWG公司承建的伦敦道克兰城市开发区（UDA），以及中信建设投资开发的伦敦皇家阿尔伯特码头项目。上述项目采用市场化方式，由企业投资运营基础设施项目和园区开发，节约了财政资金，分散了部分市场风险。

四　基础设施

科技园文化氛围和良好环境是吸引企业入驻的重要条件，加州尔湾的崛起就是例证。为了克服大城市病，优化城市布局，英美发达国家采取了一系列措施，着力改善大都市人居环境。第二次世界大战结束后至20世纪70年代，英国政府逐步建立了30多个田园城市，主要分布在伦敦、格拉斯哥、伯明翰等大城市周边。其中，后期规划的米尔顿·凯恩斯功能逐渐完善，成为新城建设的典范。此外，以里斯顿新城为代表的美国边缘新城模式、以多摩新城为代表的日本TOD（Transit-oriented Development，TOD）新城模式，以及以巴黎拉德芳斯为代表的副中心模式，对于优化城市布局，改善人居环境，起到了积极作用。

近年来，在纽约、伦敦等国际大都市周边，出现了高科技产业向城市中心转移的趋势。主要原因在于年轻一代科技和管理人才对生活质量要求较高，纽约、伦敦等大城市基础设施完善，社会资源丰富，创新创业和享受生活可以兼顾。反观硅谷，生活成本逐渐上升，性别比例失调，工作压力较大，便利程度有所下降，导致科技人才和项目逐渐向生活成本较低、服务业发达、年轻女性较多、生活节奏舒缓的南加州洛杉矶硅滩等地流动。

除了生活环境以外，土地资源的重要性日益上升，成为影响科技园区发展的关键因素之一。例如，斯坦福大学创始人 Leland Stanford 禁止校方出售土地，迫使该校筹建了斯坦福工业园区，对外出租土地。从旧金山湾区来看，土地资源日趋紧张。Facebook 和苹果公司为了获取土地，不得不一再增加税收、捐赠和社区公益支出，谷歌公司向山景城提出的征地要求，也只被满足了一小部分。从国内来看，也存在类似情况。例如，深圳也面临工业用地不足的困境，华为和 LED 产业生产基地向周边东莞等地大规模迁移，引发各界广泛关注。

第四章

河北省科技园区创新生态优化

河北省科技创新发展建立在京津冀协同发展基础之上，科技园生态形成依赖于河北省科技产出。在研究科技园创新生态问题上，首先要比较分析河北省科技产出和优势，再通过河北省重点产业，如生物医药产业；重点园区，如高新区、大学科技园等，围绕六个方面内容全面梳理（见表4-1），发现问题。

表4-1　河北省科技园区创新生态重点研究的六个方面

序号	研究方面
1	从产业链角度对现有区域进行深度分析研究，寻找缺失环节和关键环节
2	结合区域产业基础和资源禀赋，进行产业定位和产业规划布局，选择主导产业和支柱产业
3	在顶端做好做强产业链布局，分阶段实现推进聚集，给园区提供持续竞争力
4	在园区建设与运营管理和机制上形成突破，保持健康、持续的发展趋势
5	协调招商引资和创业创新的关系，保持区域经济的内生增长动力
6	围绕园区产业企业发展的需求形成特色的产业服务体系

第一节　河北省科技产出和优势
——基于发明专利授权视角

专利是创新的直接产出，可以了解创新活动的内容和方向。专利数量可以反映企业开展技术研发活动的积极性及其具备的研发实力。因此，专利是最有效、最客观地衡量技术产出、技术变革和技术创新的数据源。可作为评价技术创新能力重要的指示器，较好地反映技术创新水平。

专利分为发明专利、实用新型专利和外观设计专利。发明专利是指对产品、方法或者其改进所提出的新的技术方案，可以形成具有自主知识产权的产品。实用新型是指对产品的形状、构造或者它们的结合所提出的适合于实用的新的技术方案。外观设计是指对产品的形状、图案、色彩或者结合所作出的富有美感并适合于工业上应用的新设计。由于实用新型和外观设计专利与科技活动关系不密切，又考虑到申请的专利所反映的科技水平相差很大，所以笔者用授权的发明专利作为科技产出的指标。

本节笔者参考柳卸林教授1993年发表的《从专利看我国各地的科技产出和优势》一文中技术优势指数的测度方法，以发明专利授权数量统计作为技术产出水平标准，以京津冀历年发明专利申请—授权统计数为基础，建立技术优势指数，借以分析和比较京津冀科技优势和产出状况并计算河北省在一定时间内的技术创新状况，进而了解河北省科技创新的技术竞争能力。

一　数据来源及研究方法

笔者根据国家知识产权官网历年统计数据收集整理，得到表4-2、表4-4。按照IPC部的分类作为产业分类的依据（见表4-3）进行数据分类整理，并绘制京津冀三地发明专利授权量的变化曲线图。

表4-2　　　　京津冀历年专利申请受理和授权情况　　　　单位：件

年份	地区	发明		实用新型		外观设计	
		受理	授权	受理	授权	受理	授权
2021	北京	167608	79210	89406	96078	26120	23490
2021	天津	21370	7376	63512	64221	5589	5458
2021	河北	23923	8621	86877	68466	19905	18810
2020	北京	145035	63266	84579	75336	24551	24222
2020	天津	22057	5262	83825	64221	5632	5951
2020	河北	22131	6365	85163	68466	18314	17365

续表

年份	地区	发明		实用新型		外观设计	
		受理	授权	受理	授权	受理	授权
2019	北京	129930	53127	73021	58393	23162	20196
2019	天津	24574	5025	64871	48252	6600	4522
2019	河北	20536	5130	63798	40562	16940	12117
2016	北京	104643	40602	64496	44710	19990	15266
2016	天津	38153	5185	63589	31046	4772	3503
2016	河北	14141	4247	30253	19762	10444	7817

资料来源：历年知识产权统计年报（国家知识产权局官网数据）。

表4-3　　发明专利申请按 IPC 部的分类作为产业分类

IPC 分类	产业类型
A	人类生活必需
B	作业、运输
C	化学、冶金
D	纺织、造纸
E	固定建筑物
F	机械工程；照明；加热；武器；爆破
G	物理
H	电学

表4-4　　京津冀历年发明专利授权情况分布

单位：件（2016—2021年）

地区	年份	A	B	C	D	E	F	G	H
天津	2016	635	482	1659	0	182	0	919	429
天津	2017	493	413	1424	0	126	0	1220	631
天津	2018	507	408	1409	0	143	0	1244	581
天津	2019	455	433	1522	0	139	0	1345	566
天津	2020	606	450	1881	0	112	0	1616	617
天津	2021	745	675	2600	0	190	0	2521	1045

续表

地区	年份	A	B	C	D	E	F	G	H
河北	2016	349	586	940	0	71	0	373	333
河北	2017	440	584	1120	0	101	0	510	348
河北	2018	567	627	1108	0	62	0	625	425
河北	2019	491	691	1267	0	65	0	625	490
河北	2020	505	889	1524	0	100	0	1007	723
河北	2021	905	1359	1943	0	165	0	1425	1098
北京	2016	1814	2113	8239	0	886	0	14504	8412
北京	2017	1699	2005	7353	0	1079	0	18770	9593
北京	2018	1940	2009	7521	0	1045	0	19611	11080
北京	2019	1942	2274	9036	0	982	0	22345	14451
北京	2020	2985	2882	11572	0	1056	0	31228	15891
北京	2021	4319	3250	13731	0	1194	0	44250	17094

注：D 和 F 未找到准确数据。

从图 4-1、图 4-2、图 4-3 可以看出，三个地区各类发明专利均是增长趋势，河北省专利数增长率明显提升，三个地区在 H 部均出现明显提升现象。

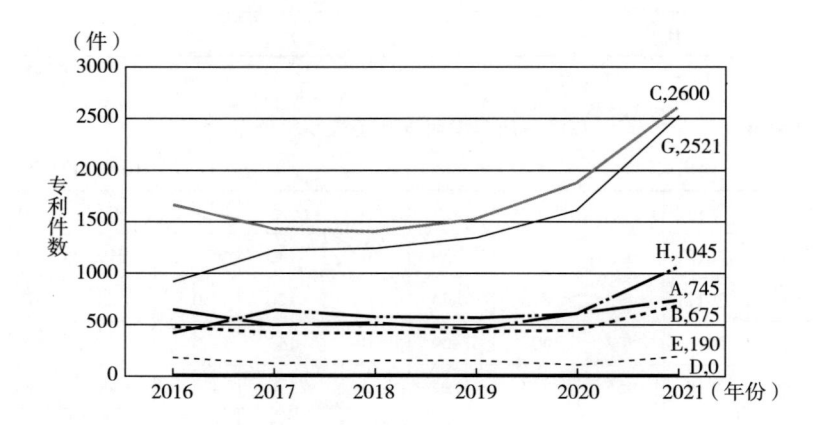

图 4-1　天津市 2016—2021 年发明专利授权量的变化曲线

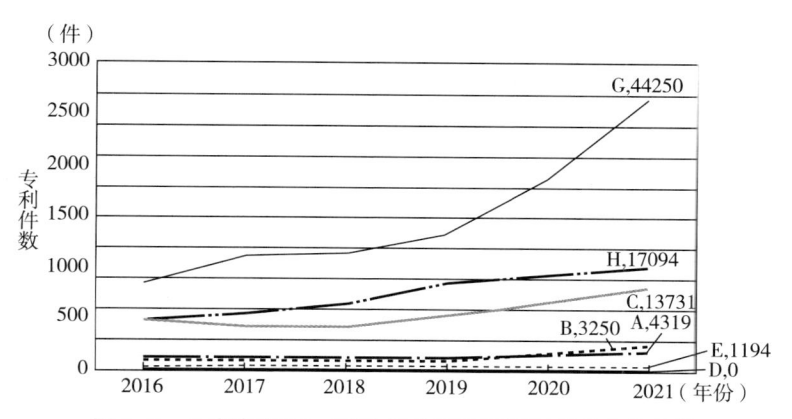

图4-2 北京市2016—2021年发明专利授权量的变化曲线

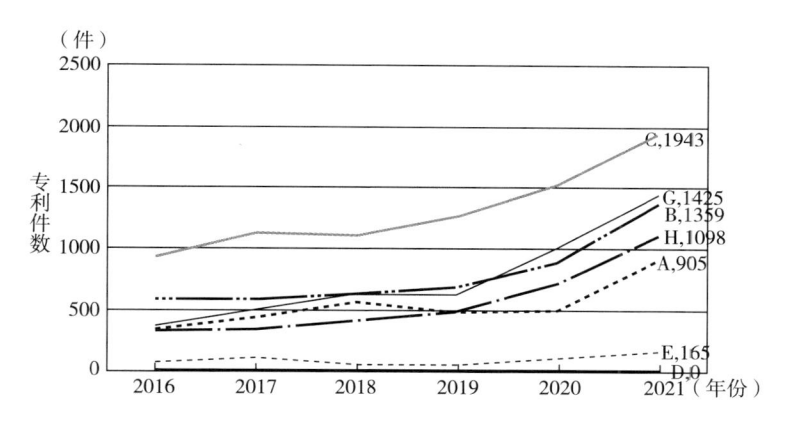

图4-3 河北省2016—2021年发明专利授权量的变化曲线

针对某个产业而言，某一个地区某一个产业有技术优势，是相对于它对于其他地区技术地位而言该地区在某一产业有较高的技术产出。反映某地区在某一产业的技术优势的指数定义为：

$$TAI = \frac{P_{ij} \Big/ \sum_i P_{ij}}{\sum_j P_{ij} \Big/ \sum_{ij} P_{ij}}$$

其中：P_{ij} 为 i 地区 j 类发明专利授权量；$\sum_i P_{ij}$ 为京津冀 j 类发明专利授权量；$\sum_j P_{ij}$ 为 i 地区各类发明专利授权量；$\sum_{ij} P_{ij}$ 为京津冀各

类发明专利授权量。

TAI 指标反映了一个地区相对于京津冀总体水平而言，在某一产业用专利数衡量的技术优势。若 TAI 指数大于 1，表示该产业、该地区有比较技术优势。为了考察这种技术优势在时间上的纵向变化，我们从考察 2016—2018 年、2019—2021 年两个时期，TAI 指标在两个不同时期的值技术优势的变化。若将 2016—2018 年的值作为纵坐标，2019—2021 年的值作为横坐标，就能画出各地区的 TAI 图（见图 4-4）。

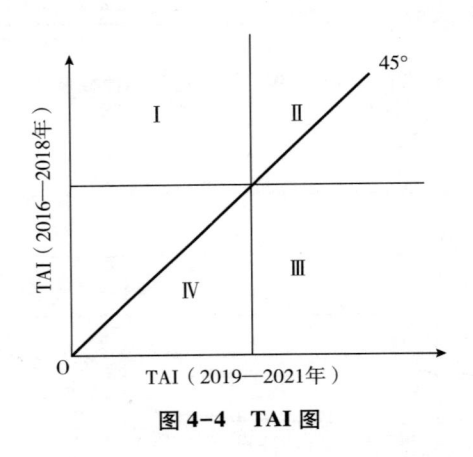

图 4-4　TAI 图

图 4-4 中 45°值表示从 2016—2018 年到 2019—2021 年技术优势变化不大，远离 45°意味着技术优势变大，在 45°线左上方表示 2016—2018 年的技术优势好于 2019—2021 年的状况；在 45°右下方则表示技术优势增强。①

二　京津冀三地技术优势分析

根据历年发明专利授权统计做出京津冀三地各产业技术优势 TAI 图。在每一个 TAI 图上，笔者指出了这一地区的有比较技术优势的产业，有些还指出了它们的绝对技术优势水平（用专利总数衡量）、技术总体优势水平（各产业平均而言的技术优势）以及它们在两个阶段的变化状况（见图 4-5、图 4-6、图 4-7）。

---

① 注：各地区在国外申请并授权的发明专利未做统计；统计时限为 2016 年 1 月 1 日至 2021 年 12 月 31 日；只统计北京、天津、河北发明专利授权情况。

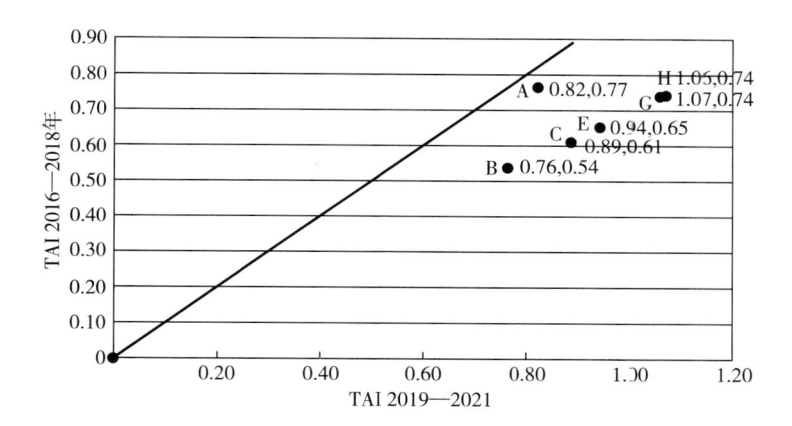

图 4-5 北京技术优势图（TAI 图）

注：1. 绝对技术优势（用专利总数衡量），北京技术产出最高，2016—2021 年共有 320155 件，这说明北京有绝对技术优势。2. D、F 数据缺失。3. 物理和电气是北京优势产业。

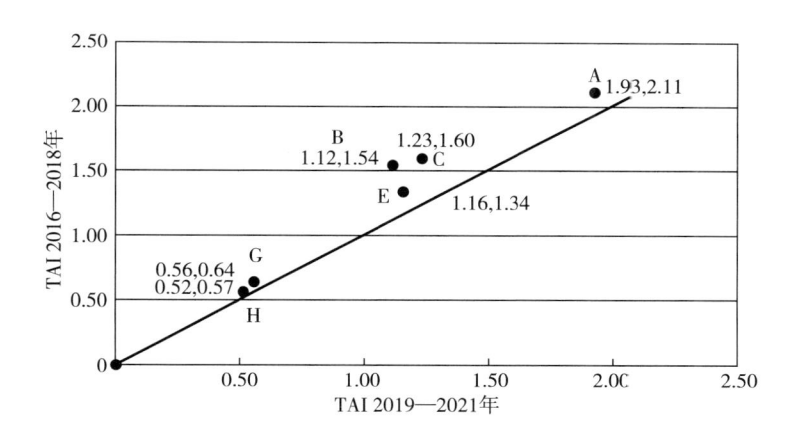

图 4-6 天津技术优势图（TAI 图）

注：1. 绝对技术优势（用专利总数衡量），天津技术产出：2016—2021 年共有 30423 件。2. D、F 数据缺失。3. A、B、C、E 是天津优势产业。4. 2016—2018 年技术优势好于 2019—2021 年。

三 河北省科技产出和优势

从专利统计数作为技术绝对优势标志，则京津冀绝对优势排序为北京、天津、河北。北京发明专利授权总量是河北、天津的十倍。天津 2019—2021 年技术优势下降，而河北省则一定程度提升，从 TAI 图可以

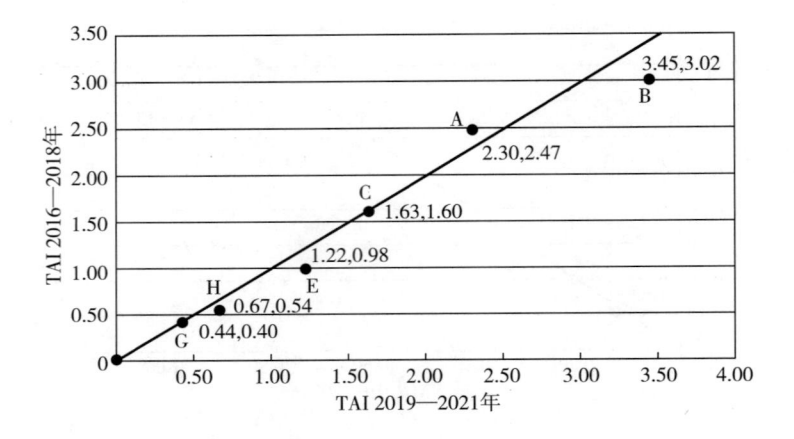

图 4-7 河北技术优势图（TAI 图）

注：1. 绝对技术优势（用专利总数衡量），河北技术产出：2016—2021 年共有 24441 件。2. D、F 数据缺失。3. 作业、运输、电气是河北优势产业。4. 2019—2021 年技术优势好于 2016—2018 年。

看出河北各部技术优势增强。这主要得益于河北省政府重视制度和环境的作用，就如吴敬琏曾说的："如果想要促进技术进步，最有效的办法不是自己出马调配力量、确定重点研究课题、指导研究工作和安排生产运用，而是建立良好的制度、采取正确的政策、改善自己的社会服务。"① 近几年，河北省政府在科技创新领域紧跟国家创新战略，承接京津产业溢出，加大对外合作力度，推出系列科技创新行动规划和计划，大力推动了企业的科技创新水平。

第二节　河北省科技园区数据资料库构建

一　河北省高新系列

各国在发展高新技术和自主创新实践中，通常有意规划和建立高技术中心，包括研究园、科学园、科技工业园、技术园、科学城、高技术城等来促进当地产业结构变化和发展。发达国家科技园模式基本是在 2000 年后成熟，成为高新技术加速器，在加强产学联系、新企业孵化

---

① 吴敬琏：《简论中小企业优势与高技术产业发展方针》，《科技导报》1999 第 9 期。

上提供驱动力。中国则建立高新区、大学科技园、农业科技园等，作为国家高新技术自主创新的重要基地，带动国家创新体系完善。

建设国家高新区是党中央和国务院的重大战略部署。1988年首批高新区树立了发展高科技、实现产业化的战略方向。经过几十年的发展，已经成为高质量发展的开路先锋。2022年，高新区共贡献了13.6%的GDP，河北省高新区占GDP比重过半。在节能降耗方面亦走在前列，据统计，万元工业增加值的能耗不到全国平均值的2/3。所以，高新区为稳增长做出了突出贡献。

纵观高新区近十年的发展，它的显著成就和突破进展体现在"高"和"新"上。"高"有三个特点，一是高水平创新资源加快集聚，国家高新区R&D的经费占全国企业经费达60%以上。企业拥有有效专利占全国企业总量接近一半，拥有国家级的平台接近全国的一半。二是高成长型企业不断涌现。高新区会聚了超过1/3的科技型微小企业、1/3的高新企业、2/3的创业板企业。三是高端产业持续。"新"体现在三方面，一是原创性成果的策源地，二是体制创新，三是开放创新。

截至2023年2月，我国已经有177个国家级高新技术开发区，其中河北省5个，分别是石家庄高新技术产业开发区、保定高新技术产业开发区、唐山高新技术产业开发区、燕郊高新技术产业开发区、承德高新技术产业开发区（见表4-5）。我国共有141个国家级大学科技园，其中河北省4个，分别是保定国家大学科技园、河北工业大学国家大学科技园、燕山大学国家大学科技园、华北电力大学国家大学科技园。我国共有238个国家农业科技园，其中河北省15个，分别是河北邯郸国家农业科技园区、河北衡水国家农业科技园区、河北滦平国家农业科技园区、河北辛集国家农业科技园区、河北固安国家农业科技园区、河北威县国家农业科技园区、河北涿州国家农业科技园区、河北丰宁国家农业科技园区、河北大厂国家农业科技园区、河北三河国家农业科技园区、河北唐山国家农业科技园区、河北石家庄藁城农业科技园、河北沧州国家农业科技园区、河北定州国家农业科技园区、河北张家口国家农业科技园区。我国共有44个国家级软件园，其中河北省1个，是河北省软件产业基地。

表 4-5　　　　　　　　河北省高新区、开发区名单

序号	名称	级别	主导产业	所在地
1	石家庄高新技术产业开发区	国家级高新区	生物医药、新一代信息技术	河北省石家庄市
2	河北正定高新技术产业开发区	省级高新区	新一代信息技术、现代物流	河北省石家庄市
3	沧州高新技术产业开发区	省级高新区	高端装备制造业、新材料、节能环保、生物	河北省沧州市
4	燕郊高新技术产业开发区	国家级高新区	电子材料、新材料、装备制造	河北省廊坊市
5	承德高新技术产业开发区	国家级高新区	装备制造、食品材料、生物医药	河北省承德市
6	唐山高新技术产业开发区	国家级高新区	装备制造、汽车零部件、新材料	河北省唐山市
7	保定高新技术开发区	国家级高新区	新能源、能源设备、光机电一体	河北省保定市
7	河北衡水桃城高新技术开发区	省级高新区	高端装备制造、信息智能、新材料	河北省衡水市
8	秦皇岛经济技术开发区	国家级经济技术开发区	智能制造、汽车、粮油食品精深加工、高端重型装备	河北省秦皇岛市
9	廊坊经济技术开发区	国家级经济技术开发区	电子信息、高端装备、新材料和新能源、生命科学	河北省廊坊市
10	沧州临港经济技术开发区	国家级经济技术开发区	石油化工产业链、生物医药、高档染料	河北省沧州市
11	沧州经济技术开发区	省级经济技术开发区	汽车制造、高端装备、生物制药、新材料	河北省沧州市
11	唐山曹妃甸经济技术开发区	国家级经济技术开发区	装备制造、海水淡化、石油化工、钢铁、环保	河北省唐山市曹妃甸区
12	邯郸经济技术开发区	国家级经济技术开发区	高端白色家电、高端装备制造、新能源、新材料	河北省邯郸市

2022年河北省《贯彻落实全省科学技术奖励大会精神暨推进高新区项目建设工作会议》数据显示，河北省高新区实现工业总产值同比增长10.05%，工业经济积极向好，工业增长潜力进一步释放。高新区高新技术产业产值占规上工业产值比重达65.13%。其中生物医药、高端装备、新材料、信息智能等产业实现快速发展，产业结构和质量稳步提升。全省高新区以高端装备制造、生物医药健康、新材料、信息智能等战略性新兴产业项目为主，项目数量、项目完成投资额均占高新区项

目总量的50%以上。石家庄、保定、唐山、燕郊、承德5家国家高新区龙头带动作用显著，2022年实现营业收入占全省高新区的34.01%，工业总产值、高新技术产业产值、税收总额分别占全省高新区的32.03%、51.09%、42.88%。

（一）石家庄高新技术产业开发区

石家庄高新技术产业开发区（以下简称"石家庄高新区"）是国务院批准设立的首批国家级高新区，始建于1991年3月。建成以来，石家庄高新区先后荣获国家火炬计划软件产业基地、国家医药新型工业化产业示范基地、国家知识产权示范园区、国家科技成果转移转化示范区、国家首批生物医药产业基地、国家创新药物孵化基地、国家产学研合作创新示范基地、"双创"示范基地。

石家庄市产业发展聚焦新一代电子信息产业和生物医药产业，重视基础凝练，积极塑造产业生态。石家庄鹿泉区重点依托中国电子科技集团公司第十三研究所、中国电子科技集团公司第五十四研究所、石家庄海康威视科技有限公司等科研单位，依托领军企业的资源优势带动，聚焦电子信息产业科研主方向高水平发展，优化区域产业布局。石家庄高新区则重点在生物医药产业全面布局。目前，石家庄高新区大力提升生物医药产业能级，构筑以生物医药研制为主导，生物医学工程与健康服务业并行发展的高质量生物医药产业体系。以北方生物医药"新地标"的高标准打造石家庄高新区生物医药产业基地。目前，石家庄高新区生物医药产业园、栾城现代中药产业园、赵县生物发酵产业园、深泽生物产业园共同构成了石家庄五大医药产业集群。

1. 石家庄高新区以建设生物医药产业为主

石家庄高新区是全国首批国家级高新区，现已经成为全省生产规模最大、产业实力最强、生产企业最集中，在全国有重要影响力的生物医药产业集聚区，形成以高端原料药、新型制剂、医疗装备和器械、大健康等为主的产业布局。目前，石家庄高新区拥有4家全国医药百强企业，分别是石家庄以岭药业有限责任公司（以下简称"以岭"）、石药控股集团有限公司（以下简称"石药"）、华北制药集团有限责任公司（以下简称"华药"）、石家庄四药有限公司（以下简称"四药"）。高新区的近邻栾城有1家全国医药百强企业，为神威药业集团有限公司

（以下简称"神威"）。

2021年，科技部中国生物技术发展中心公布的全国生物医药产业园区50强综合排名中，石家庄高新区生物医药产业排名位列第7。2021年度中国医药工业百强企业榜单：石药排名第9，华药排名第32，以岭排名第33，四药排名第59，神威排名第84。石药、华药、以岭、神威、四药、常山生化、威远生化、奥星制药8家企业先后在境内外上市。

这些生物医药企业带动石家庄生物医药产业规模总量位于全国城市第一方阵。石家庄高新区逐渐形成了原料药、制剂、中成药、生物药、兽用药、生物化工制品、医疗康复器械和营养健康食品为主要特色的产业体系，促成疫苗、抗体药物、创新化药、移动医疗产品、高端医疗服务等细分领域形成。也因为这些生物医药企业，石家庄高新区优势得以凸显，即产业聚集和龙头企业创新能力见长。

在生物医药研发上，石家庄有坚实基础。从创新主体来看，基础研发能力坚实。截至2022年9月，石家庄市共有三级甲等医院11个，综合性医科大学1所，中医药专科大学1所，拥有生物医药专业高等院校6所。河北医科大学拥有中国工程院院士4位，各医科大学及其附属医院承担国家自然科学基金课题几十项，2022年国家自然科学基金重大课题立项名单中河北医科大学获1500万元资助经费项目立项（河北医科大学丛斌院士牵头的"法医转录组分子鉴识"项目，项目批准号82293650）。医学类SCI文章139篇。企业开展基础和技术研究上，石家庄市依托以岭药业等龙头企业，搭建生物医药院士工作站。截至2022年年底，已建成27家院士工作站，生物医药领域院士工作站在全市占比超过42%。其中，高新区依托藏诺生物、渤海生物等重点企业平台，设立了23个院士工作站、6个诺贝尔奖工作站和9个博士后创新实验基地，集聚了各类高端人才千余人，为生物医药创新发展提供了强大的智力支撑。

创新平台资源上，石家庄高新区拥有企业技术中心、工程技术研究中心、工程研究中心、重点实验室158家，包括国家级重点实验室4家、国家级工程研究中心4家、20个院士工作站、9个国家级博士后工作站，以及全国唯一的创新中国智库院士调研基地。目前已有石家庄科技大市场、石家庄高新区知识产权公共服务平台、石家庄大型仪器设备共享平台、河北省医药服务外包基地、河北桑迪亚医药工程实验室、中欧生物医药联合实验室、中德医疗器械联合开发实验室等服务平台（见表4-6）。

表4-6　　石家庄高新区部分重要服务平台和实验室名单

单位名称	类型	单位（依托或运营）
河北省分子细胞生物学实验室	省级重点实验室	河北师范大学（依托）
河北省医药化工工程技术研究中心	省级工程技术研究中心	河北科技大学（依托）
河北省医学生物技术实验室	省级重点实验室	河北医科大学（依托）
河北省新药药理毒理研究实验室	省级重点实验室	河北医科大学（依托）
河北省络病实验室	省级重点实验室	以岭医药研究院（依托）
河北省中药注射液技术创新中心	省级研发平台	神威药业有限公司（依托）
石家庄科技大市场	统筹科技创新资源的基础平台	石家庄科技局（运营）
石家庄高新区知识产权公共服务平台	面向园区和科技人员的知识产权服务平台	石家庄高新区（运营）
石家庄大型仪器设备共享平台	石家庄市科技资源共享服务平台	石家庄科技局（运营）
河北省医药服务外包基地	生物医药研发服务外包	石家庄高新区（运营）

在投融资上，石家庄设置了首只政府医疗基金。截至2018年10月底，石家庄已有9家投向行业为生物医药的投资机构，合计管理资本量达19.8亿元人民币。从机构类型上，石家庄有6家为VC机构，3家为PE机构。

从资本类型来看，8家为本土投资机构，1家为合资投资机构。石家庄高新区与盛世景资产管理集团股份有限公司共同设立石家庄首只政府医疗基金——石家庄盛世新药基金，基金总规模10亿元，以生物制药产业作为重点投资方向，吸引技术、人才等高端要素集聚，吸引重大产业项目落地，精准促进新药落地需求。

随着医药健康产业的飞速发展，石家庄已经成为众多医药企业、医疗器械企业、制药机械企业、健康养生企业抢占华北医药健康市场不可或缺的据点。

2. 石家庄高新区市场运作实践

（1）投融资。石家庄高新区整合区属各单位国有经营性资产，通过做大资本总量，以信用评级增加发债能力，全面拓展融资渠道，加快推进国资监管由管企业向管资本转变，赋予企业充分自主权，提升国有资本市场化运作水平和运营效益。并同国开行展开深度合作，签订了融资授信。与工商银行支持中小微企业发展专项业务，用于科技园区基础设施、厂房建设等投资需求。成立了石家庄高新区产业投资基金协会，建立1500平方米的线下"基金小镇"，推出政策贷、园区贷、票据贷及知识产权质押贷等一系列金融产品。2022年，石家庄高新区设立11只总规模131亿元的子基金和规模4亿元的直投基金。同深圳前海方舟和市产业引导基金合作，募集生物医药投资基金。同黄河三角洲基金管理有限公司和市产业引导基金进行合作，募集产业基金招商引资。

（2）园区建设。聚焦主业创办共享创新平台，通过平台服务企业研发，促进科技成果转化。石家庄高新区通过一揽子政策，比如"科技创新十条""金融服务十条"帮助园区打造研发高地。通过政策倾斜，石家庄高新区科技创新生态体系逐渐形成。比如，培育"1017家高新技术企业+2665家科技型中小企业+292家各类创新平台"，构建"38家众创空间+18家孵化器+5家加速器+专业园区"的全链条孵化体系。探索"高校—产业人才"定向培养模式，以河北省国际合作中心和生物医药中央创新区建设推进科技创新能力提升。一系列举措使得石家庄高新区在2021年全国高新区知识创造和技术创新能力中排名第16位，中国生物医药产业园区竞争力排名中位列第7，22个项目在全省科学技术奖励大会上获奖。

（3）营商环境塑造。石家庄高新区坚持"项目为王"理念，树立服务企业和项目建设的"店小二"意识，大力推进政务服务机制改革，成立项目落地服务中心，建立项目入区"三会、两包、一通道、一预警"工作机制，明确专人主动对接帮助打通项目建设节点，强力推介招商项目早建成、早投产、早达效。全面实施"多评合一""容缺受理""告知承诺"，大力推行"并行办理、同步办结"，实现"交地即交证",持续提升服务保障能力。完善书记直通车、企业家—市长恳谈会、企业家早餐会、我让书记办件事、领导包联、部门帮扶工作机制,用心用情用力做好企业服务,特别是对龙头企业,一对一开展对接帮扶,精准解决困难问题,营造更加便捷高效、亲商爱商、包容开放的发展环境。

(二)河北正定高新技术产业开发区

河北正定高新技术产业开发区(以下简称"正定高新区")于2014年11月经省政府批准成立,2016年8月经省政府批准与河北正定现代服务产业园区合并,规划面积26.96平方千米。2021年经国家发改委、科技部、工信部、自然资源和规划部联合批准,正定高新区被列入"十四五"时期重点支持的县域产业转型升级示范园区。2022年以来,正定高新区重点产业为数字经济、生物医药、先进装备制造、现代商贸物流和总部经济。下面,我们从产业发展、营商环境等方面来总结正定高新区的发展经验。

产业发展方面,正定高新区以项目带动县域科技创新。通过"竞赛式"招商开创新优势。从组织、招商、调度、推进四个环节推动产业发展(见图4-8)。

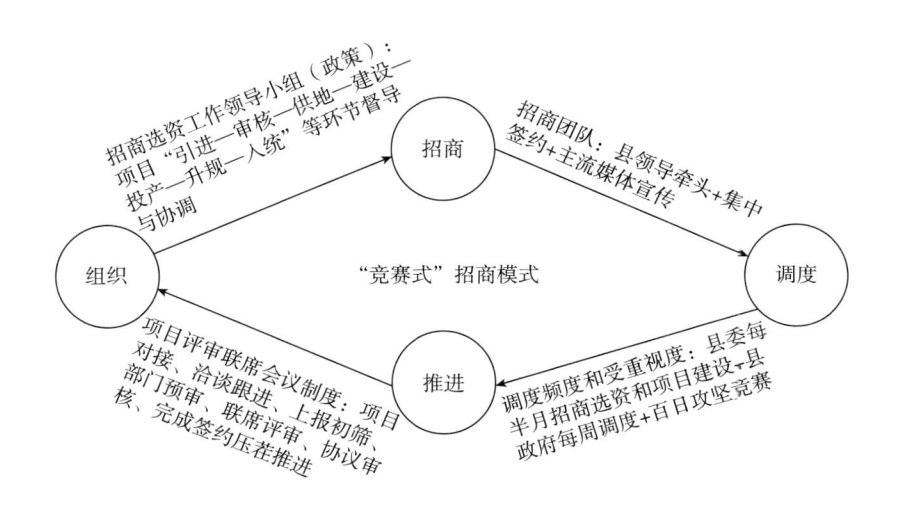

图 4-8 正定高新区"竞赛式"招商模式

1. 产业联动

在产业联动上，突出表现在三个"重点"，一个"集中"。三个"重点"分别是"重点产业、重点区域、重点对象"。重点产业包括正定高新区的产业发展重点方向，重点区域包括对珠三角、长三角、京津冀为招商主区域，重点对象包括对行业龙头企业招商力度。一个"集中"是招商的高新技术企业、科技型中小企业在地理空间上向园区集聚、招商项目向园区集中、招商产业向园区集群，最终形成产业链延伸和集群化发展（见图4-9）。

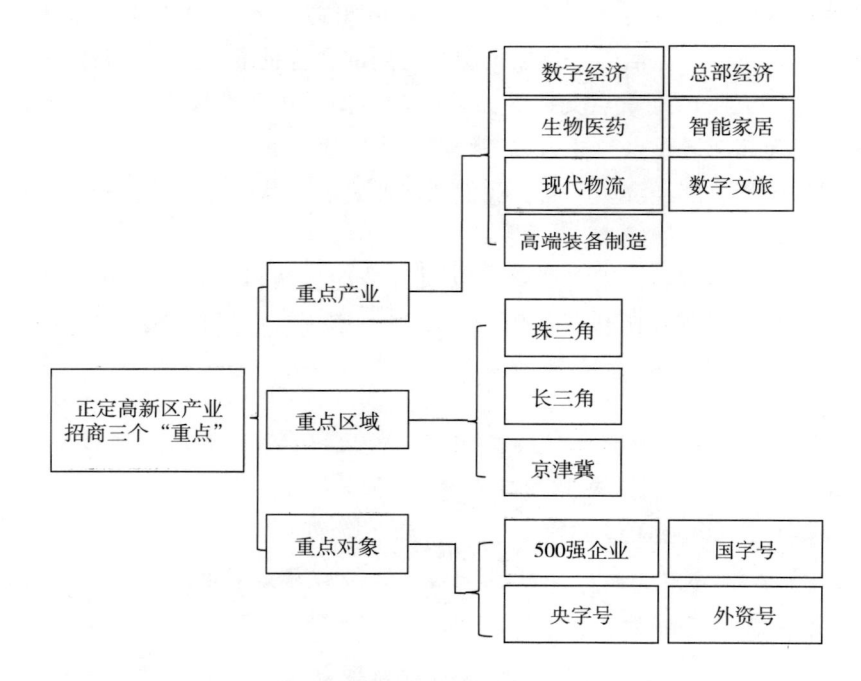

图 4-9　正定高新区产业招商三个"重点"

2. 营商环境

从项目签约到投产达效全面塑造政策服务高地。通过政府优质服务为企业提供"妈妈式"精准服务（见图4-10）。

3. 产业发展

引入与变革并举，引入数字经济等高科技项目，提升传统家居和旅

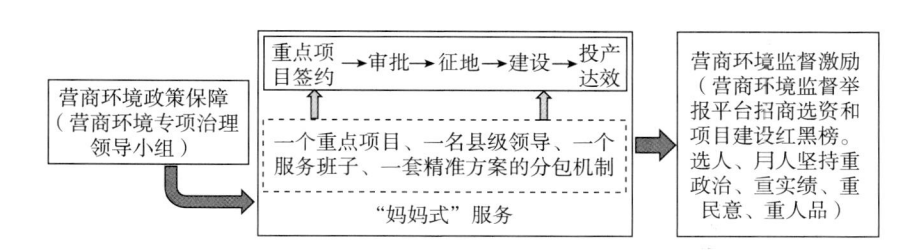

图 4-10　正定高新区"妈妈式"营商环境营造

游产业升级。比如，加大正定高新区老牌企业常山药业和一然生物科技创新，推进河北新大地、橡一科技等专精特新小巨人企业向龙头迈进。同时，提升智能家居产业园智能化、数字化水平，推动传统产业提档升级。引导正中科技、金必德等实施智能化改造，提高产品科技含量。将正定县长宁路、尉佗街等区域定位为数字经济重点区域。引入均和云谷、京东智能等电商企业。同时，加大常山北明云数据中心、讯网科技、玥云数字产业建设。

4. 创新平台

正定高新区拥有国地联合工程实验室 1 家，国际科技合作基地 4 家，省级以上创新平台 20 家，创新型企业 10 家，专精特新企业 10 家，高新技术企业 60 家。新建创新创业中心 1 家，创新创业中心包括创业孵化器、科技金融服务、科技成果转化服务等功能。与联东 U 谷、中南高科等产业园共建科技服务 2 家。协同创新服务园区企业多个，包括中国食品发酵工业研究院、四川大学华西医学院、江南大学、河北科技大学、石家庄铁道大学等院校的合作项目。并与省、市科技成果转化机构和技术交易市场建立良好对接机制。抓好北摩高科等京津转移项目，积极融入京津冀协同发展。

（三）沧州高新技术产业开发区

沧州高新技术产业开发区（以下简称"沧州高新区"）是 2011 年 1 月经河北省批准创建的省级高新区。地理位置优越，东临渤海、北临京津、西临雄安新区，区内有沧州高铁西站和京沪高速沧州出口，交通非常便捷。

沧州高新区主要产业为激光及智能装备制造、信息技术和新材料、现代服务业，目前已经形成"上游光学元器件、中游激光器、下游系统应用"于一体的激光产业集群；集"研发、生产、销售"于一体的新材料产业集群；构建"物联网智能终端及大数据、集成电路及第三代半导体"的产业链条。

1. 创新创业平台建设

通过建设完备的创新创业平台促进人才聚集，形成沧州高新区人才高地（见图4-11）。

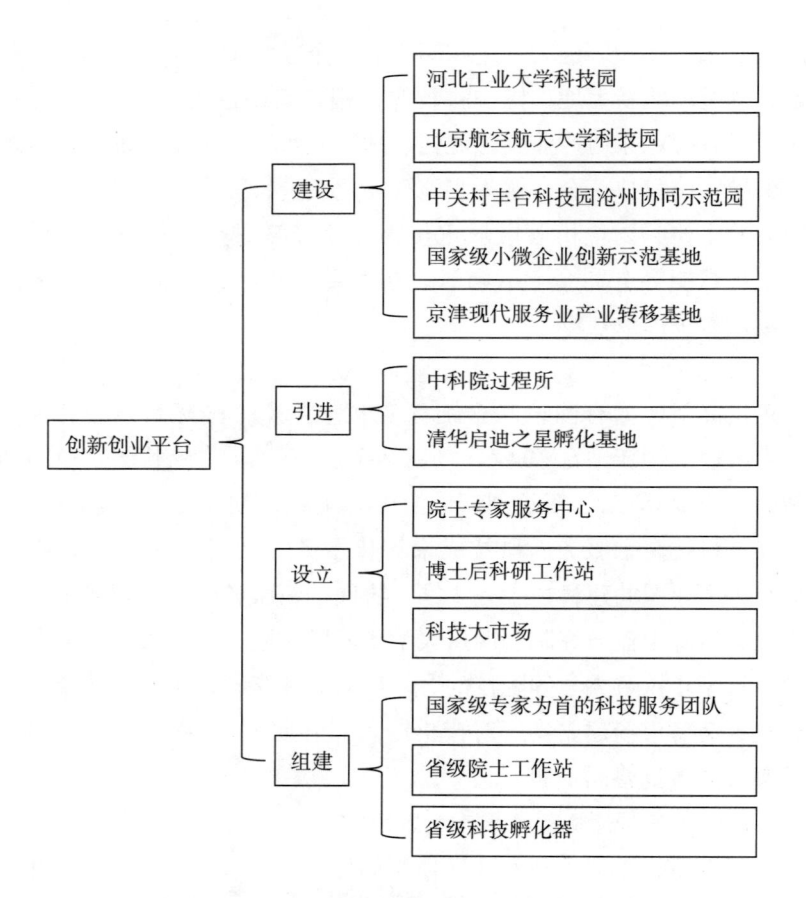

```
创新创业平台
├─ 建设
│   ├─ 河北工业大学科技园
│   ├─ 北京航空航天大学科技园
│   ├─ 中关村丰台科技园沧州协同示范园
│   ├─ 国家级小微企业创新示范基地
│   └─ 京津现代服务业产业转移基地
├─ 引进
│   ├─ 中科院过程所
│   └─ 清华启迪之星孵化基地
├─ 设立
│   ├─ 院士专家服务中心
│   ├─ 博士后科研工作站
│   └─ 科技大市场
└─ 组建
    ├─ 国家级专家为首的科技服务团队
    ├─ 省级院士工作站
    └─ 省级科技孵化器
```

图4-11　沧州高新区创新创业平台建设情况

截至2022年底，沧州高新区已经建设了国家级小微企业创业辅导园1家、国家级众创空间2家，省级孵化器、众创空间等14家，省级以上科技创新平台、工程实验室、企业技术中心23家。引育科技型中小企业631家、高新技术企业96家、专精特新企业23家，国家专精特新"小巨人"2家。

2. 营商环境塑造

沧州高新区实现了项目拿地即开工的"标准地+承诺制"机制（项目在签约、开工、入库、竣工、投产等重点环节由专人全程帮办代办）以及3小时完成企业登记注册的审批速度。还设立了引导资金、政策扶持资金帮助项目落地。沧州高新区各相关职能部门的干部团队，踏实务实，全心全意为企业搞服务，帮客商去挣钱。实行项目包联制，5亿元以上项目由市级领导包联，亿元以上项目由处级以上干部包联，制定时间、任务、责任三张清单，周会商，月对账，季评比，全程考评。

3. 项目建设

以"项目进园区，园区带发展"模式。2022年河北省重点项目数量、新开工项目数量、前期项目数量均排在前两位。项目建设对经济的拉动作用明显，2022年1—4月各项主要经济指标均保持25%以上增长，项目数量连续两个月在全省32家省级以上高新区中排名第1，为创建国家高新区提供有力支撑。

4. 招商引资

沧州市高新区推行"链长负责制"，抓紧产业链精准招商。比如，2022年签约四星特种药包材生产制造基地等三十多个项目。对区内激光及智能装备重点产业，重点关注湖北武汉、广东深圳等国内激光产业聚集区，精准对接华工科技、大族激光、邦德激光等国内第一梯队企业。建设千余亩激光及智能装备产业园，引进了华工森茂持、苏州领创、天津科瑞佳等30多个重点项目，实现产业链强链补链。围绕做大做精新材料产业，聚焦先进高分子膜材料、特种药用包装材料、前沿纳米材料三大领域，瞄准京津头部企业开展精准招商。先后落地明珠BOPA薄膜、北京优美特纳微粉材料、四星光热特种药用包装材料、天津工业大学沧州研究院等20多个重点项目，沧州高新区有望成为全国最大的"双膜"生产基地，全国最大的特种药用包装材料生产制造基地，全国最大的水性聚合物树脂纳米涂料研发制造基地。

沧州高新区在招引信息技术产业上也持续发力，聚焦大数据全产业链条，依托区内华为渤海云计算中心，发展中游数据服务，下游数据融合应用。引进了"独角兽"企业杭州全拓科技，以及河北世窗信息、北京星震同源、凤凰网安全运营中心等10多家信息技术企业，打造京津冀的重要大数据网络节点。

沧州高新区还大力发展现代服务业，助力产业提质升级。以服饰服装产业为重点发展方向，建设了明珠商贸城和明珠国际服装生态城两大承接平台，全产业链承接北京服装服饰产业。吸引了北京商户1.2万余家、服装加工企业4000余家，为打造千亿级服装产业集群奠定了基础。

（四）燕郊高新技术产业开发区

燕郊高新技术产业开发区（以下简称"燕郊高新区"）西边与通州隔潮白河相望，北与顺义区接壤相连，距北京行政办公区5千米，距天安门30千米，距首都机场20千米、大兴国际机场60千米、天津港120千米，是河北省加快推进京津冀协同发展和服务北京城市副中心建设的最前沿。得天独厚的地理位置使得燕郊高新区拥有众多规上企业、科研机构和孵化器等科技创新载体。如国家级孵化器燕郊新技术创业服务中心、兴远高科孵化器和省级孵化器河北谊安创业孵化器、百世金谷科技企业孵化器、鼎盛科技孵化器、驰越智谷孵化器。国家级众创空间扬帆起航创客空间、京东创客孵化空间work+、三河科技人才服务港众创空间和省级众创空间π客联盟等。燕郊高新区主导产业为光电软件、稀土新材料、高新技术产品、服务外包、通信和电子专用设备、生物医药、医疗器械产业。

截至2021年，燕郊高新区已拥有国家高新技术企业135家、省级以上科技型中小企业1339家、各类科研机构105个、科创园23个。在全国高新区考核排名中由第156名上升到第139名，前进17名，在2021年度全省高新区综合考核中荣获A等次（见图4-12）。

1. 提质增效

2022年，燕郊高新区获批的省、市重点项目达到26个，亿元项目22个，产业项目14个，都已投产。

2. 优化营商环境

燕郊高新区对项目评估采取整体把关、申请前服务、"政府一次性送服务",极大缩短了项目审批时限,节省了企业成本。并且制定出台了《燕郊高新区科技产业发展专项资金管理暂行办法》《瞪羚企业认定管理办法》,为高新区战略性新兴产业创新发展、重大关键技术突破和专业园区建设制定政策规划。

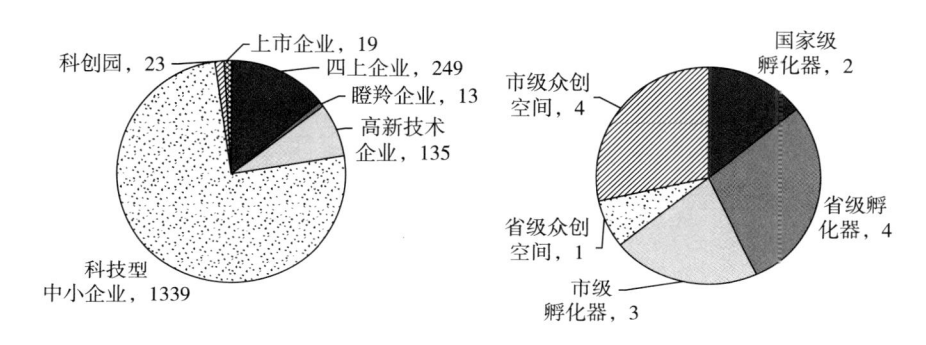

图 4-12 燕郊高新区各类企业和科研机构数量(截至 2021 年)

资料来源:笔者根据燕郊高新区官网公开数据收集整理。

3. 区域协同

燕郊高新区在交通上与北京城市副中心互连互通。目前,102 国道燕郊西出口已经建成通车,京唐、京滨城际铁路以及轨道交通平谷线也在全力推进。

4. 公共服务

燕郊高新区引入北京环卫集团、北京燃气集团、北京热力集团、北京排水集团、北京建工集团、北控水务集团等京企全面参与燕郊城市运维管理,实现"京标服务"。

(五)承德高新技术产业开发区

承德高新技术产业开发区(以下简称"承德高新区")是河北省省级高新区,区位优势明显。京承、京沈、津承、承石、承赤铁路在区内交会,还有京承、承秦等高速公路入、出口。主导产业为文旅康养、特色智能制造、大数据。

1. 产业体系构成

以文旅康养、特色智能制造、大数据为三大产业(见图 4-13)。

```
                            ┌─ 文旅康养 ─┐
                    ┌───┬──────┬──────┬──────┐
                    健康制造 健康医疗 健康旅游 健康养老
```

承德高新区主导产业及代表企业

代表企业：承德露露、颈复康药业、四季度假·国际滑雪小镇、妙健康大健康产业城市总部、承德国际医疗健康产业园、承德尚品花园等重点养老产业项目

大数据产业

| 绿色大数据 | 大数据应用开发服务 | 安全大数据 | 科技研发和能源供应 |

代表企业：博彦科技、青云等大数据行业企业
2022年重点推进中国电信集团数字生态产业基地、北京智银河环京互联网中心等项目

特色智能制造

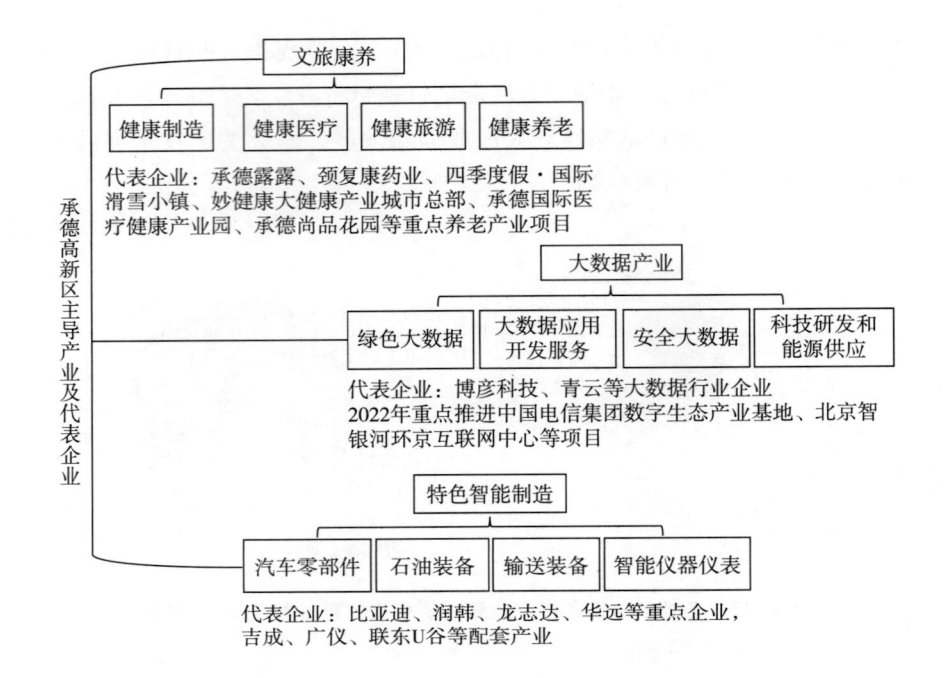

| 汽车零部件 | 石油装备 | 输送装备 | 智能仪器仪表 |

代表企业：比亚迪、润韩、龙志达、华远等重点企业，吉成、广仪、联东U谷等配套产业

图4-13　承德高新区主导产业及代表企业

2. 项目建设

2022年，承德高新区以重点园区、重点产业、重点企业为项目带动。如重点打造以仪器仪表制造业为主的联东U谷高新智造园、以南资北移为主的吉成装备制造产业园、以总部经济为主的力海企业港等5个产业园项目。以实现转型升级、绿色发展为目标，重点推动苏垦银河公司奔驰连杆全智能自动生产线、颈复康扩能改造、克罗尼仪器仪表等5个现有企业扩能升级。以抓大项目、好项目、财源支撑项目的思路，重点实施国润4GW高效光伏组件产业基地、中国电信系统集成公司数字生态产业基地、农产品冷链物流冷藏配送区等9个重点产业项目。围绕打造"承接京津桥头堡"核心定位，强力推进高铁商圈整体提升、上板城西路及综合管廊等4个重大基础设施项目。以解决民生福祉为目的，重点实施冯营子卫生院等4个民生项目。

3. 营商环境

以充分激发创新主体活力为目标构建政策体系，优化科技创新生

态。例如，完善出台《关于进一步加快推进科技创新的十条措施》《承德高新区科技贷款贴息管理办法》等文件，以提升创新主体创新积极性。创新主体培育模式为企业全方位管家式服务，实施科技型中小企业到高新技术企业，再到科技领军企业的梯次培育路径（见图4-14）。

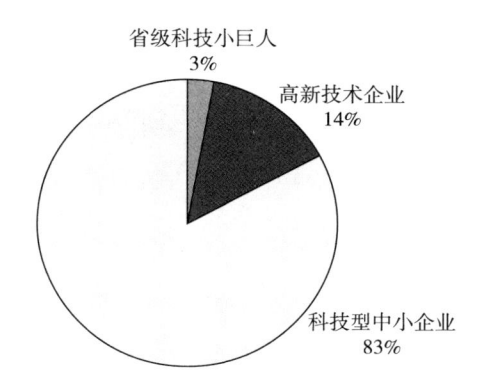

省级科技小巨人 3%
高新技术企业 14%
科技型中小企业 83%

图 4-14 创新主体梯次培养模式

4. 创新平台

围绕承德高新区主导产业创新需求，鼓励企业积极建设技术创新中心、产业技术研究院、实验室等创新平台，着力解决行业共性关键技术难题。承德高新区目前有各类创新平台，包括国家级众创空间、省级技术创新中心、新型研发机构、产业技术研究院等，还有和合众创、汇智领创、创合时代、大创园和深圳湾加速器等孵化平台。在科技成果转化体系上，持续推进与河北工业大学共建科技服务中心和科技成果综合服务平台，帮助企业解决所遇到的难题。

（六）唐山高新技术产业开发区

唐山高新技术产业开发区（以下简称"唐山高新区"）是2010年经国务院批准升级为国家级高新区。唐山高新区轨道交通更便捷，经京唐、京滨城际铁路，能够在半小时内到达北京。唐山高新区拥有焊接和机器人两大国家特色产业基地。高新技术企业超过200家，其中不乏行业龙头。例如特种机器人龙头企业中信重工开诚智能，国内规模最大的焊接装备企业唐山松下，国内轨道交通装备领域规模最大的企业百川集团，国内超声测流领域规模最大的企业汇中仪表等一批行业领军企业，在不同领域开创了40多项"全国第一"。

1. 科技创新生态营造

国家火炬唐山机器人特色产业基地率先在全省构筑了"研发+孵化+产业化"的机器人产业发展生态圈，走出了共享互助的"工业合作化"道路。此外，截至2022年，全区有市级以上科技企业孵化器4家，其中国家级2家；市级以上众创空间8家，其中国家级5家，孵化面积超过30万平方米。2022年上半年，高新区引进西安交通大学自动化学院控制工程研究所等科研院所（机构）4个，北京石油化工大学船用管机器人智能焊接关键技术等科技成果5个，为企业创新创业提供了良好环境。

2. 围绕产业链部署创新链

培育具有国际影响力的创新型企业，增强自主创新能力。从打造原始策源地、建设创新联合体、高新特色的科技平台、引导骨干企业融入全球创新体系四个方面发力（见图4-15）。

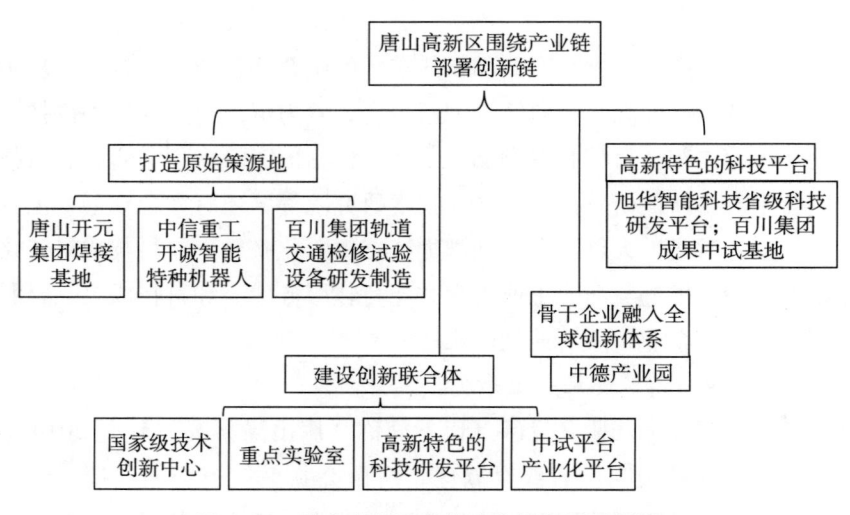

图4-15　唐山高新区围绕产业链部署创新链

3. 培养和吸引科技人才

唐山高新区实施"凤凰英才"计划，引进海外院士，初步形成了中科院系、高等院校系、领军企业系等高能级科创载体矩阵,科创生态得到进一步优化和提升,为经济高质量发展提供了强有力的科技支撑。

(七) 保定国家高新技术开发区

保定国家高新技术开发区(以下简称"保定高新区")主导产业为新能源、智能电网设备制造、新材料、电子信息,在光电、风电、输变电装备制造六大产业领域,均有行业龙头企业,如英利、天威、国电联合动力、四方三伊等。2022年,保定高新区有12个国家级基地,规模以上工业企业超过100家,高新技术企业440家,挂牌上市公司24家。

1. 孵化载体建设

保定高新区在高新企业孵化上有近30年的经验。孵化载体创建经历了四个阶段(见图4-16)。

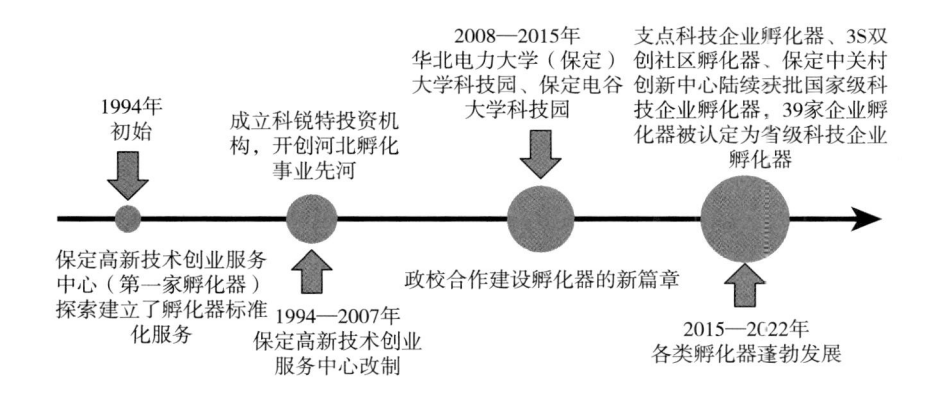

图4-16 保定高新区孵化载体建设的四个阶段

这四个阶段的发展得益于保定高新区管委会和孵化器运营主体形成的孵化体系。包括政策体系、孵化体系、双协会组织及保障体系。政策体系包含创新创业项目孵化、创新创业动能激发、创新主体培育等政策方向,形成了"众创空间+孵化器+园区"的孵化链条。在资金、服务委托、赛训结合、评选监督和层级评审上形成孵化品牌。成立众创空间协会、大学生创新创业联合会双协会组织活动,对接资源,培训人员,通过多方位服务提升创新载体运营水平。

2. 创新生态

截至 2022 年,保定高新区拥有国家级孵化平台 3 家,各类孵化面积超过 420 万平方米。拥有 5 个国家重点实验室、6 家院士工作站、7 个国家级技术中心、1 个国家标准创新基地。高新区万人发明专利拥有量 76 件,全市排名第一。高新区先后与中国科学院大学、清华大学、北京大学、中国信通院等顶尖科研院所、高校深度对接合作,领跑高端产业。以同光晶体、中创燕园、华凯光子为代表的领军企业,正在加速第三代半导体材料产业聚集。中国信通院雄安保定基地项目、雄华雄智谷、5G 融创中心等项目,正在引领数字产业发展潮流。截至 2022 年年底,高新区与北京、天津高校、科研机构开展技术合作的企业共有 92 家。

(八)河北衡水桃城高新技术产业开发区

河北衡水桃城高新技术产业开发区(以下简称"桃城高新区")是 2016 年 8 月经省政府批准设立的省级高新技术产业开发区,在衡水市西郊,距离衡水高铁北站 15 千米,距离衡水西高速口 2 千米,园区技术职业学校 7 所,中等职业学校 3 所。主产业为高端装备制造、信息智能、新材料、生产型物流、生产型服务。科技创新产业园、衡水智能制造产业园、桃城机电产业园、绿色新材料产业已经是产业聚集的核心点。

1. 招商引资

桃城高新区主要与京津、长三角、珠三角深度对接,以项目带动园区发展。桃城高新区招商公司先期统一拿地,再统一招商,然后根据招商入驻项目,量身规划、委托建设,签订"对赌协议",以先租后让的形式推进机电产业园建设,并引进落地西玛电机、顺隆千业、见君科技、金利康等项目,有效破解企业前期投入过大问题。园区企业与大型企业华世集团与中铁长安重工有限公司进行战略重组,引入资金建设,建设钢箱桥梁生产基地。同时,开辟线上对接合作模式。

2. 营商环境

实行"一个项目、一名干部、一本台账、一包到底"包联工作法,建立招商对象、洽谈、签约、注册、前期、开工、入统7个项目库，强化全过程管理、全要素保障、全方位考核。推行"三色"台账管理法。直观展示项目进度快慢，分别给予红色警告、黄色预警、绿色鼓励，传递压力、激发热情。营造"三最"营商环境。加大帮办代办服务力度，送政策、送服务、送资金，打造"审批事项最少、收费最低、时限最短"营商环境。推行土地带标准出让、企业承诺政府监管，落实"标准地+承诺制"改革，多评合一、多审合一、拿地即开工"标准地+承诺制"制度。

（九）秦皇岛经济技术开发区

秦皇岛高新技术产业开发区尚未实体兴建，与北戴河新区同一套人马，两个牌子。这部分以秦皇岛经济技术开发区（以下简称"秦皇岛开发区"）为梳理案例。秦皇岛经济技术开发区是1984年国务院批准设立的全国首批、河北省首家国家级经济技术开发区。秦皇岛开发区在环渤海经济带核心区域，毗邻京津，联结华北和东北两大经济区，有国家级综合保税区、国家级大学科技园、国家级高新技术创业服务中心等园区。开发区吸引了世界五百强企业和众多国内龙头企业入驻。秦皇岛开发区主产业为汽车及零部件、粮油食品精深加工、高端重型装备、智能制造。

1. 产业布局

开发区分为东西两侧，东侧重点产业为高端重型装备制造业和现代物流业。西侧重点产业为高端装备制造、高新技术产业，集中布局汽车零部件企业以及科技型企业、技术研发机构。

2. 营商环境

在全省率先实行行政审批制度改革，简化审批流程和程序，建立企业、项目、审批全服务模式。

（十）廊坊高新技术产业开发区

廊坊高新技术产业开发区（以下简称"廊坊高新区"）于2016年由河北廊坊新兴产业示范区改名整合而成。距离北京、天津、雄安新区分别为60千米，周边4条高速公路和3条高标铁路干线，150千米内有4个海港，得天独厚的地理位置使得廊坊高新区区位优势犹如天赐。

廊坊高新区产业方向为新材料、高端装备制造、新一代信息技术、数字经济、生命健康以及现代服务业。拥有新材料产业集群、装备制造产业集群、新一代信息技术产业集群、生命健康产业集群、大数据产业集群、商贸物流产业集群6大集群。

1. 营商环境

廊坊高新区采取政府主导，国有企业运营模式，在行政审批内部实行封闭管理，审批权限实现与市直部门全线直通。设立企业服务中心，实行"一站式""保姆式""不见面"服务，全程领办代办。

2. 服务京津

依托北京天津形成各类专业化市场，比如现代农业科技、农业产业化、渔具产业、花木产业等，现代物流业发展前景看好。

3. 科技环境

廊坊市在北京和天津的中间地带，大城市的虹吸使得人才难留住，廊坊成走廊。不仅是廊坊，从北京到天津一路上开发区将近十个，也面临同一难题。问题原因是开发区功能单一，缺乏个性化，科技创新氛围不足。但是，廊坊市高新区抓住地理位置优势，做好国内外中小企业进军北京的备选之地。在环境设计上重视科技研发工作特点，设计出适合宁静沉思、互动研究的场所。不仅是硬环境，高新区还高度重视城市软环境建设，包括科技中介服务体系、科技生产力促进中心、标准化体系、信用体系、人才高地、金融创新体系和市场监管服务体系等十多个方面的建设，创造留住人才的软环境。

（十一）邯郸高新技术产业开发区

邯郸高新技术产业开发区（以下简称"邯郸高新区"）于2014年成立，2018年纳入河北省高新区管理序列，是冀南新区的核心园区，主导产业为装备制造、节能环保产业。2017年《关于加强京津冀产业转移承接重点平台建设的意见》中提出了15个协同创新平台，邯郸高新区就拥有一个，重点承接北京外迁装备制造产业。

二 河北省高新区建设共性问题

（一）产业发展重"大项目"，轻"草根"

园区发展政策规划上，所有高新区都强调了要引入大项目、行业龙头企业等，有些高新区政策明确是引入"500强"。这种引入政策不能说有错，但更应该重视草根的燎原能力，就是要重视科技创新企业的孵化。在科技型企业孵化工作中，保定市高新区和唐山市高新区的做法可以被其他城市效仿。

（二）政府部门倾向于"送政策、送资金"，缺乏"送战略、送智慧"

从前面内容中，我们看到河北各地高新区管委会做好了政府侧的政府职能工作，为企业做贴身管家，制定政策，扶持发展，帮助对接需求信息，帮助拉来资金……然而，企业最为缺乏的管理层面的需求很难满足，比如企业发展总体战略、产业发展策略、企业推进战略、企业营销战略、企业上市战略如何制定，又怎么运行等一揽子问题。政府服务职能的转变，要做到授企业以渔而不仅仅是授企业于鱼。更要做到的不仅仅是一个产业方向、一揽子政策规划、一句句广告语。

从全国各地高新区实践来看，很多高新区做的也是送改策、高补贴模式，比如成都高新区和西安高新区，成都高新区在2003年引入因特尔公司，西安高新区2012年引入三星公司均采用巨额财政补贴模式。

大庆则与众不同，大庆是一个有"企业基因"的城市，浓厚的经营理念和投资理念深深植入大庆市城市文化，大庆高新区吸引沃尔沃汽车入驻就是这种文化的代表作。2010年6月，大庆投资30亿元帮助吉利收购沃尔沃，最终将沃尔沃汽车国内的整车生产基地留在了大庆。使得大庆在原本没有任何汽车产业的基础上建立了汽车制造厂，实现"零"搭建汽车产业链。从沃尔沃汽车大庆工厂奠基那一天起，大庆市规划、审批、国土、环保等相关部门就与沃尔沃团队合署办公。大庆高新区汽车产业促进中心招商科负责人韩博强曾说："外人都分不清哪个是沃尔沃团队的，哪个是我们大庆的。"十年时间，沃尔沃汽车大庆制造基地的强大集聚辐射效应和技术溢出能力，吸引了众多汽车零部件和工艺设备供应商进入该区。不仅仅是零部件，更重要的是培养出了更多专业化人才。比如驻庆高校和职业院校积极与沃尔沃汽车大庆工厂对接，定向培养了汽车产业人才队伍。

大庆高新区职能部门专业化企业运行能力为河北省的高新区产业发展带来启示。要将高新区发展战略、企业产业链战略和管理智慧战略统一起来,做好对接和联动,从城市和产业融合发展理念来统筹生产生活和生态功能,实现园区互动和谐发展。

(三)园区建设重"实体"建设,轻"文化"塑造

河北省大部分高新区、科技园区建设依然依赖于土地资源,园区建设以物理空间的建设为主,缺少创新文化、场所文化的营造。比如,石家庄因铁路、公路、航空构建起的立体交通网络奠定了独特的区位价值。从历史发展规律,我们知道一个国家、一个区域、一个民族,谁能控制道路谁就能够获得兴旺发达。比如汉唐时期的丝绸之路、古罗马时期的罗马军团历史、大英帝国的崛起等,都是因为路通获得的发展先机。路通带来了文化交融,促进了地区经济发展。

高质量发展除了要有通畅的道路,更要深入触及文化层次的打通。文化要植根于建筑中。也就是说,高新区或者科技园区的建设要超出建筑学建设范畴,更多关注能够赋予园区精神的"场所精神"。也就是挪威城市建筑家诺伯舒兹在《场所精神——迈向建筑现象学》[①] 中提到的:古罗马时代认为"场所精神"是包括人与场所,都有"守护神灵"并陪伴其一生,这些决定了其特征和本质。可以解释为"对一个地方的认同感和归属感"。

比如,石家庄高新区近两年大力发展的生物医药产业是对区域内三个万人村落的腾笼换鸟,空间场地有了、生物医药基础也有了,现在更需要做的就是赋予园区精神本源,也就是根据园区产业特性、业态构成、人员构成,将这些以产业文化特性赋予规划建设的楼宇房屋和景观装饰上。

三 发挥高新区辐射带动作用

全面落实党的二十大精神,提高高新区站位,擦亮园区品牌,提升发展水平。应做到三个坚持。一是要坚持高原铸峰。在高新区壮大世界一流企业和世界级产业集群,增强提升策源能力,孵化未来产业,打造高质量发展的升级版。二是要坚持改革。在高水平自立自强和创新生态上做好改革措施。三是要加强联动。进一步加强高新区、自创区联动,

---

① 诺伯舒兹:《场所精神——迈向建筑现象学》,施植明译,华中科技大学出版社2010年版,第115页。

相向而行,从联动中激发创新潜力,打造支撑创新型国家的战略方阵,打造融入全球创新网络的战略支点。

四 河北省国家大学科技园

科技部和教育部在《国家大学科技园认定和管理办法》(国科发区〔2019〕117号)指出国家大学科技园是以科研优势特色的高校为依托,紧密结合大学科教智力资源与市场优势和创新资源,推动创新资源整合、科技成果转化、科技企业孵化、创新人才培养和开放协同创新,促进科技、教育、经济融通和军民融合的重要平台和科技服务机构。大学科技园兼备孵化器和辐射创新功能,在区域经济发展中发挥重要作用,其核心功能是高新技术企业孵化。大学科技园发展主要依赖于高校科研技术扩散和科技成果转化,其技术创新溢出主要体现在科技园创新活动中,大量收益都以技术外溢的方式被其他非创新主体所吸收(见图4-17)。

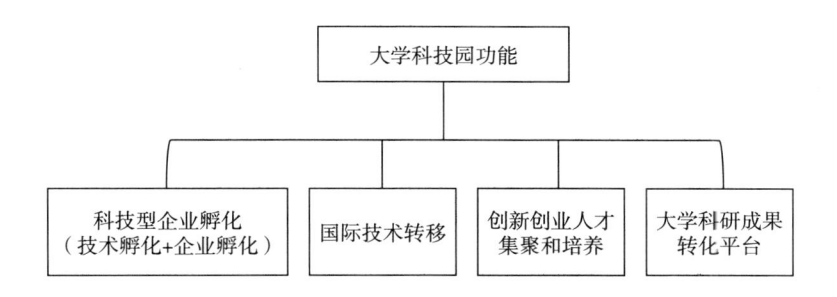

图 4-17 我国大学科技园功能特征分类

河北省目前有4家国家级大学科技园(见表4-7)。大学科技园通过高校在创新科研成果过程中,与外界创新主体合作形成科研成果转化,继而转化为市场生产力。科技成果在转化为市场价值过程中,利用大学科技园作为载体,通过小试、中试等多个环节实现市场产品转化。技术扩散也在这个阶段同步溢出,实现技术产业化,带动了地方经济发展。

表 4-7　河北省国家级大学科技园列表

名称	2021年科技部绩效评价结果（位次）	级别	主导产业	所在地	技术依托	技术溢出和孵化	孵化出企业
保定大学科技园（保定电谷大学科技园）	良好（7）	国家级	新能源、智能电网、节能环保、高端装备制造、软件、设计咨询、金融及其服务业等战略新兴产业	保定	华北电力大学、河北大学、河北农业大学、河北软件职业技术学院、河北金融学院5所大学	一园多校、地校共建、联合创新	数字经济创新孵化出高新技术企业145家
河北工业大学国家大学科技园	合格（8）	国家级	"众创空间—孵化器—加速器—产业园区"全链条孵化体系。通过"团队+企业"的孵化模式和"成果转化—技术领先—发展壮大—上市企业"的技术路线，帮助入驻企业快速发展	天津、邢台、沧州、保定	工业大学的基础服务、资源对接、培育成长、科技金融服务平台	众创空间—孵化器—加速器—产业园区，津冀首家科技成果超市	河北工大科雅能源科技股份有限公司在内的科技型企业近2000家

续表

名称	2021年科技部绩效评价结果（位次）	级别	主导产业	所在地	技术依托	技术溢出和孵化	孵化出企业
燕山大学国家大学科技园	良好（6）	国家级	"创新链、服务链、资金链、产业链"的融合发展模式，建立与评估机构、金融机构、行业协会等社会各方的协同运营机制，着力完善产业自主创新技术支撑体系，整合产业链资源，完善多元化创业孵化服务，建立创业投融资服务体系，培育科技型产业集群；促进创新链与产业链的衔接贯通，形成了"原始创新、技术研发、成果转化、产业转化成果转化的科技成果转化服务体系	秦皇岛（一区多园，省内园区+省外园区）	燕山大学的人才优势、科研成果优势、科技创新优势和创新人才培养优势	培育科技型中小企业；高新技术产业集群	燕山大学软件集团、康泰医学、方华机械、源达机械、泰索管业、北方管业、燕大现代集成、鹰领装备
华北电力大学（保定）国家大学科技园	良好（4）	国家级	能源电力、新能源、节能环保、电子信息领域	保定	校内构建技术和产品研发平台，为园区提供科技成果转化、创业孵化、创新型人才培养，行业创新资源拓展服务，多元化创业服务，源源不断地培育高新技术企业	众创空间+孵化器+园区	支点科技企业孵化器、3S 双创社区孵化器、保定、中关村创新国家科技企业孵化器，39 家获批国家级科技企业孵化器被认定为省级科技企业孵化器

资料来源：《科技部大学科技园绩效评估报告（2021）》，河北各国家级大学科技园官网。

第三节　河北省特色产业数据资料库构建

河北省产业基础较好，产业门类丰富。已经形成了以装备制造、汽车、医药、电子信息等为主导并涵盖四十多个工业行业大类的较为完备的产业体系。借助北京冬奥会优势，依托崇礼高原（国家综合）训练基地、河北涞源国家跳台滑雪训练科研基地、国家河北承德体育训练基地，正在形成张保为中心的冰雪装备产业基地、张家口高新区冰雪运动装备产业园、宣化冰雪产业园"一基地，两平台"格局。截至2020年年末，河北省各类产业园数量超过3400家，全部工业增加值11545.9亿元，规模以上增加值增长了4.7%。在产业分布、技术支撑、科技人才政策、科技合作、成果转化上有一定成效。

河北省重点产业有传统产业、未来产业、数字化技术、战略性新兴产业。传统产业包括钢铁、石化、轨道交通、汽车、农机、食品和纺织服装7大类。未来产业有冰雪装备产业（以张家口、保定为主）、被动式超低能耗建筑（以张家口、保定、秦皇岛为主）、临空产业（以廊坊为主）、金融科技、前沿引领技术5大类。数字化技术产业有多源传感器、新业态、制造业数字化、服务业数字化、农业数字化5大类。战略性新兴产业包括高端装备制造、新材料（以秦皇岛、邯郸、邢台为主）、新能源（以张家口、邢台、邯郸、沧州为主）、生物制药（以石家庄、保定为主）、太阳能光伏（以张家口、保定、承德为主）、氢能、机器人（以廊坊为主）、大数据（以石家庄、承德、张家口、秦皇岛、廊坊、正定、怀来为主）7大类。

产业发展以面向人民生命健康、乡村振兴、绿色低碳为科技支撑（见图4-18）。产业发展注重人才培养、引进和激励（见图4-19至图4-21）。

一　河北省特色产业分类——生物医药全面画像

生物医药产业不仅是河北省优势传统产业，也是转型升级重点领域。在《河北省"十四五"科技创新规划》中，生物医药产业被列为重点发展产业，《河北省制造业高质量发展"十四五"规划》明确提出培育壮大新兴产业，在生物医药产业上重点建设石家庄国家生物医药、

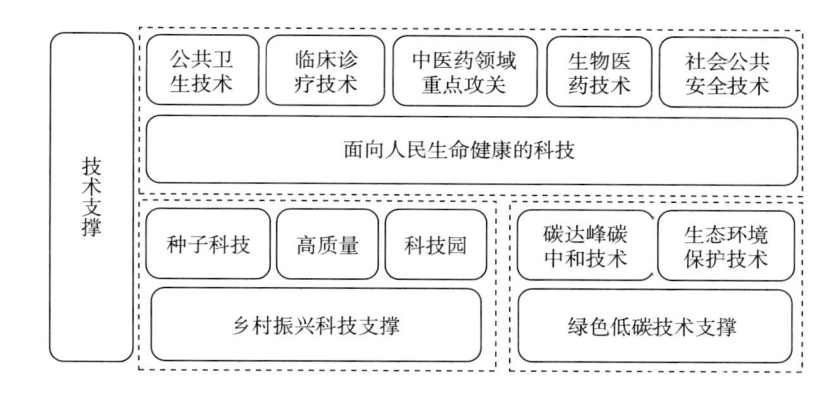

第四章 河北省科技园区创新生态优化

```
技术支撑
├─ 公共卫生技术 │ 临床诊疗技术 │ 中医药领域重点攻关 │ 生物医药技术 │ 社会公共安全技术
│  └─ 面向人民生命健康的科技
└─ 种子科技 │ 高质量 │ 科技园 │ 碳达峰碳中和技术 │ 生态环境保护技术
   └─ 乡村振兴科技支撑 │ 绿色低碳技术支撑
```

图 4-18　河北省产业技术支撑

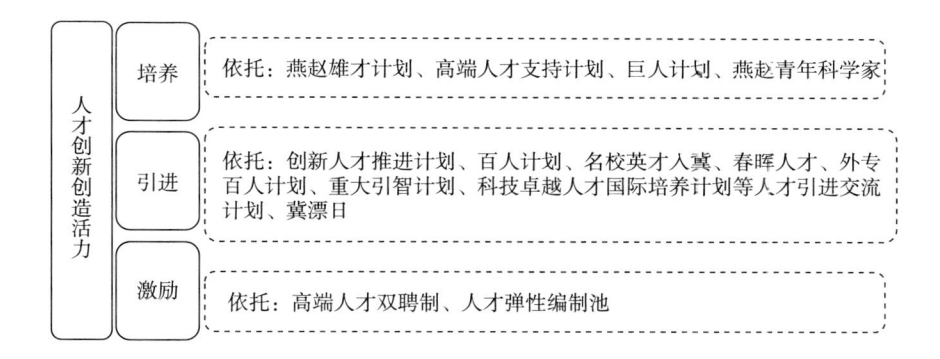

```
人才创新创造活力
├─ 培养：依托：燕赵雄才计划、高端人才支持计划、巨人计划、燕赵青年科学家
├─ 引进：依托：创新人才推进计划、百人计划、名校英才入冀、春晖人才、外专百人计划、重大引智计划、科技卓越人才国际培养计划等人才引进交流计划、冀漂日
└─ 激励：依托：高端人才双聘制、人才弹性编制池
```

图 4-19　河北省科技人才政策

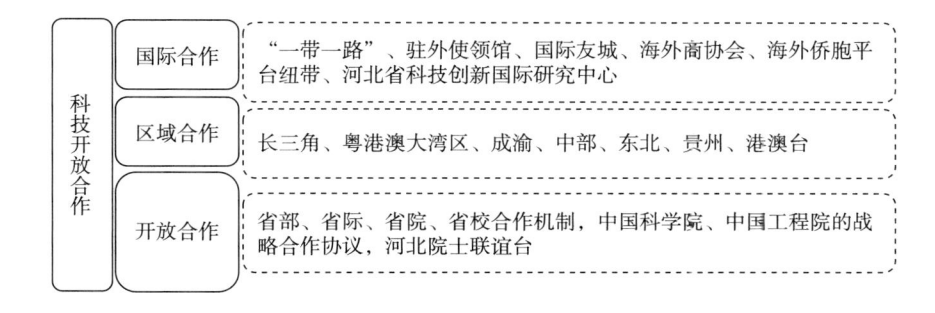

```
科技开放合作
├─ 国际合作："一带一路"、驻外使领馆、国际友城、海外商协会、海外侨胞平台纽带、河北省科技创新国际研究中心
├─ 区域合作：长三角、粤港澳大湾区、成渝、中部、东北、贵州、港澳台
└─ 开放合作：省部、省际、省院、省校合作机制，中国科学院、中国工程院的战略合作协议，河北院士联谊台
```

图 4-20　河北省科技开放合作

```
科技成果转移转化 ┬─ 科技成果转化制度 ── 依托：河北省产业技术研究院
                ├─ 技术转移服务体系 ── 依托：河北·京南国家科技成果转移转化示范区
                ├─ 科技成果转化载体 ── 依托：科技成果中试熟化基地
                └─ 科技成果产业化 ── 依托：雄安新区、河北·京南国家科技成果转移转化示范区、省级以上高新区、农业科技园区
```

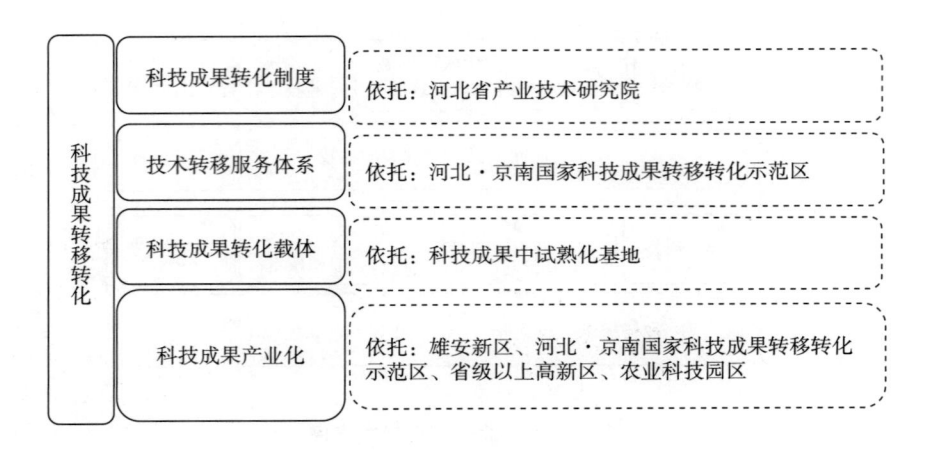

图 4-21 河北省科技成果转移转化

安国现代中药、沧州生物医药、邯郸生物提取和现代中药等产业基地，加快北戴河生命健康产业创新示范区建设，争创国家级京津冀生物医药健康先进制造业集群，打造生物医药产业先进研发制造基地。到 2025 年，全省生物医药产业营业收入预计达到 2000 亿元。

（一）生物医药行业总体发展背景

1. 国际背景

全球生物医药产业主要集中分布在美国、欧洲、日本等国家和地区，其中美国生物药品在全球市场占主导地位，2022 年美国相关产业总产值约占 GDP 的 17%，研发实力和产业发展领先全球。英国在生物医药技术研发领域已有 20 多位科学家获得诺贝尔奖，是全球生物医药第二大研发强国。日本生物医药领域的发展起步虽晚于欧美，但生物医药产业发展非常迅猛，成为亚洲领先国家。全球药品和医疗器械、医疗装备产业市场主要集中在北美、欧洲、日本等发达国家和地区，已形成完备的产业体系，制药行业前五的国家是美国、中国、瑞士、英国和德国，2021 年千强药企中有 249 家中国药企（包括港澳台地区）。中国的市场份额从 2015 年的 6.5% 增长至 2020 年的 14.4%。

2. 化学药和生物技术药发展背景

全球药品生产企业有三万多家，主要以化学药和生物技术药为主。2022 年全球生物医药市场销售额达到 3260 亿美元，根据美国《制药经

理人》期刊发布的2022年全球前五十药企榜单，名列前十名的企业（按照销售额排名）分别是：辉瑞、艾伯维、诺华、强生、罗氏、百时美施贵宝、默沙东、赛诺菲、阿斯利康、葛兰素史克，市场销售额超4000亿美元，其中，美国占到5家，英国2家，瑞士2家，法国1家（见图4-22）。近三年，中国药企进入《制药经理人》杂志发布的全球五十强，2019年是两家，分别是中国生物制药（第42名）、恒瑞制药（第47名）。2020年是四家，分别是云南白药、中国生物、恒瑞、上海医药。2021年是四家，分别是云南白药（第34名）、恒瑞医药（第38名）、中国生物（第40名）、石药集团（第44名）。2022年是5家，分别是中国科兴（第17名）、复星医药（第38名）、中国生物制药（第40名）、上海医药（第42名）、石药集团（第45名）。

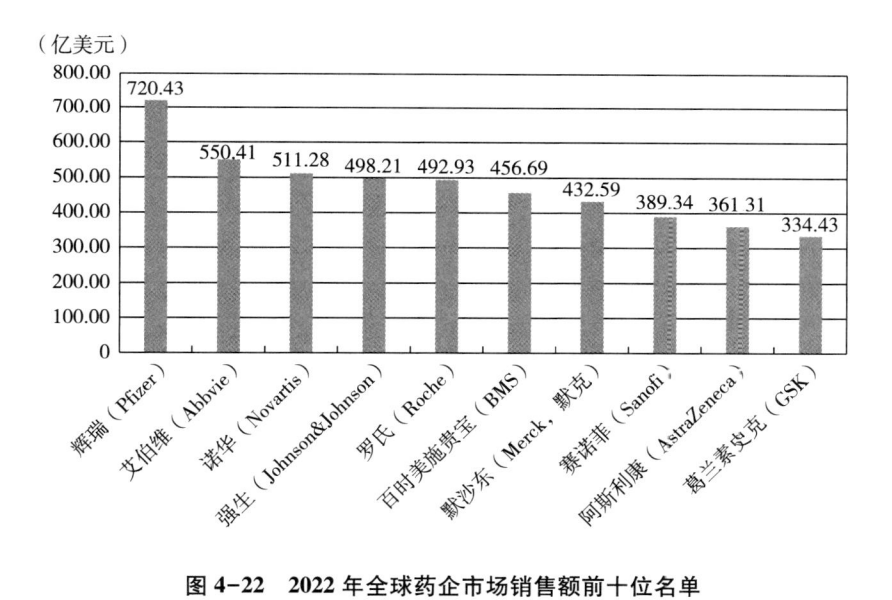

图4-22 2022年全球药企市场销售额前十位名单

产业主要集中在美国、欧洲、日本等发达国家和地区。全球医药市场近五年来以较缓的速度增长，其中生物制剂增速最快，年均复合增长率为9.20%，而化学药物受疫情影响最大，市场规模于2020年有所下降，但其在全球药物整体市场中占比仍是最大的（见图4-23）。

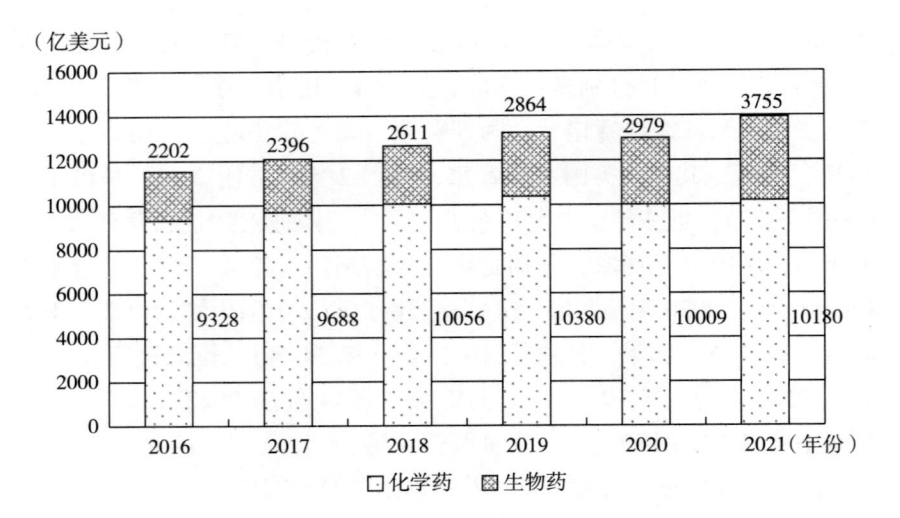

图 4-23　2016—2021 年全球化学药和生物医药市场规模

医疗装备和医疗器械发展方面，随着老龄化时代以及人们对健康需求的提升，医疗装备和医疗器械规模已经巨大，成为医药领域重要支撑门类，也是世界经济的重要产业。全球医疗装备和医疗器械年平均增速为 6.0%，是药品市场增速的两倍，发展中国家增速平稳。2021 年，全球医疗器械市场规模达到了约 4890 亿美元，2022 年为 4960 亿美元。2016—2021 年年复合增长率为 5.6%，市场集成程度较高。其中以美国为主，占 40% 左右，欧洲较多，占 30%，日本在 15%—20%。日本、中国和印度三个国家销售额占亚洲市场的七成。

截至 2022 年 1 月，中国有医疗器械和医疗装备生产企业超过 26800 家，地区发展呈现不均衡态势，企业呈现不均衡态势，企业呈现多、少、弱的特点，缺乏具有自主知识产权的高端产品。

（二）国内生物医药产业发展状况

根据 2021 年财务数据以及 2022 年上半年行业可比公司增长率估算，2022 年中国生物医药百强榜，河北省有 5 家入围，分别是石药集团（第 7 名）、以岭药业（第 27 名）、华北制药（第 40 名）、石四药集团（第 59 名）、神威药业（第 85 名）。还有一批快速成长的创新型企业，如森朗生物、博海生物等。药明康德、昆翎医药、轩竹医药等高成长性企业也在河北省落户（见表 4-8）。

表4-8　　2022年度全国生物医药百强企业（河北）排名情况

序号	名称	名次（位）
1	石药集团	7
2	以岭药业	27
3	华北制药	40
4	石四药集团	59
5	神威药业	85

注：数据来自《2022年中国生物医药百行榜》。

截至2021年，河北省有生物医药生产企业409家，医疗装备（器械）生产企业1801家。其中，规模以上生物医药生产企业324家（见表4-9）。

表4-9　　河北省部分重点生物医药企业信息

序号	企业名称	是（否）上市及新三板挂牌企业	地址
1	石药集团	是	河北省石家庄市裕华区黄河大道226号
2	以岭药业	是	河北省石家庄市高新技术开发区天山大街238号
3	华北制药	是	河北省石家庄市和平东路388号
4	石四药集团	是	河北省石家庄经济技术开发区兴业街8号石门大厦
5	神威药业	是	河北省石家庄市栾城区石栾大街68号
6	森朗生物	否	河北省石家庄市裕华区黄河大道136号科技中心1号楼
7	博海生物	否	河北省石家庄市高新区长江大道319号

在区域发展上，秦皇岛、张家口、唐山等增速高于全省平均水平。河北省生物医药企业分布在石家庄、保定、邯郸、邢台、衡水、沧州等地，医疗器械和医疗设备生产企业主要集中在石家庄、保定、衡水和沧州，河北省生物医药企业分布区域（按设区市）企业数量情况如图4-24所示。

河北省生物医药产业园主要有四个。分别是：保定安国市中药材产业园（安国市）、北京·沧州渤海新区生物医药产业园（沧州市）、衡水冀州医疗器械产业园（衡水市）、石家庄高新区生物医药产业（石家庄市）。

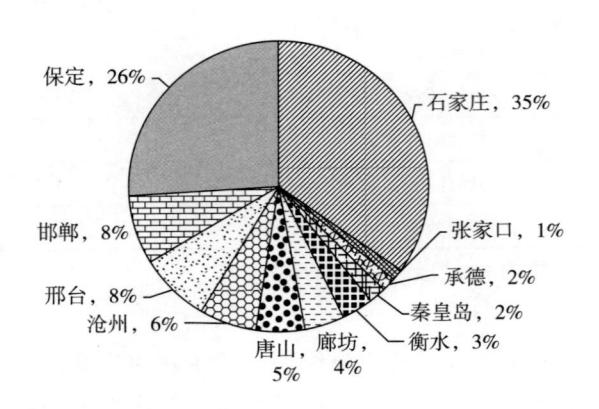

图 4-24　河北省生物医药行业企业数量区域分布

资料来源：根据河北省发改委、河北省科技厅公开报道数据统计。

1. 石家庄高新区生物医药产业园

石家庄高新区是全国首批国家级高新区（1991年），已成为全省生产规模最大、产业实力最强、生产企业最集中，在全国有重要影响的生物医药产业聚集区。形成了以高端原料药、新型制剂、医疗装备和医疗器械、大健康等为主的产业布局，其中包括4家全国医药百强企业。2021年，科技部中国生物技术发展中心公布的全国生物医药产业园区50强综合排名中，位列第七。

石家庄高新区生物医药产业园已经形成以发酵药物为主导、现代化中药为特色、基因工程药物为先导、医疗器械和医药流通服务为补充的产业体系，主营收入占全省生物医药工业总量的71.67%。同时，在承接京津生物医疗优势产业溢出效应上，将大健康产业作为转型抓手，打造养老休闲产业基地。

2. 北京·沧州渤海新区生物医药产业园

沧州渤海新区生物医药产业园积极承接京津生物医药产业转移，自2015年筹建以来，共签约项目160个，总投资487亿元，入园企业产品特色明显、优势突出，多家企业的拳头产品占国内产品市场份额超过50%，会聚了天津医药集团、华润双鹤、泰德制药、协和药厂等知名医药企业，形成了医药特色产业集群。未来将重点发展高端原料药、现代中药和大健康产业，把园区建设成中国北方生物医药产业"新基地"。

3. 保定安国市中药材产业园

保定安国中药材交易市场年交易量居全国第 2 位。安国作为我国传统的中药材集散地，至今已有一千多年历史，亦有"天下第一药市"之称。中药材种植、加工、交易在全国占有重要位置，年产量 4 万吨，交易量 30 多万吨，经营品种 3000 多种，先后建成现代中药工业园区、现代中药农业园区、数字中药等一系列产业高端发展平台。目前，全市有 1 万亩良种繁育基地、5 万亩标准化种植基地、6 个规模种植区和 102 家中药饮片生产企业。

4. 衡水冀州医疗器械产业园

冀州医疗器械产业园是河北省唯一一个康复辅具为热销产品的医疗装备和医疗器械园区，被全国民政部等七部委确定为"康复辅助器具产业园国家综合创新试点"。现有相关生产企业 238 家。与三产相配套的企业 400 余家、经营企业 2800 家。生产的医用病床、防褥疮气垫床、拐杖、轮椅四大单品网络销售位居全国第一。2021 年网络销售额 124.4 亿元，位居河北省第五。

（三）河北省生物医药产业链

河北省生物医药产业基础较为雄厚，产业集中度高，拥有一批国内知名龙头企业。上游包含药用辅料、化学原料药；中游包括化学药品制剂；下游包括交易平台和流通企业（见图 4-25）。

各市生物医药代表性园区有：秦皇岛北戴河生命健康产业创新示范区，唐山北京生物医药科技产业园，廊坊临空经济区国药科技城的固安肽谷生物医药产业园，保定北京当代创研生物医药产业园，北京·沧州渤海新区生物医药产业园，石家庄国际生物医药产业园，栾城现代中药和特色药业聚集区，赵县生物发酵产业聚集区及深泽、晋州、元氏中间体、原料药聚集区。

河北省中药产业链包括：上游：中药材种植、养殖和采集，中游：中药饮片加工、中成药生产，下游：商业配送、医疗机构应用于患者等环节。河北省中药产业基础雄厚，重点城市在保定、石家庄、承德、邯

郸等市。保定有北方最大的药材交易市场，以岭药业是全国中药龙头企业（见图 4-26）。

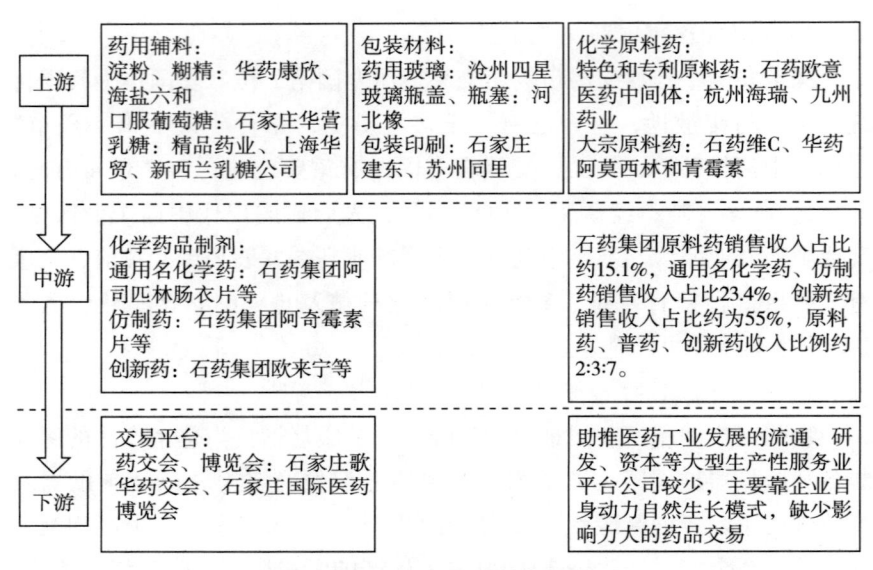

上游	药用辅料：淀粉、糊精：华药康欣、海盐六和口服葡萄糖：石家庄华营乳糖：精品药业、上海华贸、新西兰乳糖公司	包装材料：药用玻璃：沧州四星玻璃瓶盖、瓶塞：河北橡一包装印刷：石家庄建东、苏州同里	化学原料药：特色和专利原料药：石药欧意医药中间体：杭州海瑞、九州药业大宗原料药：石药维C、华药阿莫西林和青霉素
中游	化学药品制剂：通用名化学药：石药集团阿司匹林肠衣片等仿制药：石药集团阿奇霉素片等创新药：石药集团欧来宁等		石药集团原料药销售收入占比约15.1%，通用名化学药、仿制药销售收入占比23.4%，创新药销售收入占比为55%，原料药、普药、创新药收入比例约2:3:7。
下游	交易平台：药交会、博览会：石家庄歌华药交会、石家庄国际医药博览会		助推医药工业发展的流通、研发、资本等大型生产性服务业平台公司较少，主要靠企业自身动力自然生长模式，缺少影响力大的药品交易

图 4-25　河北省生物医药产业链

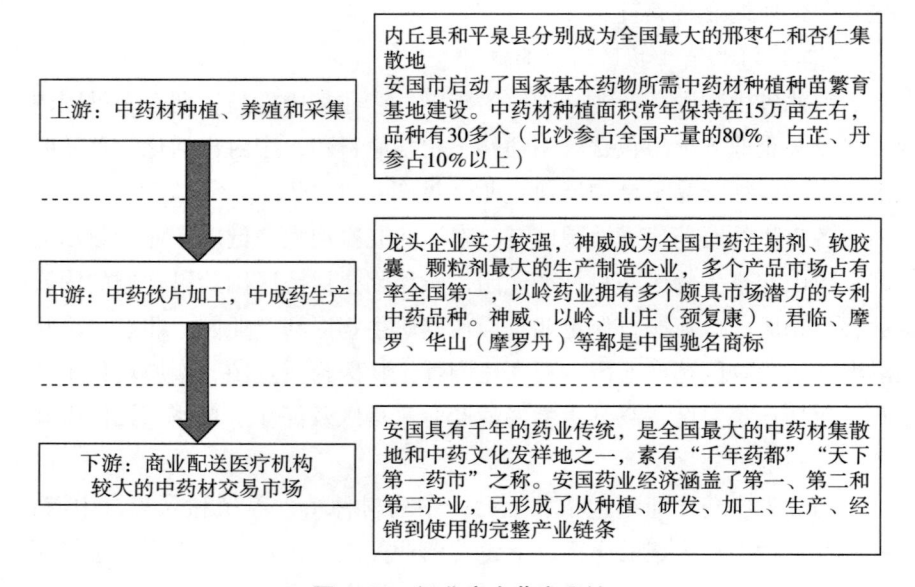

上游：中药材种植、养殖和采集	内丘县和平泉县分别成为全国最大的邢枣仁和杏仁集散地安国市启动了国家基本药物所需中药材种植和苗繁育基地建设。中药材种植面积常年保持在15万亩左右，品种有30多个（北沙参占全国产量的80%，白芷、丹参占10%以上）
中游：中药饮片加工，中成药生产	龙头企业实力较强，神威成为全国中药注射剂、软胶囊、颗粒剂最大的生产制造企业，多个产品市场占有率全国第一，以岭药业拥有多个颇具市场潜力的专利中药品种。神威、以岭、山庄（颈复康）、君临、摩罗、华山（摩罗丹）等都是中国驰名商标
下游：商业配送医疗机构较大的中药材交易市场	安国具有千年的药业传统，是全国最大的中药材集散地和中药文化发祥地之一，素有"千年药都""天下第一药市"之称。安国药业经济涵盖了第一、第二和第三产业，已形成了从种植、研发、加工、生产、经销到使用的完整产业链条

图 4-26　河北省中药产业链

二 河北省特色产业分类——汽车产业全面画像

河北省是制造业大省,其中汽车产业占有很大比重。汽车产业链条对其他相关产业有强带动作用。汽车产业链主要包括:上游:汽车用钢、汽车玻璃、发动机、电机、电子电器等原材料和零部件等,中游:各类整车产品,下游:产品应用端(见图4-27)。

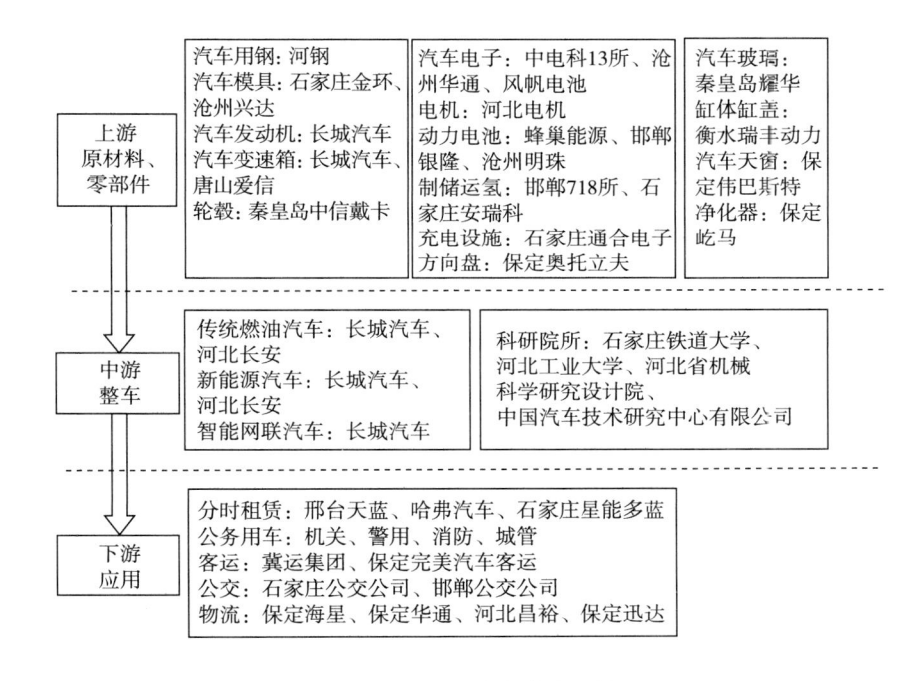

```
┌─────────┐  ┌──────────────────┬──────────────────┬──────────────┐
│         │  │汽车用钢:河钢      │汽车电子:中电科13所、│汽车玻璃:     │
│         │  │汽车模具:石家庄金环、│沧州华通、风帆电池  │秦皇岛耀华     │
│         │  │沧州兴达           │电机:河北电机      │缸体缸盖:     │
│ 上游    │  │汽车发动机:长城汽车 │动力电池:蜂巢能源、 │衡水瑞丰动力   │
│ 原材料、│  │汽车变速箱:长城汽车、│邯郸银隆、沧州明珠  │汽车天窗:     │
│ 零部件  │  │唐山爱信           │制储运氢:邯郸718所、│保定伟巴斯特   │
│         │  │轮毂:秦皇岛中信戴卡 │石家庄安瑞科       │净化器:保定   │
│         │  │                  │充电设施:石家庄通合电子│屹马        │
│         │  │                  │方向盘:保定奥托立夫  │              │
└─────────┘  └──────────────────┴──────────────────┴──────────────┘
     │
     ▼
┌─────────┐  ┌──────────────────┬──────────────────────────────┐
│ 中游    │  │传统燃油汽车:长城汽车、│科研院所:石家庄铁道大学、      │
│ 整车    │  │河北长安           │河北工业大学、河北省机械        │
│         │  │新能源汽车:长城汽车、│科学研究设计院、              │
│         │  │河北长安           │中国汽车技术研究中心有限公司    │
│         │  │智能网联汽车:长城汽车│                              │
└─────────┘  └──────────────────┴──────────────────────────────┘
     │
     ▼
┌─────────┐  ┌──────────────────────────────────────────┐
│         │  │分时租赁:邢台天蓝、哈弗汽车、石家庄星能多蓝    │
│ 下游    │  │公务用车:机关、警用、消防、城管              │
│ 应用    │  │客运:冀运集团、保定完美汽车客运              │
│         │  │公交:石家庄公交公司、邯郸公交公司             │
│         │  │物流:保定海星、保定华通、河北昌裕、保定迅达    │
└─────────┘  └──────────────────────────────────────────┘
```

图 4-27 河北省汽车产业链

河北省 SUV、皮卡、铝合金轮毂等产品位居全国第一,河钢集团已经成为国内第二大汽车用钢供应商,长城汽车、石家庄中博、河北银隆、沧州明珠、亿华通等企业产品达到国内同类产品先进水平。形成了保定—定州世界级汽车产业链集群、沧州京津冀汽车区域协同产业链集群、秦皇岛—唐山环渤海专用车和汽车轻量化零部件产业集群、廊坊京津周边专用车及汽车零部件产业集群、邯郸—邢台冀中南专用车及零部件产业集群、石家庄新能源汽车产业集群、张家口—承德北方氢能和燃料电池汽车产业链集群、雄安新区及周边区域智能汽车关键零部件产业集群 8 个产业集群。

三　河北省特色产业分类——机器人产业全面画像

机器人是先进制造业的关键支撑装备，是制造业皇冠顶端的明珠。机器人的研发、产业化和应用是衡量一个国家、地区科技创新、高端制造发展水平和智能化水平的重要标志（见图 4-28）。2023 年 5 月 12 日，习近平总书记视察河北时强调，要巩固壮大实体经济根基，着力打造世界级先进制造业集群。河北省委十届四次全会做出"促进传统产业高端化、智能化、绿色化发展"系列部署。机器人是河北省产业升级转型向高端制造业迈进的有效抓手（见图 4-29）。

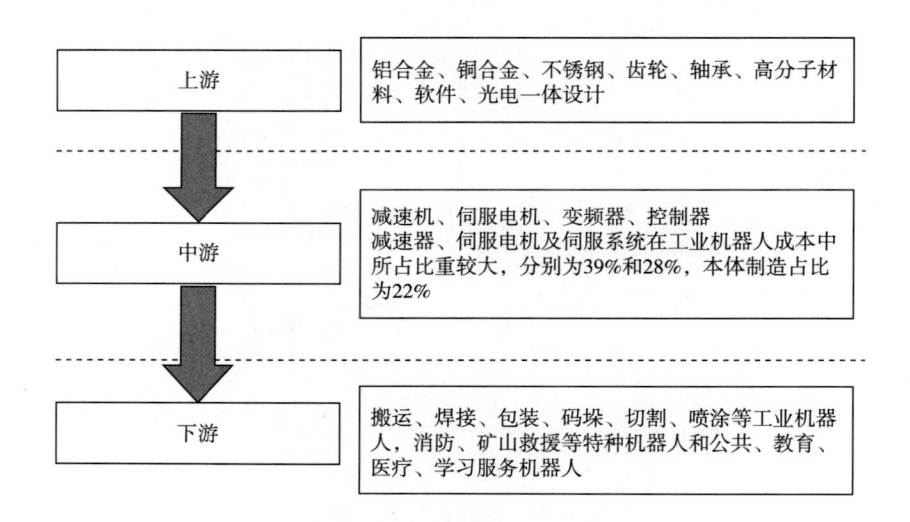

```
┌──────┐     ┌──────────────────────────────────┐
│ 上游 │ ──▶ │ 铝合金、铜合金、不锈钢、齿轮、轴承、高分子材 │
│      │     │ 料、软件、光电一体设计                │
└──────┘     └──────────────────────────────────┘

┌──────┐     ┌──────────────────────────────────┐
│ 中游 │ ──▶ │ 减速机、伺服电机、变频器、控制器           │
│      │     │ 减速器、伺服电机及伺服系统在工业机器人成本中 │
│      │     │ 所占比重较大，分别为39%和28%，本体制造占比  │
│      │     │ 为22%                              │
└──────┘     └──────────────────────────────────┘

┌──────┐     ┌──────────────────────────────────┐
│ 下游 │ ──▶ │ 搬运、焊接、包装、码垛、切割、喷涂等工业机器 │
│      │     │ 人，消防、矿山救援等特种机器人和公共、教育、 │
│      │     │ 医疗、学习服务机器人                    │
└──────┘     └──────────────────────────────────┘
```

图 4-28　机器人产业链

国际上机器人产业排名为美国、日本、欧洲、中国台湾地区。国内机器人产业排名为长三角、珠三角、东北地区、中部地区、西部地区。河北在中部地区，处于第二梯队。

（一）河北省与京沪苏广机器人产业发展情况对比

河北省是国内六大机器人产业聚集区—京津冀区域重要组成部分，依托雄厚工业基础与京津资源优势，机器人产业创新能力显著增强，关键技术、核心零部件取得突破，质量效益明显提升，推广应用初见成效，形成了唐山、廊坊两个产业聚集区双轮驱动的发展格局。2022 年全省机器人全行业营业收入超过 67 亿元，产业发展驶入快车道。北京、上海、江苏、广东是我国机器人产业最为发达的省份，与之相比，河北省机器人产业呈现 4 个特点。

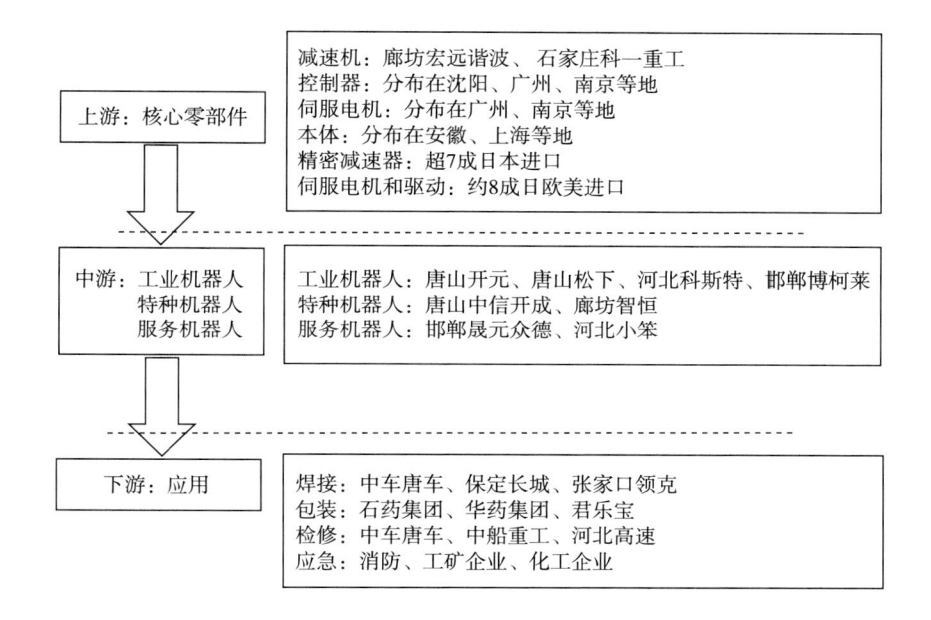

```
上游：核心零部件
  减速机：廊坊宏远谐波、石家庄科一重工
  控制器：分布在沈阳、广州、南京等地
  伺服电机：分布在广州、南京等地
  本体：分布在安徽、上海等地
  精密减速器：超7成日本进口
  伺服电机和驱动：约8成日欧美进口

中游：工业机器人 特种机器人 服务机器人
  工业机器人：唐山开元、唐山松下、河北科斯特、邯郸博柯莱
  特种机器人：唐山中信开成、廊坊智恒
  服务机器人：邯郸晟元众德、河北小笨

下游：应用
  焊接：中车唐车、保定长城、张家口领克
  包装：石药集团、华药集团、君乐宝
  检修：中车唐车、中船重工、河北高速
  应急：消防、工矿企业、化工企业
```

图 4-29　河北机器人产业链

规模上：布局集中，集群化水平有待提高。截至 2023 年 2 月，全国机器人产业共有企业 8914 家，占全国企业 0.02%，其中，京（984）沪（1027）苏（1302）广（1736）冀（180）。河北省已初步形成产业集群，但企业规模小、数量少，多处于产业链中下游的集成应用端，产业链上游仅在部分传感器领域有所布局。

增量上：有所发展，增量不大速度偏慢。2022 年 3 月至 2023 年 2 月，机器人产业新增企业数量分别为：京（45）沪（80）苏（104）广（130）冀（17）。相较于京沪苏广，河北省近年注册企业占比偏小，市场活力不足。

研发上：体系化发展，核心技术研发能力不强。截至 2023 年 2 月，机器人产业授权发明专利总量、国家级研究机构分别为：京（499/35

沪（343/23）苏（271/19）广（397/58）冀（180/5）。河北省拥有西安交通大学国家技术转移中心唐山分中心、河北省工业机器人产业技术研究院、唐山开元焊接自动化技术研究所等一批专业研发机构，但与北京相较，核心研发能力不足十之一二。北京不仅拥有清华、北航、北理工、中科院自动化研究所等国内外著名的机器人重点科研院校（所），还汇聚了机器人控制系统、仿生机器人与系统、机器感知与智能等重点实验室和创新技术中心，形成了国内领先的机器人跨界融合创新生态圈。

龙头上：带动效应明显，缺少知名龙头企业。唐山开元、唐山松下为国内领先的焊接机器人龙头企业，唐山开诚抢险探测机器人国内销量第一，廊坊星润、香河皓达和唐山英莱等成为工业机器人关键零部件供应商，但世界工业机器人四大家族、国内10大机器人龙头企业无一落户河北省。而上海、江苏等地汇集了ABB、KUKA、FANUC、YASKAWA等世界工业机器人全球巨头以及新时达、埃斯顿等国内知名龙头企业，拥有绿的、节卡、图灵等一大批专精特新"小巨人"企业，形成了以上海、昆山、无锡、常熟、徐州、南京为代表的产业集群。

（二）河北省机器人产业发展SWOT分析

优势：产业基础雄厚，产业政策聚焦。一是基础坚实。河北省拥有以7大产业为主导、涵盖40个工业行业大类的较为完备的产业体系，新兴产业快速发展，为机器人产业提供了坚实的发展基础和广阔的市场空间。二是支撑完善。省委、省政府高度重视机器人产业发展，出台《河北省支持机器人产业发展的若干措施》等系列支持政策，建立省级协调推进机制，实施聚焦市场、招商、研发人才、统筹五大举措，全力支持机器人产业发展。

劣势：产业链完整度不高，发展不够充分。一是关键技术有待突破。以传统工业机器人为例，减速器、伺服电机、驱动器和控制器是利润中心和技术核心，占整机70%以上成本，但是这些关键零部件由日本、德国、美国和国内一些龙头企业垄断。由于缺乏高质量关键零部件供给，河北省机器人本体企业发展受制于人，产业整体利润空间被压缩。二是要素保障不够充分。机器人企业需要大量高端软件、创新领军、运营维护等人才，省内科研院校（所）培养能力相对不足。三是本地市场亟须拓展。河北省机器人市场规模较小，应用场景单一，头部产品仅占机器人产业9%左右，其他机器人企业面临"卖不掉"。生产线机器人化改造价格和运维成本高、普及率低，导致很多中小企业"买不起""不会用"，对本地产品"信不过"。

机遇：三大红利叠加，发展前景广阔。一是第四次产业革命。制造成本下降、机器人能力增长导致生产要素变化，为机器人产业化应用创造了重大市场机遇，预计到2024年，全球机器人市场规模有望突破650亿美元。二是国家发展战略。2015年以来10余部政策法规密集出台，为机器人产业发展提供了坚强支持。2022年中国机器人市场规模达174亿美元，我国拥有全球最大的机器人消费市场。三是区域协同发展。依托京津国内领先的创新资源和科研院（校）所支撑，河北省引进培育出一大批创新能力强的机器人企业实体和核心产品，初步形成与京津优势互补、差异化发展的产业格局，发展质量和附加值不断提高。

挑战：区域竞争加剧，研发经费紧缺。一是市场竞争日趋激烈。各地对机器人产业高度重视，相继出台各种扶持政策，从市场、税收等方面予以支持。上海、江苏等地产业园区招商时表示，对企业落地生产线、营销中心或国家项目，政府可支持百万元甚至千万元，后期再帮助企业争取市场订单。二是社会资本投资动力不足。

（三）河北省机器人产业发展相关建议

第一，抓机制，强化区域协同。①健全京津科技成果转化对接机制。建议省科技厅牵头，依托北京科技创新优势、天津先进制造研发优势，依托唐山、廊坊、雄安新区等产业和技术密集地区，打造环京津机器人产品中试基地和应用示范推广基地，形成京津研发、河北产业化的飞地经济模式。②健全省内协作机制。建议省发改委牵头，建立全省机器人产业发展协调机构和产业协作平台，各市结合本地实际制定相应配套政策，实现优势互补、资源共享，避免低水平重复建设和恶性竞争。

第二，抓产业，集聚发展生态。①绘制产业图谱。借鉴辽宁做法，建议省发改、工信、科技等部门联合京津共同编制机器人产业图谱，制定并动态修订完善《河北省机器人产业链建设实施方案》，建立重点企业及主导产品清单、重点项目清单、关键核心技术攻关清单、核心零部件断点清单、产业链构成图、产业链区域分布图。省统计局把机器人产业发展情况纳入统计项目,省工信厅对全省机器人产业链进行定期摸底、定期通报。②推动产业链合作。借鉴安徽做法,建议省工信厅牵头,制定机器人产业一链一策,推动产业链前伸后延和龙头企业增产扩产。推动双链融合,组织开展撮合对接,引导唐山开元、廊坊铭捷涂装等龙头企业打造"产学研用"联盟,集聚更多高校院所及配套企业,合力打造梯次布局、上下游关联度高、带动性强的产业链体系。③招引知名企业。借鉴江苏经验,建议省商务厅牵头,瞄准产业缺项,实施精准招商。以唐山市高新技术开发区和廊坊机器人小镇为主要承载平台,引进国际机器人"四大家族"、新松机器人等国内龙头企业在河北布局,对引进优势龙头企业"一企一策"给予支持,带动、培育、引进一批产业链配套企业,形成"龙头企业拉动、配套企业跟进、产业集群发展"态式。

第三,抓市场,拓展场景应用。①打造典型场景。建议省工信厅牵头,聚焦用户特定场景和工艺需求,重点支持企业整机、核心零部件、集成系统等机器人关键共性技术攻关;省科技厅牵头,搭建企业和院校合作平台,围绕既有机器人产品,合作开发适合省内各领域产业发展特点的机器人应用场景和系统解决方案,建立应用场景和解决方案项目库,支持唐山、廊坊市创建机器人典型应用场景推广中心和体验中心。②加快推广应用。依托省市两级工业企业服务平台,聚焦制造业、农业、商贸物流等应用领域,定期组织线上线下对接活动。鼓励机器人相关企业通过短期租赁、系统代运营服务、智能云服务等方式加强推广应用。推动优势机器人产品纳入省级政府采购目录。③推进技术改造。借鉴浙江做法,实施加强版"机器换人"战略,建议省工信厅牵头出台专项措施,鼓励传统生产和服务企业实施"机联网""厂联网"等以智能机器人系统为核心的技术改造。

第四,抓创新,营造良好环境。①加强基础研究。借鉴辽宁做法,将机器人作为基础研究规划重要方向,梳理凝练基础理论、共性及前沿技术等相关内容,组织高校院所及头部企业开展研究。②打造创新平台。借鉴河南经验,发挥机器人行业协会作用,充分发挥河北省机器人产业研究院、河北省自动化研究所等科研机构作用,提升机器人重点实验室、工程（技术）研究中心、创新中心等研发机构能级，打造集研发、中试、产业化、工程化于一体的"体系化、任务型、开放式"创新联合体。③开发短板产品。聚焦减速器、伺服控制器等核心功能部件，采取"揭榜挂帅"等方式，组织省内优势单位开展产品研发，提升产品性能及自主保障能力。

第五，抓要素，加大支持力度。①强化政策支持。建议省科技厅、财政厅等部门对企业自主研发机器人整机、关键核心零部件以及以应用机器人为主的技术改造项目，积极推行固定资产投资补助和技改项目贷款贴息等政策支持，帮助机器人企业落实研发费用加计扣除、固定资产加速折旧、重大技术装备和产品进口关键零部件进口税收优惠政策、国产首台（套）技术装备保险补偿等优惠政策。②创新金融产品和服务。借鉴浙江、广东等地做法，鼓励银行等金融机构运用买方信贷、订单融资、履约见证、技术专利抵押贷款等金融产品，增加对工业机器人企业和项目的信贷投放，解决企业融资难题。③加快人才引进培养。依托河北工业大学、燕山大学、华北理工大学等省内高校与科研机构，加大机器人领域高技能人才教育培训力度，培养从系统集成、安装调试、操作维护到运行管理的多层次、多类型应用型人才。利用京津冀协同发展优势，积极搭建校企交流平台，鼓励重点企业与京津高等院校、研究机构建立人才联合培养机制，实现人才培养与企业需求良好对接，为机器人企业输送培养一批高素质、高技能的应用型人才。

四　河北省特色产业分类——轨道交通装备产业全面画像

轨道交通装备是铁路和城市轨道交通运输所需各类装备的总称，公共交通和大宗运输的主要载体，属高端装备制造业（见图4-30）。

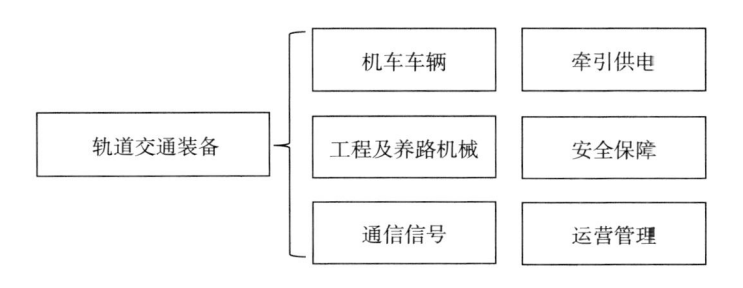

图4-30　轨道交通装备主要分类

河北省轨道交通装备产业已初步形成以高速动车组、城轨列车、磁悬浮车辆、现代有轨电车等高端产品为主，以配套零部件为支撑的产业体系。其中上游重点企业有原材料的生产与加工企业，包括石家庄河钢集团、辛集腾跃、沧州高铁建试验仪器、邢台中国环保；铁路专用设备生产企业：秦皇岛天业通联；轨道基建配套设备生产企业：秦皇岛中铁山桥、唐山鑫汇机械；中游重点企业有整车制造企业：中车唐山公司、中车石家庄公司；关键零配件制造企业：石家庄国祥、衡水冀军、沧州昌达嘉业；信息化设备及系统企业：石家庄远东通信；下游重点企业有安全检测维护企业：沧州隆辉公路铁路试验仪器厂（见表4-10）。

表4-10　　河北省轨道交通装备产业链优势企业情况

产业链		企业	所在市	主要产品	优势
上游	原材料生产预加工	河钢集团	石家庄	动车组特种钢材，如轴承钢、车轮钢、车轴钢、弹簧钢等	国内领先
		河北冀辰实业集团	石家庄	铁路扣件	行业六大集成供应商之一
		辛集腾跃	辛集	橡胶件、结构配件等	国内领先
		河北高铁建试验仪器	沧州	扣件	国内领先
		河北宝力工程装备	衡水	桥梁支座、桥梁伸缩装置、电气化铁路接触网金具等	国内领先
		沧州华煜铁路器材	沧州	扣件	国内领先
		邢台中车环保科技	邢台	金属橡胶复合件、铁路配件	中车旗下控股公司、国内领先
		河北首科铁路器材	邢台	预应力钢丝、预应力钢棒	国内领先
中游	整车制造	中车唐山公司	唐山	高速动车组、城际动车组、特种车等	中国第一家轨道装备制造企业
		中车石家庄公司	石家庄	城市轨道交通、新能源汽车等	新能源合作前三

续表

	产业链	企业	所在市	主要产品	优势
中游	关键零配件制造	唐山威奥	唐山	轨道车辆内装产品、真空集便系统、金属结构件、模块化产品和车外结构等	国内领先
		唐山华达	唐山	动车组、碳钢车、轨道地铁动车铺椅	国内领先
	信息化设备及系统	远东通信	石家庄	电力电气系统、通信信号系统、列车控制系统	远东通信调度产品覆盖全国七成以上调度专网
		南宫华鹰铁路器材	邢台	铁路通信信号器材	国内领先
下游	安全检测维护	河北隆辉公路铁路试验仪器厂	沧州	压力试验机	国内领先
		邢台先锋超声电子	邢台	钢轨超声探伤仪	国内领先

五　河北省特色产业分类——通用航空产业全面画像

通用航空产业链分为基础产业、航空制造业、运行保障资源、通航运营业和应用产业五个板块。核心产业包括通用航空器制造、通航运营和运行所需的各类保障资源三大板块。关联产业则包含基础产业和应用产业（见表4-11）。

表4-11　　　　　　　　通用航空相关企业

序号	重点企业名称	主要产品
1	中航通飞华北飞机工业有限公司	运五B系列飞机、小鹰500飞机、海鸥300水陆两栖飞机、赛斯纳"凯旋"208B飞机、国王350飞机
2	中航工业惠阳航空螺旋桨有限责任公司	以航空螺旋桨、调速器、顺桨泵、直升机旋翼毂、尾桨为代表的多种型号优质航空产品和舰船空气螺旋桨。目前公司已成为国内生产大型轴流冷却风机的龙头企业
3	航空工业保定向阳航空精密机械有限公司	隶属于中国航空工业集团有限公司，是航空工业研发制造柔性智能工艺装备的专业化企业和数控机床再制造的技术归口单位

续表

序号	重点企业名称	主要产品
4	中国电科第五十四研究所	中高端无人机系统的测控设备90%以上由第五十四所提供，包括翼龙、彩虹等出口无人机系统测控设备。中华通信无人机事业部是第五十四所的民品无人机测控系统的单位，从事民品测控系统和多旋翼无人机的研究
5	河北冀航科技有限公司	无人机：CITY01、JH01系列
6	河北翼龙航空科技有限公司	无人机：YL—S1200系列、YL—S41700系列
7	河北翔拓航空科技有限公司	垂直起降无人机
8	鹰眼电子科技有限公司	固定翼无人机、多旋翼无人机
9	石家庄云鼎科技有限公司	四旋翼无人机、六旋翼无人机
10	河北云奥电子科技有限公司	教育型无人机、植保无人机
11	石家庄瀚航无人机科技有限公司	蜂鸟垂起航空系统、X4—1130四旋翼飞行器、GD—1500固定翼飞机
12	河北淳博航空科技有限公司	CY—J01、CY—X6、CY—X4、CY—01、CY—09、CY—12系列

六 河北省特色产业分类——风能、核能、氢能产业全面画像

风电产业链上游为零部件制造，中游为整机制造，下游为风电场运营商。风电运营业务属于电力系统的发电环节。风电产业排名前五位国家：中国、美国、英国、印度和西班牙，占到市场份额的七成。

核电产业链上游为核燃料循环，中游为电站建设及设备制造，下游为电站运营。国内以上海电气、东方电气、哈电集团为主要核电装备制造基地。河北省是目前唯一未建核电站的沿海省份。

氢能产业链上游为氢气制备，中游为氢能储运，下游为氢能应用。北美、欧洲、日本和韩国的燃料电池汽车产业已经进入商业化阶段。我国高度重视氢能和燃料电池的发展，加快布局氢能产业，初步形成以北京、上海、佛山、武汉、成都、大连等为中心产业集群（见图4-31）。

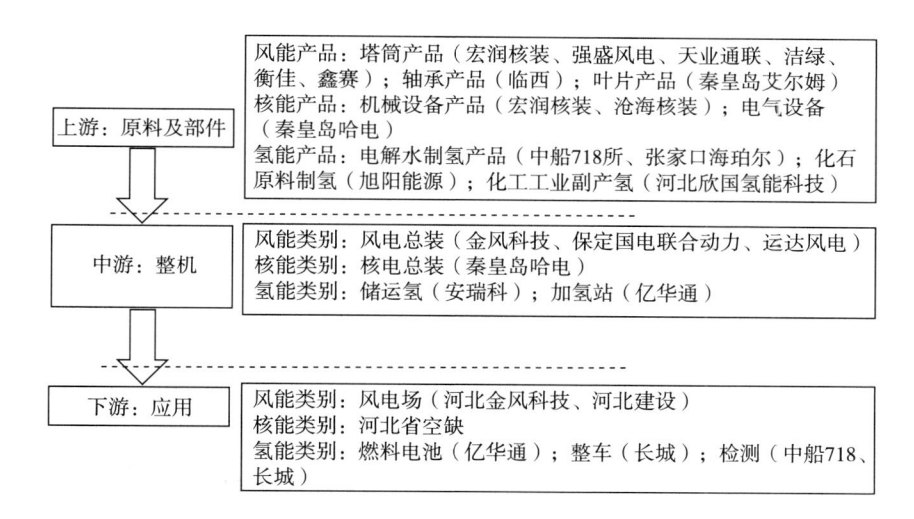

```
┌──────────────┐    ┌─────────────────────────────────────────────────────┐
│              │    │ 风能产品：塔筒产品（宏润核装、强盛风电、天业通联、洁绿、│
│              │    │ 衡佳、鑫赛）；轴承产品（临西）；叶片产品（秦皇岛艾尔姆）│
│ 上游：原料及部件 │───▶│ 核能产品：机械设备产品（宏润核装、沧海核装）；电气设备│
│              │    │ （秦皇岛哈电）                                       │
│              │    │ 氢能产品：电解水制氢产品（中船718所、张家口海珀尔）；化石│
│              │    │ 原料制氢（旭阳能源）；化工工业副产氢（河北欣国氢能科技）│
└──────────────┘    └─────────────────────────────────────────────────────┘
        │
        ▼
┌──────────────┐    ┌─────────────────────────────────────────────────────┐
│              │    │ 风能类别：风电总装（金风科技、保定国电联合动力、运达风电）│
│ 中游：整机    │───▶│ 核能类别：核电总装（秦皇岛哈电）                      │
│              │    │ 氢能类别：储运氢（安瑞科）；加氢站（亿华通）           │
└──────────────┘    └─────────────────────────────────────────────────────┘
        │
        ▼
┌──────────────┐    ┌─────────────────────────────────────────────────────┐
│              │    │ 风能类别：风电场（河北金风科技、河北建设）            │
│ 下游：应用    │───▶│ 核能类别：河北省空缺                                 │
│              │    │ 氢能类别：燃料电池（亿华通）；整车（长城）；检测（中船718、│
│              │    │ 长城）                                               │
└──────────────┘    └─────────────────────────────────────────────────────┘
```

图 4-31　风能、核能、氢能产业链

七　河北省特色产业分类——太阳能光伏产业全面画像

太阳能光伏产业链主要包括上游多晶硅料、单晶硅棒、多晶硅锭、晶硅片等，中游晶硅电池、晶硅组件、薄膜光伏组件、逆变器等，下游光伏发电系统、含光伏组件终端产品三大部分。德国、韩国在光伏产业遥遥领先。国内长三角地区的江苏、浙江等地聚集了我国六成光伏企业，河北省是光伏大省，从业企业 30 余家，拥有晶棒、铸锭、硅片、电池片、组件、发电应用系统及装备制造，产业链条较为完整，晶硅电池及组件制造环节优势明显，产业规模位居全国第二（含省外子公司）（见表 4-12）。晶龙集团和英利集团为全球领先的高性能太阳能电池制造供应商；巨力新能源、保定光为、唐山海泰、科林电气等也是该领域骨干企业，具备自主承担大型地面光伏电站、分布式光伏发电系统及集成控制等建设运营能力。

表 4-12　　　　　　　我国太阳能光伏产业分布

省份	太阳能光伏产业能力	代表企业
河北省	产业链条较完整，产值全国前列，晶澳太阳能电池片、组件产量分别位居全球第二、第四位	晶澳、风帆、晶龙、易通、易联、光为、海泰、晶乐

续表

省份	太阳能光伏产业能力	代表企业
江苏省	全球光伏产业规模最大、配套最完善，龙头企业最集中的地区，太阳电池浆料、封装胶膜等原辅材料主要供应商都聚集在此	宇邦、威腾、太阳科技、同享科技、中信博、爱康、阿特斯、腾辉
上海市	国内光伏发展最早地区，微电子装备基础强劲，有还原炉、铸锭拉晶、封装、镀膜等光伏装备制造企业	晶日、戎得
浙江省	太阳能电池、组件产能分别超13GW，产业规模位居全国第二	正泰新能源、中国华能
广东省	电子信息制造业所需的完备逆变器配套产品生产能力	天河、金高、杜邦
江西省	硅料、硅片、电池组件、系统集成等，产业规模位居全国第三	晶科能源
陕西省	完整产业链	隆基绿能、杨凌美畅
青海省	地面电站全国最多，多晶硅、电池片、组件相对完整产业链	亚洲硅业
新疆省	产能超10万吨	合盛、晶鑫、新特能源
内蒙古	多晶硅产能高	中环

八 河北省特色产业分类——大数据产业全面画像

大数据产业链按照数据产生、流通和应用分类，可以分为基础支撑、数据服务、融合应用三个层次。数据基础包括大数据存储管理系统、大数据网络和计算等系统资源管理平台、大数据管理平台以及大数据相关硬件设备等。数据服务是一种高效的技术服务，数据采集、数据预处理、数据分析、数据可视化、数据安全和数据交易等需求构成了覆盖数据全生命周期的服务链条。融合应用是大数据产业发展的重要环节。

河北省大数据相关企业主要分布在廊坊（廊坊开发区大数据产业园）、石家庄（京东城市数字经济产业园、玥云数字经济产业园、正定数字经济产业园、联东U谷产业园、石家庄循环化工园区）、秦皇岛等地。大数据中心主要分布在张家口（官厅湖大数据产业基地、官厅湖新媒体大数据产业基地、中国联通怀来大数据创新产业园）、廊坊［浪潮涿州大数据产业服务基地（建设）］两地。张家口新能源大数据示范区、廊坊金融物流遥感大数据示范区、承德旅游大数据示范区、秦皇岛健康大数据示范区、石家庄大数据应用示范区基本建成，在各领域示范应用取得突破（见图4-32）。

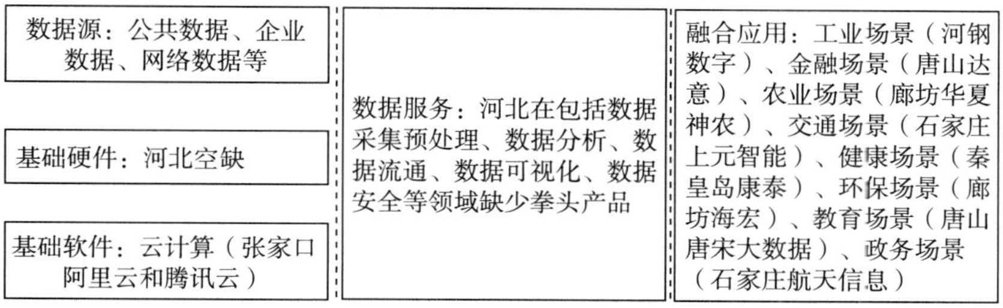

数据源：公共数据、企业数据、网络数据等	数据服务：河北在包括数据采集预处理、数据分析、数据流通、数据可视化、数据安全等领域缺少拳头产品	融合应用：工业场景（河钢数字）、金融场景（唐山达意）、农业场景（廊坊华夏神农）、交通场景（石家庄上元智能）、健康场景（秦皇岛康泰）、环保场景（廊坊海宏）、教育场景（唐山唐宋大数据）、政务场景（石家庄航天信息）
基础硬件：河北空缺		
基础软件：云计算（张家口阿里云和腾讯云）		

图4-32　河北省大数据产业链

第四节　河北省各设区市科技园分布及重点项目

一　河北省各设区市科技园公布

（一）石家庄市科技园区分布

石家庄市是河北省省会，是河北省政治、经济、科技、金融、文化和信息中心。管辖8个区和13个县，有高新区和经济技术开发区两个国家级开发区。石家庄现代产业布局体系以优势产业加潜力产业为主，优势产业包括新一代信息技术产业、生物医药健康产业、先进装备制造业和现代商贸物流业。潜力产业包括旅游业、金融业、科技服务与文化创意产业和节能环保产业。总体而言，石家庄产业结构不断优化，2022年GDP为7100.6亿元，比2021年增长9.4%，增量位居全省第2位。第一产业增长5.2个百分点，第二产业增长5.4个百分点，第三产业增长7.0个百分点。

石家庄市重点园区有21家，其中，国家级园区有5家，省级园区有8家，市级园区有8家。主要形成了生物医药、电子信息产业和数字经济产业集聚区。生物医药集聚在石家庄高新区、栾城区；电子信息产业集聚在鹿泉区；数字经济产业集聚在正定县（见表4-13）。

表 4-13　　　　　　　　石家庄市重点园区及产业分类

序号	名称	主导产业	位置
1	平山科技工业园	电子信息、现代服务、文化创意	平山县
2	正定新区	环保生态、金融投资、现代服务、文化创意、高新技术	正定新区
3	河北鹿泉经济开发区	电子信息、光伏机电、能源材料、食品加工、石油化工	鹿泉区
4	石家庄装备制造基地	光伏机电、能源材料、航空航天、汽车产业、装备制造、轨道交通	栾城区
5	石家庄综合保税区	高端制造、现代物流、国际贸易、创新服务	石家庄市区
6	石家庄循环经济化工示范基地	仓库物流、现代服务、石油加工	石家庄市区
7	无极经济开发区	光伏机电、生物医药、纺织服装、石油加工	无极县
8	石家庄信息产业基地	电子信息、光伏机电、现代服务、文化创意	石家庄市区
9	石家庄冶河工贸园区	电子信息、生物医药、仓库物流、现代服务	石家庄市区
10	石家庄空港工业园	电子信息、生物医药、环保生态、航空航天、现代服务	石家庄市区
11	天山科技工业园	电子信息、光伏机电、生物医药、环保生态、航空航天、现代服务	石家庄市区
12	石家庄高新区	电子信息、光伏机电、生物医药、汽车产业、现代服务、石油化工	石家庄市区
13	石家庄经济技术开发区	电子信息、生物医药、光伏机电、石油化工、现代服务	石家庄市区
14	河北藁城经济技术开发区	光伏机电、生物医药、食品加工	石家庄市区
15	石家庄国家生物产业基地	生物医药、现代服务	石家庄市区
16	中兴北方产业基地	电子信息、光伏机电、生物医药、食品加工、农副产品、机械加工、高新技术	石家庄市区

（二）秦皇岛市科技园区分布

秦皇岛市在河北省东北部，南临渤海、北依燕山，是中国首批沿海开放城市。秦皇岛市有省级开发区（综合保税区）共9个，其中高新区1个，经开区8个。在装备制造、食品加工、金属压延、文体旅游、临港物流五个主导产业规模最大，在生命健康、信息智能、绿色建筑及节能环保上市场前景广，在高端软件、创意设计两个产业上具备潜能。主要园区有：大恒科技工业园、山海关农业科技示范区、卢龙新型建材产业集群、北戴河经济开发区、昌黎水产科技园等,以及中国科学院遥感与数字地球研究所等科研机构。

(三)张家口市科技园区分布

张家口市的国家级及省级开发区共有 11 个,主导产业是新能源、冰雪产业、大数据产业、体育文化旅游业、可再生能源产业、现代制造业、绿色农牧七大产业。主要园区为张北县的阿里巴巴张北云计算数据中心、生态农业科技园、佳圣现代农业科技园等。地理分布集中在张家口市区、张北县、蔚县、怀来县、阳泉县等地。

(四)承德市科技园区分布

承德市处于华北和东北两个地区的连接过渡地带,南临京津,北接赤峰和锡林郭勒。承德市有省级开发区(综合保税区)10 个,主导产业为文化旅游康养、钒钛新材料及制品、绿色食品及生物医药三大优势产业。培育壮大大数据、清洁能源、特色智能制造三大支撑产业,加快发展县域"1+2"特色产业("1"即按照承德市全域旅游定位,培育发展文化旅游康养产业;"2"即发展钒钛新材料及制品、新型建材两个特色主导产业)。拓展产业新链条,壮大特色产业集群。主要园区有:河北省农业科技园区、绿世界科技园、盛隆肥业科技园、河北金鹏新能源科技智能家居生产项目、承德云联科技新建承德云联大数据产业园、承德牧蓝谷生态旅游康养度假项目、双滦智能科技园、承德微型智慧创新创业科技园、天汇(承德)数字艺术科技园、承德亘达置业吉成产业园、联东U谷承德高新制造园、广仪科技园、承德鼎盛满蒙文化交流中心项目、河北铸合铷铯新兴材料技术创新中心、承德森禧木业京津冀生态板材产业园等。园区分布集中在平泉市、承德县、承德市区、承德县等地。

(五)唐山市科技园区分布

唐山市优势明显,地处渤海湾中心地带。唐山东与秦皇岛市隔(滦)河相望,南临渤海,西与北京、天津毗邻,北依燕山隔长城与承德市接壤。唐山市是华北地区通往东北地区的咽喉地带。铁路、公路、高速公路、港口相互交织。京哈、通坨、京秦、大秦四条铁路干线和京山、大秦、七滦、迁曹、滦港铁路纵横穿越全境。京沈、津唐、唐港、唐承、沿海高速公路与环城高速公路、国道相交连接,形成网络,四通八达。唐山港、京唐港区东望秦皇岛港，曹妃甸港区西临天津港，位居天津港、秦皇岛港之间，为国际通航的重要港口。铁路、高速公路、公路、港口交织成网成为唐山市出行十分便利的重要条件。主要园区有唐山电子科技园、唐山航天科技园、唐山高校科技创业园、中孵高科唐山金发科技园、唐山碧水农业科技园区、唐山新亚德应急管道高端波纹补偿器及管道安全检测机器人制造、唐山鑫宏达机械设备全自动智能粉体包装设备生产基地等。地理位置集中在开平区、丰润区、滦州市、乐亭县和曹妃甸区。

（六）廊坊市科技园区分布

廊坊位于河北省中部偏东，环渤海腹地，北临北京，东与天津交界，南接沧州，西和保定及雄安新区毗连，有国家级经济技术开发区和廊坊临空经济区。背靠京津，面向雄安，地处北京、天津和雄安新区"黄金三角"核心腹地，是以北京为核心的世界级城市群重要节点城市，一小时车距可到首都国际机场、天津滨海国际机场、北京大兴国际机场三个国际机场，是拥有特大港口资源的城市。主要园区有：兴远高科产业园、ZTE中兴科技园、谊安科技园、清华科技园、廊坊高端综合科技园、新奥科技园、中科廊坊科技谷、富士康廊坊科技工业园。

（七）保定市科技园区分布

保定地处"京津石"金三角，雄安新区战略腹地，市中心距北京140千米，距天津145千米，距石家庄125千米，处于首都政治"护城河"的最前沿。在京津冀协同发展重大国家战略中，保定处于推动京津保地区率先联动发展的核心区，是京津冀世界级城市群中重要的区域性中心城市。周边紧邻首都国际机场、北京大兴国际机场、天津机场、石家庄机场四大航空港，天津、黄骅两大出海口，全面融入京津冀"一小时交通圈"和"半小时生活圈"。主要园区有：保定国家大学科技园、高新区科技产业园、保定高新技术创业服务中心科技园、智博科技园、保定国家大学科技园·光阳园、爱迪·硅谷产业园、保定国家大学科技园（科创分园）、博为科技园、金迪科技园、保定市直播电商产业基地、保定市复转军人创业孵化园、安国中药材科技示范园区、九州通中药物流园、嘉富科技产业园、安国中药产业园区、河北安国现代中药工业园区、修正微商孵化基地、安国市创业孵化基地、建英佳CU加州小镇、安国·和谷大健康产业园、金木集团国际产业园、南阳工业园等。地理空间集中在竞秀区、安国市等地。

（八）沧州市科技园区分布

沧州市优势传统产业有汽车制造、绿色化工、管道装备、服装服饰，战略性新兴产业有清洁能源、生物医药、先进制造业、智能装备和激光产业。以产业园带动创新主体梯度培育，形成园区大孵化器建设模式。在园区发展上，整合空间、政策和服务各方面资源。通过撬动第三方运营方式，利用社会资源，精准对接优质资源，引进产业链上下段企业和项目，完善园区运行管理方式。在园区服务体系上建设集招商、融资、成果转化、产业化于一体的综合孵化载体，着力打造产业培育链条，加快培育科技型企业。主要园区有：沧州北航科技园、河工大科技园、沧州高新区中关村科技园丰台园（沧州）协同示范园、沧州市科技创业中心靖烨科技园、河北瀛洲京津冀再制造产业园、京津冀再制造产业研究院、东北电力大学科技园、诗经牡丹科技产业园区等。地理空间分布以沧州市、河间市等为主。

（九）衡水市科技园区分布

衡水市有5家省级高新区。衡水（饶阳）国家农业科技园获得科技部现场考察验收。河北省设施葡萄产业研究院和河北农大、北京农科院、河北农科院、衡水学院建设的4家农业科技工作站在科技成果转化上作用明显。衡水市拥有省级实验室、产业技术研究院、技术创新中心等科技创新平台76家，省级重点实验室4家、省级产业技术研究院17家、省级技术创新中心55家、省级以上科技企业孵化器17家、省级国家科技合作基地6家、省级以上众创空间36家。主要园区有：深州中关村产融科技园、兴达科技园、前么头工业区、深州市创业孵化基地、深州市创业创新孵化基地、博宁创新创业孵化园、深州市退役军人返乡创业园、新型装饰材料产业园南区、北京·深州家具产业园、安华物流园区、北农大深州蛋鸡产业科技园、深州桃现代科技示范区、深州丝网园、万盛通物流园、深州市新型装饰材料产业园、华尔特科技园、赵八庄工业区、安平工业园区、丝网工业园、大子文工业园、安平县昊宇创新创业孵化园、安德森（河北）智能园区、河北安平经济开发区、汇东丝网科技产业园、南环工业园区、安平县聚成国际物流园等。地理空间分布以桃城区、安平县、深州市为主。

（十）邯郸市科技园区分布

邯郸位于河北省南部，西依太行山脉，东接华北平原，与晋、鲁、豫三省接壤，是国家重点建设的老工业基地。河北涉县、武安市、磁县为中药材杂粮生态发展区，中部为都市农业发展区，中东部为高效种养循环农业发展区，东北部为高效棉花发展区，东南部为优质花生发展区。邯郸市科技创新分布为一核［邯郸经济技术开发区、丛台区东部、邯山区北部（包含邯郸学院、邯郸职业技术学院及以北地区）］引领、两带（武安市、峰峰矿区、冀南新区、成安县、肥乡区、曲周县组成中原经济协作区智造科创带，永年区、丛台区、邯郸经济技术开发区、邯山区、磁县组成京津冀科技服务协同创新带）驱动、三区（高新区、农高区、产业技术升级示范区建设）融通、多基地（精品钢材、装备制造、食品加工、新材料、新能源、生物健康等多个产业技术研发基地）支撑。

2020年以来，邯郸市新增科技型中小企业1776家，总量达到12670家，全省第二；5家企业入选河北省首批科技领军企业。国家级、省级科技投入资金6.18亿元。新增国家级众创空间5家，省级技术创新平台59家，其中，产业技术创新中心46家，产业技术研究院7家、重点实验室6家、新型研发机构6家。全市省级以上孵化器、众创空间、星创天地分别达到20家、29家、64家，孵化面积90余万平方米。在科技成果转化上，建成邯郸技术交易中心，国家级技术转移机构1家、省级16家，全市技术交易合同登记额由2015年的5.7亿元增长至2021年的129.28亿元，技术交易额连续三年位列全省第一。

（十一）邢台市科技园区分布

邢台市处于河北省南部，东接山东，西连太行山和山西，南临邯郸，北接石家庄和衡水，是河北省先进制造业和物流基地。邢台市辖18个县（区），有高新区3个，省级开发区18个（分别为河北邢台经济开发区、河北邢台高新技术产业开发区、河北邢台县旭阳经济开发区、河北沙河经济开发区、河北临城经济开发区、河北临西轴承工业园等)，经开区 16 个。主要产业分布为装备制造、自行车童车和零部件、棉纺、机械、建材、中药材等。主要园区：华为（邢台）大数据产业园、燕园（邢台）科技园、京科光源产业园、挪宝新能源产业园、芯中城智能科技产业园等。

（十二）雄安新区科技园分布

雄安新区距北京 125 千米，有华北平原最大的淡水湖白洋淀。所属安新、雄县、容城三县，科技研发和相关服务基础薄弱。但土地资源和政策先行先试等优势，发展势头较好。依靠北京科技创新辐射带动作用，深化京津冀全面创新改革试验，推进北京功能转移，建设具有全球影响力的全国科技创新中心，做好北京原始创新、天津研发转化、河北推广应用的衔接，集中力量支持河北雄安新区建设创新驱动发展引领区，形成协同创新共同体。① 以中关村科技园为代表的科技创新要素向雄安落地，与雄安新区合作共建科技园，打造高水平创新创业载体，促进雄安发展新动能。主要园区：国家军事科技园、科技创新园、国家科研所、科技城、金融中心；科研院所：高新工业设计院、雄安创新研究院科技园、雄安中关村科技园等。地理空间集中在新区启动区。

二 河北省重点项目

2022 年，河北省发改委发布重点项目共计 695 项。项目类型主要有六类，分别是战略性新兴产业项目，主要包括信息智能、生物医药健康、高端装备制造、新能源、新材料等；产业链现代化提升项目，包括食品、钢铁、轻工等众多传统型产业；数字基础设施及应用项目，包括大数据中心、数字基建、数字赋能类项目；现代服务业项目，包括孵化产业设施、商贸物流、文体旅游等；重大基础设施项目，包括能源、交通、水利等领域项目；民生补短板项目，包括新型城镇化、医疗、教育、养老等领域项目。（见图 4-33）（详细数据参看河北省发改委官方公众号）

---

① 蔡奇：《推进京津冀协同发展》，《人民日报》2017 年 11 月 20 日，第 6 版。

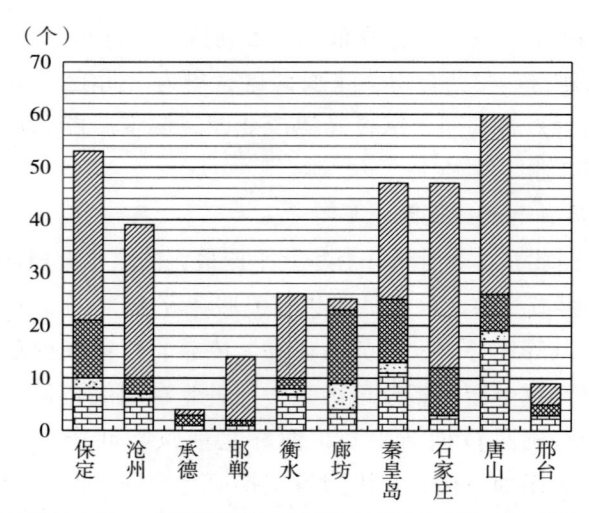

图 4-33 2022 年河北省重点项目分类及数量

第五节 科技园区科技型企业创新生态评价指标体系

科技园为科技型企业提供重要的资源网络，这种具有集群效应的工具已经成为政府发展地方经济、促进科学技术快速发展的有效方式。科技园通过政策、资金、基础设施等科技生态，来促进大学和研究机构的知识转移和溢出，形成产业生产力。这种产业生产力的驱动主体为科技型企业。科技型企业推动集聚区知识及技术创新溢出。科技园中科技型企业创新生态指标体系构建，对于理解科技创新体系，有重要意义。

一 科技型企业创新生态评价指标选取与评价方法

国家科技部火炬中心将科技型中小企业定义为：依托较多科技人员去从事科学技术研发活动，取得自主知识产权并将其产权转化为高新技术产品和服务，从而实现创新可持续发展的企业。科技型中小企业主要特征为以技术创新为主，以科技型人员创新为基础，将最新的科技成果转化为现实企业生产力，生产科技类产品及服务。按照这个定义，科技型企业要具备以下显著特征：以技术创新为主，以科技型人员创新为基础，将最新的科技成果转化为现实企业生产水平，主要生产科技类产品和服务。[①] 学者研究集中在"科技型企业创新生态"和"科技型企业系统模型"（见表4-14）。

表4-14　　　　科技型企业创新生态研究观点汇总

学者	研究类型	主要观点	发表杂志（时间）
刘丹	科技型企业创新生态系统网络治理研究	建立一个完整、高效的创新生态系统是破解科技型小微企业创新困境、提高创新效率，以及助力新旧动能转换的有效途径	《科技进步与对策》（2018年）
贾康	科技型中小企业金融服务研究	基于浙江中新力合公司调研的科技金融生态创新与新供给管理	《经济研究参考》（2014年）
孙卫东	科技型中小企业系统构建	以科技园区内科技型中小企业为研究对象，从生态学的视角构建科技型中小企业创新生态系统模型	《当代经济管理》（2021年）
唐雯	科技型中小企业创新生态系统构建研究	阐述科技型中小企业创新生态系统概念及构成要素的基础上，提出了由动力机制、知识转移与共享机制、利益协调机制和外部治理机制组成的科技型中小企业创新生态系统构建机制理论框架；并从200家企业调查中小企业系统现状	《技术经济与管理研究》（2021年）
陈伟	企业创新生态系统治理	基于技术平台的共生式创新的科技型中小企业生态	《商业经济研究》（2017年）
吴传清	科技型企业创新生态研究	长江经济带科技型企业创新生态评价研究	《理论月刊》（2020年）
徐荣贞	科技型企业创新生态研究	以复杂系统理论分析自主创新的生态环境，探讨科技成长型企业自主创新的Rotating-Wheel模型	《科技管理研究》（2020年）

资料来源：笔者根据中国知网CSSCI和北大核心来源期刊整理。

---

① 吴传清等：《长江经济带高质量发展研究报告》（2020），中国社会科学出版社2021年版，第264页。

在学者研究基础上，我们借鉴吴传清等学者的相关研究基础，从创新主体、创新资源、创新环境和创新支持四个一级指标上构建科技园区科技型企业创新评价指标体系（见表4-15）。

表4-15　　　　科技园区科技型企业创新评价指标体系

一级指标	二级指标	三级指标
创新主体	创新企业	高科技产业企业数
		高新技术企业数量（家）
	创新投入	高科技产业从业人员年平均人数（人）
		高科技企业R&D活动人员折合全时当量（人年）
		高科技产业R&D经费内部支出（万元）
		科技活动人员数（万人）
		研究与试验发展R&D人员全时当量（人年）
		研发与试验发展R&D经费内部支出（万元）
		研究与试验发展R&D经费投入强度
	创新产出	高科技产业专利申请数（件）
		高科技产业产值占GDP比重
		有效发明专利数（件）
		高新技术企业产品销售收入（亿元）
		高科技产业出口交货值（亿元）
创新资源	高校和科研机构	高等学校个数（所）
		高等学校R&D从业人员数（人）
		发表科技论文数
		教育经费（万元）
		每万人在校大学生人数
创新环境	经济环境	外商直接总额（万美元）
		GDP输出值（亿元）
		二、三产业占比
	创业环境	科技企业孵化器数量
		技术市场成交额（万元）
	法制环境	政府创新政策数量（条）
	自然环境	电力消费量（亿千瓦时）
		工业污染治理完成投资额（亿元）

续表

一级指标	二级指标	三级指标
创新支持	财政支持	科技公共财政支出（亿元）
	金融支持	投资金额（万元）

二 评价方法

评级标准体系确立的直接目的是为了得到科技型企业创新生态综合评价结果，判断科技园区科技型企业创新生态发展水平，而各指标权重会影响最终的评价结果。在综合评价指标体系应用中，确定指标权重的方法主要分为两种。一是主观赋权法，二是客观赋权法。客观赋权法主要根据原始数据信息所提供的信息量来确定指标权重，而主观赋权法更多根据主观的重视程度来确定指标权重。常见的主观赋值法有专家咨询法、层次分析法等；客观赋值法有熵权法、因子分析权数法、主成分分析权数法（PCA）、独立性权系数法等。为避免人为因素的过多影响，我们采用熵权法来确定权重。熵权法是客观赋值法，依据多源数据标准化后进行计算，从而消除人为主观因素对权重的影响。根据熵值大小，也就是各项指标变异程度，计算出不同指标的权重。

笔者采用 Excel 软件，利用熵值法求权重，具体计算过程如下：

首先，在 Excel "名称管理器"确定名称，定义：Type "N. P."，其中 N 为正向指标，P 为负向指标。定义名称：MAX，MIN。MAX 为指标列的最大值，MIN 为指标列的最小值。

然后，利用极差标准化方法对各项指标进行无量纲化处理，即对数据进行标准化，消除数据表中不同指标之间的量纲。

标准化（去量纲）公式为：

正向指标：$T_{ij} = \dfrac{X_{ij} - \min(X_{ij})}{\max(X_{ij}) - \min(X_{ij})} + 0.0001$（i，j = 1，2，3，…，n）

负向指标：$T_{ij} = \dfrac{\max(X_{ij}) - X_{ij}}{\max(X_{ij}) - \min(X_{ij})} + 0.0001$（i，j = 1，2，3，…，n）

标准化过程公式（在 Excel 中计算）为：IF［Type = "N"，（B3—

min）/DV，（max—B3）/DV）]

其中，T_{ij} 为数据标准化值，X_{ij} 为数据原始值，B3 为确定一个指标的数值。

再然后，数据平移：

上述标准化过程结果，与 0.0001 相加，得出平移后的结果。

$P_{ij} = \dfrac{X_{ij}}{\sum_{1}^{n} X_{ij}}$（平移后的 X_{ij} 除以平移后的 X_{ij} 的和，注意在 Excel 中列相加时要绝对引用，公式中使用符号"$"）

而后，求 $K = \dfrac{-1}{\ln n}$（n 表示几个行指标）

$e_j = \dfrac{-1}{\ln N \times \sum_{i=1}^{n} P_{ij} \ln(P_{ij})}$（其中 $0 < e_j \leq 1$）

$e_j = k \times \text{sumproduct}[(B\$23:\$B26), \ln(B\$23:B\$26)]$

上式中，sumproduct 公式中参数引用列为 P_{ij} 的数据列值。注意公式中混合引用单元格。

再计算信息冗：$g_j = 1 - e_j$

最后，求权重：$W_j = \dfrac{g_j}{\sum_{j=1}^{m} g_j}$（j = 1, 2, …, m）

上式中注意 g_j 求和时的单元格要绝对引用。

最后验证 W_j 的和为 1：也就是 $\sum_{i=1}^{n} W_i = 1$，验证结果的正确。

通过以上计算，能够计算出各指标权重，得出标准化表，评定科技园分值。

采用综合评价指数计算得出科技园最终分值：

用权重和指标加权求和计算综合评价指数 S_j。

$S_j = \sum_{j=1}^{m} W_j \times X_{ij}$（$W_j$ 为权重）

三 科技园区科技型企业创新生态发展水平评价

河北省设区市科技园企业创新生态环境评价结果如表 4-16 所示。京津冀协同发展、冬奥会、雄安新区等科技创新着力推动了河北省科技成果转化和高技术产业发展，冀科技园科技进步和创新对区域经济社会发展的支撑和引领作用呈现明显增强趋势，创新生态发展实现快速发展。

表 4-16　河北省各市科技型企业创新生态评价结果
（根据测算结果整理）

所在城市	科技创新发展水平（2021年）	省内排名（位）
石家庄	0.440	1
保定	0.396	2
唐山	0.391	3
廊坊	0.366	4
秦皇岛	0.360	5
沧州	0.323	6
邯郸	0.313	7
衡水	0.279	8
张家口	0.276	9
邢台	0.270	10
承德	0.262	11

（一）创新生态发展水平整体评价

从国内外实践经验来看，创新扩散影响地区经济发展水平。新经济地理学研究证明知识溢出与物质资本流动对区域经济增长同等重要。从河北省科技园创新生态发展整体水平来分析，河北省科技园区创新生态发展水平呈现上升趋势，科技园的技术溢出极大地带动了区域经济发展。

（二）创新生态发展水平分类评价

从河北科技创新生态发展整体水平来看，河北省创新生态发展水平在近十年呈现稳步上升趋势，在承接京津科技转移和科技成果转化方面明显提升，雄安新区和冬奥会科技溢出效应明显。据中国科技统计网数据，2022年北京输出到冀的技术合同成交额达到347.5亿元，比2021年增加22.9%；河北省因京津创新成果溢出效应，综合分有所提升，达到60.97分，但是跟全国综合科技创新水平指数75.42分还有很大距离。河北科技创新跃升依托县域层面，2021年以来全省167个县（市、区）科技创新能力比较来看，廊坊、唐山、衡水三市的科技创新能力居全省前三位，沧州、石家庄、邯郸三市处于中部，张家口、衡水、秦皇岛、廊坊、雄安新区、沧州五个市增幅最快，超过全省平均发展水平。这种发展实际伴随主导产业的转型，产业发展质量的提升。得益于产业园、科技园建立创业孵化、成长扶持、发展壮大三个阶段有机衔接的科技型中小企业梯次培育体系。

根据各市选择代表性园区（包含国家级农业科技园、国家级大学科技园、国家级高新区）进行数据测算，城市科技园创新生态发展指数，如表4-16所示。

各城市科技型企业创新资源、创新环境、企业主体等排序情况如图4-33所示。

从数据看出，科技园科技创新水平与城市科技创新水平密切相关，河北省各城市科技园发展总体排名特点与城市创新水平一致：（石家庄、保定、唐山、廊坊）>（秦皇岛、沧州、邯郸）>（衡水、张家口、邢台、承德）。

图 4-33 河北省科技型企业创新资源、创新环境、创新主体排序

（a）河北省各市科技型企业创新资源排序
（b）河北省各市科技型企业创新环境排序
（c）河北省各市科技型企业创新主体排序

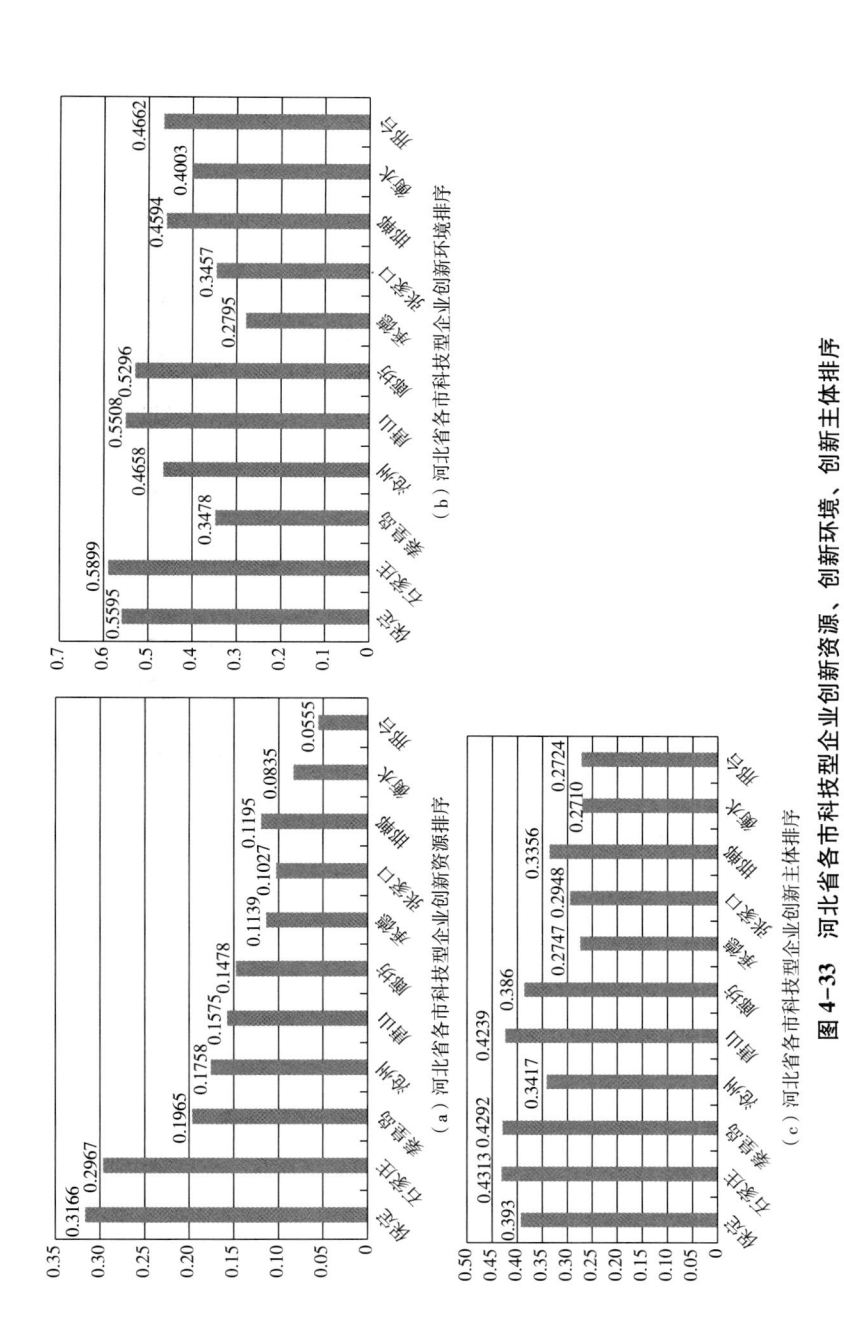

资料来源：《中国统计火炬年鉴》（2021，2020），《中国高新技术产业统计年鉴》（2021，2020），中国科技统计网，EPS 数据库及各省市科技统计年鉴、河北科技厅调研数据、河北省工信厅调研数据、河北省财政厅调研数据。

第五章

科技园区政策总体情况
（2020—2022 年）

科技园创新生态研究离不开政府角色，政府通过政策工具对创新生态系统各主体间互动关系产生影响和改变。

第一节 科技园政策环境

科技园根据国情和发展阶段不同，设立的种类和名称性质不同，政策有所不同。从科技园建设运营中对入驻企业提供的资源不同，政府角色的定位也有不同。卡斯特尔[①]将科技园分为五类，分别是：综合功能型科技园、基础研究型科技园、技术研发型科技园、高技术产品加工区以及孵化器。不同类型的科技园在资源、市场、金融、科技服务等方面侧重点有所不同。政府政策也会随之不同。比如，孵化型科技园的政策关注点在为初创企业提供良好生长环境和保护等方面；基础研究型科技园在知识产出上占有优势，政策侧重在研究开发资本供给以及专业的投资和研究开发环境的提供和成果转化、绩效评估上；综合型园区在产业链配套上很完善，政策侧重在产业聚集成熟度上；技术研发型科技园在技术人才吸引和会聚上有独特优势，其政策侧重在关键人才资源利用上。但总体来看，都是围绕科技创新的创新链来布局。

---

① 卡斯特尔、霍尔：《世界高技术园区：21 世纪的产业综合体》，北京理工大学出版社 1998 年版，第 250 页。

世界各国把科技园作为发展本国、本地区高新产业，推动技术创新，[①]提高经济增长速度和质量的重要载体。随着国外科技园（城）的兴建，出现了以大学为主的大学科技园、以农业技术推广为主的农业科技园等。国外农业科技园、大学科技园运行经验成为我国科技园发展的重要参考对象。其运行中政府角色的运行作用机制为我们提供了经验。以农业科技园为例。美国的农业科技园区由联邦、州、县、市各级政府支持建立，具体由大学承办。强化科技创新的地位，重视政府、大学或科研单位和农业企业的合作。美国康奈尔大学建立的农业与食品科技园由联邦、州、县、市各级政府支持，康奈尔大学农业与生命科学学院、纽约农业试验站主办的农业科技园，一方面作为康奈尔大学农业高新技术的展示基地，另一方面为从事食品、农业或生物技术的企业提供产业孵化的平台，集中进行农业高新技术的产业开发。加拿大新斯科舍省农业学院依靠自身优势，在当地政府的支持下建立了农业技术园，旨在为大学和农业企业提供一个创新平台，实现企业与大学、市场的连接。荷兰瓦格宁根大学校园内也建立了一个农业产业园，主要为高技术企业构建一个大学、农户、市场的平台，为农业高技术产业化和产业孵化提供舞台和窗口。实施宏观调控，分阶段给予农业科技园区强有力的财政支持。以色列是唯一建立在沙漠上的发达国家，现代化农业的发展堪称世界奇迹。以色列示范农场全部由政府出资建立，建立后又设立专门的资金支持农场的运营。农业科技园区是新加坡都市农业的主要形式，20世纪80年代中期，新加坡就提出了农业科技园计划，由政府全部出资建设了花卉、动物养殖等主营业务各不相同的农业科技园区，后期通过公开招标的方式出租给公司或个人经营。日本由政府建立了筑波科学城农村科技开发区，被称为农业技术的"硅谷"，围绕"硅谷"建立了600多个农业改良普及所和农业技术示范区，到80年代日本支持农业发展的政策有所改变，传统的农业中心园区开始转向农业、工业和观光三位一体的均衡发展。这些园区发展中政府角色的作用为我国科技园发展提供了有益启示。

---

① 刘瑞明：《国家高新区推动了地区经济发展吗——基于双重差分方法的验证》，《管理世界》2015年第8期。

第二节　我国科技园区发展政策逻辑主线

我国科技园从初建开始，政府就起着主导作用，市场作用偏弱，这也与我国经济体制改革历程密切相关。政府在园区发展中，通过合理定位方向、规划路径、技术支持、实验帮助等方面提供政策支持。比如园区建设的"九通一平"、产业布局上龙头企业和重点项目建设、承接产业转移以及为企业发展提供机遇、人才培养和供给等方面。政府通过各相关一揽子政策促进资金、技术、人才、研发等各相关要素聚集，通过政府方或者服务方建设的投融资服务、技术创新服务、孵化创业服务产学研合作平台等来整合园区发展优势资源。[①] 通过园区实现产业集聚，以优厚的贸易政策和税收优惠，重视技术消化、技术革新和技术转移转化，实现区域经济提升是我国改革开放后的一大创新（见图5-1）。

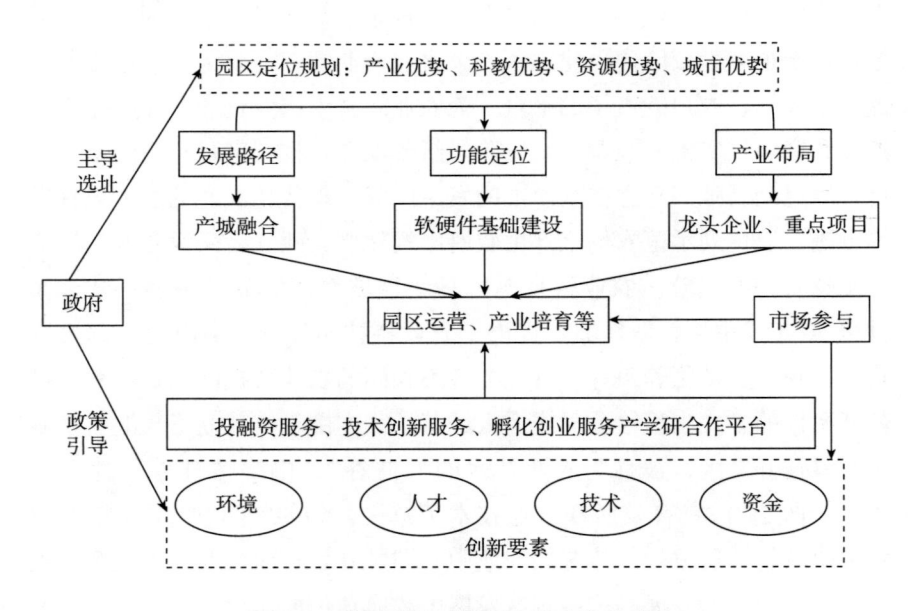

图5-1　我国科技园发展中政府角色定位

---

① 卫平等：《国内外科技园区发展模式异质性研究》，《中国科技论坛》2018年第7期。

在科技园区发展上。最早是工业园建设，以蛇口工业园为初始。到20世纪90年代初期，出现了科技园区，以代加工工业园区转向了技术为主导的科技园。比如中关村科技园、东北大学科技园为最早。紧接着国家在中关村的基础上，开始高新区的探索和实践。1999年科技部和教育部认定了我国第一批国家大学科技园，以清华大学科技园等22个大学科技园为首批。2001年，我国农业科技园区肇始，目的是通过农业科技和农业产业示范带动农业向现代农业转变。而后，各类园区政策出现涌现和细化。

一　大学科技园政策

从1989年国务院《政府工作报告》明确提出火炬计划，科技被提到战略高度至今，国家已经出台实施了包括管理类政策、税收类政策、发展规划类政策在内的超过70项。其中管理类政策超过60%，税收类政策占到22%，发展规划类政策占比在15%。政策管理类政策经历了从关注对大学科技园建设到侧重于对科技园建设的必要性，再到科技园产业发展政策，再到对大学科技园自主创新能力和发展水平的转变。体现了国家对大学科技园的创新带动作用的肯定以及实践认知的深化。国家"十四五"规划对大学创建做出了要求，明确研究型大学建设，关注基础研究和科研成果转化等，这对大学科技园发展方向做了定位。

二　农业科技园政策

我国最早的农业科技园是1994年的孙桥现代农业示范区。2001年国家全面开始农业科技园试点，农业科技在产业凝练、龙头企业孵化、农业科技的创新与推广等方面作用越发凸显。[①] 农业科技园政策从宏观上对农业科技园进行统一规划，使其合理布局。通过制定优越的投融资政策，给予农业科技园相对独立的经济管理权和行政管理权。对进入园区的企业、开发项目给予税收和土地优惠政策等推动其发展。随着农业科技园在各地建设得越发成熟，各级政府政策向区域农业经济发展的内动力、开发和扶持有竞争力的企业、投融资机制以及技术人员培训等方面转变。

---

① 申秀清等：《借鉴国外经验发展我国农业科技园区》，《现代经济探讨》2012年第11期。

三 高新区政策

在中关村科技园实践基础上，我国开始了53家高新区的建设。此阶段政策特点为需求触发。高新区充当改革试验田角色，以工业做优做强为带动，再发展高新技术产业为实践路径。随后各地政府发布行政法规，为园区企业提供各种政策红利。基本来看，高新区先期发展基本都是先行政策，国家在高新区做政策压力测试，也就是在区内享受政策，区外则不能享受。而后这些政策开始外溢，普适性政策出现，这也是高新区先行先试的任务完成，即政府关于基建、要素供给、人才培养、企业孵化、税收、金融等多方面政策工具测试。

21世纪前十年，高新区政策发展从大力支持发展转向内涵式创新式发展。科技创新成为高新区发展的主体政策方向，依靠科技力量技术创新推动产业转型升级，引领产业，以创新创业、知识产权保护、财税金融等为主的政策体系。国家重点关注高新区发展绩效，国务院出台过2003版、2008版国家高新区评价指标体系，重点关注技术创新、经济发展和创新创业。高新区创建模式也由政府主导的唯一模式转变为政府主导和政企合作模式。比如上海紫竹园就是引入民间投资，通过民营企业、政府、高校三方结合的开发模式市场化运作而成。

党的十八大以来，创新驱动战略明确为国家重大战略，创新被放在五大发展理念之首，我国经济从高速增长向高质量发展转变，国内国际双循环新格局加速形成。新时代高新区使命在于通过核心技术和高技术产业自主创新改变受制于人的局面，培育新一轮经济增长点。这个时期政策偏重于创新创业氛围营造、科技金融和科技环境塑造、高新区经济辐射作用等，重点运用以技术攻关、创新空间、创新平台、人才培养等为主的供给型政策工具，以及以发展规划、普惠金融、公共服务、创新创业等为主的环境型工具。[①] 党的十九大提出坚持创新在现代化建设全局中的核心地位。党的二十大后，国家要求科技创新政策要聚焦科技自立自强。习近平总书记在2022年12月15—16日的中央经济会议要求：科技政策要聚焦自立自强。各地科技部门科技政策制定侧重在坚持新发

---

① 卢顺平：《国家高新区政策机制演进研究——一个基于政策过程的分析框架》，《科技管理研究》2022年第42期。

展理念，深入实施创新驱动战略这个主旋律上。在新技术、新产业塑造上打造具有国际竞争新优势产业技术。政策原则定位在"四个面向"，创造"勇担使命、潜心研究、创造价值"激励导向，营造"有利于原创、科技成果有效转化"的科技创新生态上。高新区政策方向逐渐向这些方面转变。未来，高新区政策肯定要跟科技自立自强需求匹配，夯实基础研究和应用研究，夯实自主创新能力。

第三节 河北省科技园区政策重点领域分布

本部分我们从政策工具的微观层面入手，全面分析河北省科技园区政策重点领域分布。

一般意义上，不同功能和地理分布差异的科技园区为入驻企业提供的区域政策、资源禀赋是差异化的。区域政策不仅包括科技管理政策，也包括地方税收以及资金优惠的财政政策。地理差异的科技园区其资源禀赋也存在显著性差异，这些差异性资源包括关键性技术人才和在其他地区获得不了的核心技术。在入驻科技园区的相关服务手续简化、采取更多宣传手段扩大科技园的影响力、提供更多当地环境的具体信息和组织入驻企业经验交流服务方面，不同功能和不同地理区域科技园的招商服务是功能趋同的。在提高企业入驻科技园区的动机方面，企业关注科技园区所带来的区域优惠政策、资源条件和招商服务质量，其中区域优惠政策是提升企业入驻动机的关键核心问题。政府和相关管理机构应该重视不同类型科技园和地理位置分布不同的科技园在招商引资、设置区域政策和培育地方性核心资源方面的差异，建立功能定位、资源调动和招商管理的运行机制，并且利用科技园区创新环境和创新资源的调节作用，积极吸引企业入驻科技园。

河北省提升科技园区创新发展能力的政策原则是创新驱动，激发企业创新动力，突出企业创新主体地位，重点侧重园区企业创新发展格局形成和能级提升。从政策分类来看，包括科技园申报政策、能级提升政策、建设管理政策。政策要点包括科技投入政策、创新产业倾斜政策、产学研合作政策、发展中介组织政策、招商服务政策、高新技术企业政策等。比如2022年9月的《全面提升科技创新能力十条政策》（以下简称《创新十条》），强调园区企业打造"科技型中小企业—高新技术企业—科技领军企业"创新发展新格局。《创新十条》从科技投入、产业倾斜、产学研合作、创新平台等七个方面做了具体安排。课题组基于这七个方面对河北省科技园政策作出梳理（见表5-1）。

表5-1　　　　　　　　河北省科技园政策要点

序号	政策类型	政策特点	政策
1	科技投入政策	设立技术创新专项基金，加大财政科技投入，逐年提高研发经费投入占GDP的比重，保证政府财政科技经费的稳步增长，引导高技术企业、金融机构、风险资金加强创新投入，提升企业核心竞争力，增强科技园区的持续发展力。 比如：成果转化、人才、学术交流系列政策	《河北省科技创新"十四五"规划》 《关于大力推进科技创新工作的若干措施》 《推动企业加大研发投入若干措施》
2	产业倾斜政策	为增强主导产业或特色产业产生聚集效应，科技园区应将优惠政策向技术倾斜和产业倾斜，有针对性地吸引那些具有产业带动优势和有产业关联效应或配套协作功能的项目进入科技园区。 比如：高新区企业认定、创新跃升等政策	高新技术企业认定政策 高新技术企业享受税费减免政策 县域科技创新跃升计划 科技创新券政策
3	产学研合作政策	建设以企业为主体、以市场为导向、产学研结合的技术创新体系，需要科技园区管理机构制定促进产学研合作的政策措施，鼓励大学和科研院所的科技人员，以各种形式直接参与科技园区的技术创新活动	12条措施吸引京津科技成果在冀转移转化 全面提升科技创新能力十条政策
4	发展中介组织政策	包括科技中介服务、工程技术研究中心、中试基地、生产力促进机构、行业或专业技术协会、知识产权服务机构、企业孵化机构创业投（融）资服务及担保机构、技术交易机构、科技咨询和培训服务机构、科技信息研究服务机构； 组织机构：生产力促进中心、工程技术研究中心、科技企业孵化器、知识产权服务机构、科技风险投资机构等一批新型科技中介服务机构； 科技信息资源、科技评估、科技政策与战略研究、科技宣传于一体的综合性科研服务机构——河北省科学技术情报研究院； 全国科技服务信息网——河北节点等	《河北省服务企业技术创新需求推动科技成果转化工作方案》 《关于科技支持全省经济平稳发展的十二条政策措施》 《保定市支持科技服务机构的政策措施》 《河北省人民政府关于加快科技服务业发展的实施意见》 《国务院关于加快科技服务业发展的若干意见》

续表

序号	政策类型	政策特点	政策
5	招商引资政策	科技园招商机构的服务 整合域外项目入冀意愿、地方政府招商政策、投资机构投资需求、科技招商领导小组、制定优化政策，加大企业招引与技术转移支持力度、强化成果对接，加速科技成果向现代生产力转化	《关于科技支持全省经济平稳发展的十二条政策措施》 《关于推动招商引资工作高质量发展的若干措施》 《河北省优化营商环境条例》 《河北鹿泉经济开发区招商引资优惠政策"黄金十条"》 《省稳经济一揽子政策优惠》（1+20） 《河北省外资招商政策》
6	高新技术企业政策	包括高新技术企业认定、培育、奖励、引导、提升类政策等 高新技术企业认定管理政策：高新技术企业奖励补贴、高新技术企业奖励办法、所得税减免、研发费用加计扣除、固定资产折旧； 高新技术企业培育政策：创新优惠政策、科技服务长效机制、创新型人才建设梯队 资金引导政策：建立风险补偿资金池，建立"增信、分险、奖补"机制； 企业质量提升：聚焦创新创业，建设"众创空间—孵化器—加速器—科技园区"全链条孵化体系，大力吸引民间资本参与科技创新	《高新技术企业认定管理办法》（国科发火〔2016〕32号） 《高新技术企业认定管理工作指引》（国科发火〔2016〕195号） 《国家重点支持的高新技术领域》
7	创新平台政策	创新平台包括：重点实验室（学科重点实验室：基础研究、前沿技术研究和应用研究；建设主体为高等院校、科研院所、医疗机构和专业技术服务机构）； 企业重点实验室（聚人才，开展基础应用和竞争前沿共性关键技术研究，制定标准，引领企业高质量发展；建设主体为大型龙头企业、研发型企业、新型研发机构等）； 产业技术研究院（面向河北省产业发展，以增强产业创新能力和市场竞争力为目标，围绕产业链开展产业共性关键技术研发与集成、科技成果转移转化、产业技术服务、人才引进培养和产业发展战略研究；建设主体为企业、高等学校、科研院所和政府工作机构等法人单位）； 技术创新中心（工程技术研究中心）（重大关键共性技术研发和先进技术集成，实行开放服务、技术咨询和技术培训，聚集专业技术人才，加强协同创新，开展国内外科技合作与交流；建设主体为规模以上企业、高等院校、科研院所、具有技术开发优势团队的技术机构）	《国务院办公厅关于完善科技成果评价机制的指导意见》 《河北省科技创新平台与条件保障能力建设三年行动计划工作方案(2018—2020)》 《河北省技术创新中心建设与运行管理办法》 《河北省企业重点实验室建设与运行管理办法（试行）》 《河北省学科重点实验室建设与运行管理办法》 《河北省省级产业技术研究院试行管理办法（试行）》 《河北省重点实验室绩效评估办法》 《河北省省级技术研究院绩效评估办法》 《河北省省级产业技术研究院管理办法》

一 科技投入政策

科技投入是科技事业发展和科技进步的支撑条件和基本保证，对地区经济发展具有重要影响。在多元化的科技投入体系中，财政科技投入具有独特的带动和引导能力，起着关键的决定性作用。① 河北省高度重视科技创新工作，以各种创新方式加大科技投入。2021 年，河北省共投入研究与试验发展（R&D）经费 745.5 亿元，投入强度为 1.85%，比 2020 年增加 111.1 亿元，增长了 17.5%，高于全国平均增速 2.9 个百分点。但跟江苏、浙江等地相比还有不小差距。2021 年江苏投入 R&D 经费 3438.6 亿元，是河北省的 3.62 倍。浙江 R&D 经费 2151.7 亿元，是河北省的 1.9 倍。2021 年江苏、浙江 R&D 经费投入强度分别为 2.95%、2.94%，河北省与之也有差距。

R&D 经费来源有四个方面：企业资金、政府资金、国外资金和其他资金。② 2021 年河北省企业投入占 R&D 经费总投入比重达 85.5%，对增长的贡献率达到 81.9%，是全社会 R&D 经费的主要支撑，主体地位稳固；政府下属科研机构、高校所占比重分别为 9.1% 和 4.5%。河北省研发投入稳步增长，同时税费大幅减免。一增一减，企业创新动力被极大激发。目前，河北省超过 1.1 万家企业享受到了研发费用加计扣除政策，同比增长了 16.9%，加计扣除额达到 371 亿元，同比增长了 53.9%，增速位居全国前列。

河北省科技投入政策主要包括《河北省科技创新"十四五"规划总体规划》，内容涉及科技创新主体提升、关键核心技术攻坚等内容。严格落实国家财政部下发的《关于进一步提高科技型中小企业研发费用税前加计扣除比例的公告》的政策要求，加大科技型中小型企业政策宣传，鼓励更多企业享受政策红利。此外还有《河北省高技术产业发展项目管理办法》《河北省科技计划项目"揭榜挂帅"组织实施工作指引》《推动企业加大研发投入若干措施》等，各市也在落实全省政策的基础上，出台提高研发投入水平的政策包。激励各地和企业加大研发投入，落实好研发费用加计扣除等优惠政策，加强研发投入统计培训，

---

① 曾丹：《关于辽宁省科技投入水平的分析及配置对策》，《市场论坛》2006 年第 3 期。
② 张金龙等：《河北省科技投入现状及政策分析》，《科技管理研究》2013 年第 33 期。

推动全社会研发投入水平持续提升。

二　产业倾斜政策

产业倾斜能够在科技园空间优势基础上向区域发展倾斜，有助于区域提高效率、公平发展和环境友好。产业倾斜政策是在国家政策总体要求下，按照河北省经济发展需要、产业技术经济条件和各区县要素禀赋，确定若干重点发展产业及其空间发展格局，并在资源分配和政策投入上实行适度倾斜的政策。[①] 具体而言，针对科技园重点方向布局，结合区域创新发展战略情况，引导各类高端创新资源向科技园聚集。在人才、资金、基地、政策上一体化布局，以产业倾斜政策支持、推动各主体围绕产业创建专业化研发空间及各类创新平台。

三　产学研合作政策

产学研合作是以产业为目标，以企业为主体，企业和高校院所通过协同创新而进行的技术创新活动，产学研合作是高校院所发挥知识创新和技术创新优势、服务地方经济社会发展的重要方式，也是地方发展创新型经济的有效途径。[②] 产学研协同创新是实施创新驱动发展战略的关键环节之一，其实质是通过利益驱动把产学研各方拧成一股绳，促进科研成果转化。产学研协同创新关键在于形成收益共享、风险共担、互惠互利、共同发展的激励机制。只有科学家、企业家、投资人和各类专业服务人才各展其长、优势互补，才能汇聚成创新创业合力。河北省通过多层次人才政策，改进和完善人才评价体系和用人机制，发挥市场和用人单位在评价和引进人才中的作用。落实以增加知识价值为导向的分配政策，系统设计、分类管理，构建体现智力劳动价值并且适合科研人员、企业家、管理人员、技能工人等各类人才的薪酬体系和收入增长机制，充分调动各类人才的创新积极性。通过产学研创新大会、派驻科技特派团、一对一帮扶、精准对接全国科研院所。通过政府搭台，高校院所、专家学者和科创企业唱主角，深化产学研合作。

四　发展中介组织政策

《中华人民共和国科学技术进步法》第三十八条规定"国家培育和

---

① 宋玉祥等：《空间政策：由区域倾斜到产业倾斜》，《经济地理》2010年第30期。
② 洪霄：《产学研合作的模式与机制创新研究》，《江苏高教》2011年第6期。

发展统一开放、互联互通、竞争有序的技术市场，鼓励创办从事技术评估、技术经纪和创新创业服务等活动的中介服务机构，引导建立社会化、专业化、网络化、信息化和智能化的技术交易服务体系和创新创业服务体系，推动科技成果的应用和推广。"第四十四条："国家对公共研究开发平台和科学技术中介、创新创业服务机构的建设和运营给予支持。公共研究开发平台和科学技术中介、创新创业服务机构应当为中小企业的技术创新提供服务。"2022年政府工作报告在"加大企业创新激励力度"部分指出"促进创业投资发展，创新科技金融产品和服务，提升科技中介服务专业化水平"。

目前，我国科技人才队伍建设遇到的一个突出问题，就是人才与企业、高校院所等引育主体之间信息隔离与不对称。只有培育发达的中介机构，通过中介机构为双方提供机会与规范服务支撑，搭起畅通的桥梁，才能更好地保证科技人才自身与使用者双方的有效对接与高效契合。可以说，科技中介服务机构是产学研合作和招才引智的"桥梁"。

科技创新服务中介组织对科技成果供需对接、聚集创新资源、服务成果转化方面提供专业服务。科技创新服务中介包括创新投资公司、知识产权服务公司、成果转化中介机构等科技服务企业，为科技成果转化提供帮助。中介组织最重要的环节是专业经纪人才。专业经纪人才具备针对技术转移与孵化器运营、科技成果标准化评价与技术转移、科技成果转移中的资源整合、技术经理人（经纪人）与经纪实务、技术合同登记等方面的专业能力。

河北省科技成果展示交易中心已经引入第三方中介服务机构21家，形成成果评估评价、技术转移转化、技术合同登记、科技金融服务、法务财务服务、知识产权保护6大类中介机构全天候驻场服务。针对技术供需信息不对称、科技成果转化率低等问题，展交中心按照省委、省政府建好用好展交中心的要求，按照省科技厅的重点工作安排，在扩充提质技术成果供需库、延展成果转化服务链条、壮大科技成果转化平台、提升技术对接落地成效等方面提供创新服务。

各地市以科技服务站为抓手，以企业创新需求为导向，对接国内高校科研院所资源，以科技服务为纽带，引导创新要素向企业集聚，促进省内外校企交流合作，加速高校科研院所科技成果在河北省的转移转化。为区域内企业落实科技政策、提供科技成果转移转化、人才引进、知识产权代理、高新技术企业培育、科技项目申报、校企协同育人、技术联合攻关、共建技术研发平台等一站式科技服务，培育一批"产学研合作创新示范企业"和"产学研合作示范项目"，真正做到科技成果转移转化最后一公里。

五 招商引资政策

招商引资是我国地方政府利用外部资源助推本地经济发展的重要路径。[①] 从地方政府推动招商引资发展实践来看，招商引资政策主要包括税收优惠、土地保障、财政奖励、金融支持等十大方面，从产业集聚、税收优惠、政府职能和宏观税负等方面对企业投资产生影响。招商引资政策的目的是在短时间内迅速提高集聚度，释放企业正外部效应和溢出效应，快速提升地方经济。区外企业投资首先考量当地政府的产业政策，如财政补贴、税收和土地租赁等优惠程度。这也是政府政策性干预的重要手段和最具有代表性的支持形式。[②]

河北省招商引资政策从产业集聚、优惠政策、政府职能及宏观税负来看。在吸引创新要素集聚，促进产业集聚上，河北省出台《关于进一步吸引京津科技成果在冀转移转化的若干措施》，围绕破除吸纳京津科技成果中的制约因素，提出多项具体措施，推动创新要素向河北省集聚。主要围绕引进创新人才、提升产业配套能力、激发创新主体吸纳转化积极性、完善服务体系等方面做出规定。制定《河北省县域特色产业集群"领跑者"企业培育行动方案》聚焦县域特色产业集群高质量发展。优惠政策是政府招商引资中吸引外来企业投资的策略。再配置到企业中弥补政策不足。政府职能体现对科技园服务的经济功能和社会职能，为招商引资承诺一定的优惠政策。宏观税负上，国家《降低实体经济企业成本工作方案》提出降低宏观税负，为企业减负，提高投资回报率以刺激企业扩大投资。2022年6月2日，河北省人民政府印发了《关于扎实稳定全省经济运行的一揽子措施和配套政策的通知》，为企业减负。

---

① 马相东等：《地方政府招商引资政策的变迁历程与取向观察》，《改革》2021年第8期。
② 马海涛等：《当前地方政府招商引资存在的问题与根源》，《中国发展观察》2010年第5期。

六 高新技术企业政策

高新技术企业是实施创新驱动发展战略的重要抓手，是一个区域具备长期竞争优势的重要因素，也是体现区域经济发展质量的重要指标。国家高新区和高新技术企业在转变发展方式、提升自主创新能力、优化产业结构、增强国际竞争力等方面发挥着重要作用。截至2022年9月，河北省高新技术企业达到1.1万家，位于全国第8位。其中科技领军企业达到44家，众创空间668家，居全国第4位，孵化器298家，居全国第5位。从2022年1月到2022年7月，高新技术产业增加值增长6.0%，快于规模以上工业增速0.8个百分点。河北省对高新技术企业培育采取动态培育形式，支持建设熟悉高新技术企业发展政策、能对接资源的专业化服务机构，对进入高新技术企业库的企业提供精准服务，逐渐形成从科技型企业向高新技术企业转变，进而迈向科技领军企业的梯度成长过程。高新技术企业成长的前期阶段为科技型中小企业，河北省对科技型中小企业培育方法是加强企业创新方法培训、支持企业与高校院所共建产业技术创新联盟、举办创新创业大赛、改革创新券使用与管理、构建科技特派团等，为科技型中小企业提供全链条服务。

七 科技创新平台政策

（一）科技创新平台

科技创新平台是科技创新体系的重要组成，是集聚创新资源、汇聚创新人才、开展技术创新、培育高科技企业、壮大高新技术产业，推动高质量发展的有效载体和加速器。依托科技创新平台，建立产学研联合研发平台、技术创新中心、联合实验室、院士工作站、博士创新实践基地等。近几年，河北省已经形成以重点实验室、技术创新中心、产业技术研究院"三驾马车"为龙头，以临床医学研究中心、科技成果中试熟化基地、院士工作站等为重要支撑的科技创新平台体系。

目前，覆盖基础研究、应用基础研究、技术创新和成果转化全创新链条的省级科技创新平台已达1550家。为进一步借力省外高端科技资源推动河北省创新发展，河北省各地深入推进与省外双一流建设高校和国家大院大所合作共建创新平台。截至2022年上半年，各地已与清华大学、北京大学、南开大学、中国科学院等29所高校院所布局建设了47家合作共建科技平台。

同时，全省高能级平台积极承担重大科技任务，解决重大科学问题，突破关键核心技术，取得了一批高水平创新成果。以燕山大学亚稳材料制备技术与科学国家重点实验室为例。目前，该实验室共有固定研发人员 95 人，其中中科院院士 1 人，博士学历占比 100%。依托团队力量，该实验室建立了亚稳材料设计新方法，开发出了世界上最硬的新型纳米孪晶金刚石、服役寿命长的特种钢和高强韧的锆合金等系列新材料，成功解决了机械加工、空间活动机构、高速铁路辙叉和港珠澳大桥等重大工程中的材料和技术难题。2022 年以来，河北省科技厅会同各地政府，紧密结合区域创新发展优势领域，统筹布局和优化全省高能级平台建设。目前，河北省钢铁实验室组建工作已正式启动。

根据《关于做好河北省实验室培育和组建工作的通知》，河北省实验室面向全省产业规模和科研基础在全国具有比较优势的传统产业和战略性新兴产业，采取河北省科技厅指导、地方政府主建、依托单位承建方式布局建设。围绕传统优势产业和战略性新兴产业创新需求，省实验室将集聚培养国内外一流科学家团队，建设科技基础设施和科研条件，全链条开展基础研究、应用基础研究、产业关键共性技术研究和成果转化，提升重点产业核心竞争力。

在加强高能级平台建设的同时，优化整合平台体系布局，坚持向经济建设主战场布局、向战略性新兴产业集聚，积极发挥平台在集聚创新资源、开展技术研发、成果转化和技术服务方面的作用。随着"十三五"科技创新发展，河北省省级以上研发平台数量相比 2016 年实现了翻倍增长（见图 5-2）。

截至 2020 年年底，河北省主要研发平台相比 2016 年实现了三倍增长，其中，省级以上重点实验室 273 家，省级以上技术创新中心 792 家，省级以上研究院 141 家。在高层次科研人才方面，全省省级以上研发平台拥有或协议拥有院士 113 人，万人计划 67 人，长江学者 71 人，国家杰出青年 62 人，其他国家级称号 840 人。省级以上科技创新平台承担全省 70% 以上的政府科技计划项目和企业委托研发任务。其中，国家级项目 2844 项，金额达 636228.67 万元；省级项目 5542 项，金额达 393993.77 万元。初步形成了科学研究、技术开发、产业转化以及产业化的技术创新体系，成为河北省科技创新发展的骨干力量（见表 5-2）。

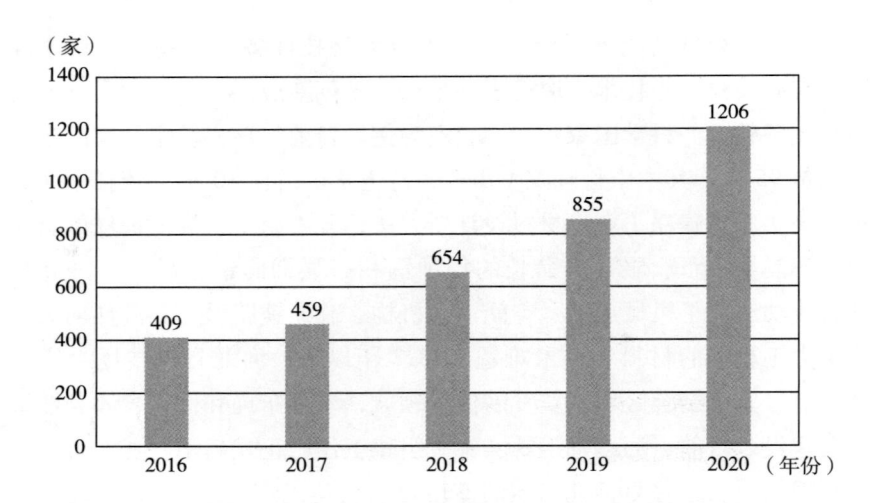

图 5-2　河北省科技创新平台数量（2016—2020 年）

资料来源：《河北省科技创新平台综合统计年报》（2016—2020 年）。

表 5-2　　　　　　　　　河北省科技创新相关政策

类型	现状	重点政策
科技创新人才	高层次人才：全省科技创新平台拥有科研人员 5.76 万人	《河北高端人才引进政策》
科技创新平台	重点实验室：273 家	《河北省技术创新中心建设与运行管理办法》 《河北省新型研发机构管理办法》 《河北省重点实验室建设与运行管理办法》
	技术创新中心：792 家	《河北省省级产业技术研究院管理办法》 《河北省企业重点实验室建设与运行管理办法》 《河北省基础学科研究中心建设与运行管理办法》
	产业技术研究院：141 家	《河北省省级产业技术研究院建设与运行绩效评估实施细则》
产业中试	中试基地：清华大学（固安）中试孵化基地等	《关于进一步促进科技成果转化和产业化的若干措施》
技术中介机构	专业技术经纪人培养：省科技部门开展常态化培训	《河北省科学技术进步条例》

续表

类型	现状	重点政策
成果产出	论文：1.7230 万篇 签订专利、专有技术转让合同：774 项 技术标准：1676 项 科技奖励（国家和省部级以上奖项）：432 项	《河北省省级科技计划项目科研诚信管理办法（试行）》 《省级科技计划项目验收工作规程》

资料来源：河北省科技厅年报数据（2020）。

近些年，随着国家创新驱动发展战略深入实施，京津冀协同发展纵深推进，雄安新区大规模建设和冬奥会效应持续显现，这些都为河北省科技创新赢得了重要机遇，也为创新平台建设提供了良好的基础和条件。通过打造高水平科技创新平台，集聚科技资源，加强研发能力建设，大力推动科技成果转化，进一步提升河北省自主创新能力和水平，为河北省发展提供重要的引领作用。

科技创新平台的引领作用在经济社会发展中引领支撑作用，在创新资源集聚、高水平人才培育、高质量成果产出规模等方面有明显优势。

1. 创新资源集聚效应不断增强

截至 2021 年 12 月，在科技创新平台开展工作的科研人员数量为 7.02 万人，比 2020 年增加 1.3 万人，增长了 21.88%，其中硕士以上学位人员 3.39 万人、具有高级职称以上人员 2.77 万人；科研和办公用房面积达到 714.3 万平方米，拥有仪器设备 49.9 万台（套），分别较 2020 年增长了 17.7% 和 16.0%。承担国家级省部级科研项目 2.36 万项，较 2020 年增长了 21.6%。

2. 高水平人才培育能力不断提升

截至 2021 年 12 月，省级以上科技创新平台通过建立博士后流动站、研究生培养基地等强化研发人才引进和培养，累计进站博士后 1165 人、入学博士生 7350 人、入学硕士生 7.7 万人，培养了大批高层次、高学历研发人员。近几年河北省当选的院士均是河北省重点实验室的高端人才，成为河北省培养造就高水平人才的成功范例。

3. 高质量成果产出规模不断增长

2021 年省级以上创新平台共发表论文 1.93 万篇，比 2020 年增长

12.2%；取得授权专利4917件，比2020年增长15.9%；制定或参与制定技术标准2134件（国家和行业标准333件），比2020年增长了27.4%。

（二）河北省科技创新平台良好发展离不开科技创新政策

首先制定了科学、系统的管理办法，为加强河北省创新平台的建设和管理，先后出台"1+4+3"的政策保障规范性文件。2018年河北科技厅会同河北省发改委联合印发了《河北省科技创新平台与条件保障能力建设三年行动计划工作方案（2018—2020）》，先后配套了四个管理办法，分别是《河北省技术创新中心建设与运行管理办法》《河北省企业重点实验室建设与运行管理办法（试行）》《河北省学科重点实验室建设与运行管理办法》《河北省省级产业技术研究院试行管理办法（试行）》，为有效提升创新平台质量，在管理办法的基础上又配套出台了绩效评估办法，《河北省重点实验室绩效评估办法》《河北省省级技术研究院绩效评估办法》等文件，把绩效评估当成管理手段，通过绩效评估促进质量提升。这些管理办法实施管理职责明确，明确指明了各级各类管理部门和相关单位的职责，保障各类创新平台的规范运行。

各类科技创新平台不同的功能定位，确定了各自的申报主体。规范要求，使申报单位可以根据自身的优势精准申报，提高工作效率。建设程序明确。各环节要求具体、流程明晰，做到一次性告知，申报单位可通过省科技厅网站（河北省科技创新资源公共服务平台 http：//cxpt.hebkjt.cn：81/），在业务办理区在线完成相关业务办理，减少基层工作成本。并为提升科技创新平台建设质量，给予了一系列配套支持政策（见表5-3）。

表5-3　　　　　　　　河北省科技创新平台支持政策

类型	分类	具体措施
科技创新平台建设支持政策	国家级科技创新平台	在建设期一次性给予300万—500万元的建设经费支持
		在每个评估期内给予300万—500万元建设经费支持
		2017年以来批准建设的省部共建重点实验室，每年给予1000万元建设经费，连续支持5年

续表

类型	分类	具体措施
省级科技创新平台绩效后补助经费	绩效评估	达到优秀，奖励100万元；中央引导地方科技发展专项资金，对立项的科技创新平台给予100万元左右的经费支持
		达到良好，奖励80万元
		达到合格，奖励60万元；每年对若干个领域创新平台进行绩效评估，每一个创新平台三年评估一次
科技创新平台建设支持政策	大型科研仪器设备	纳入河北省大型科研仪器设备开放共享网，对向社会提供仪器设备开放服务的单位给予一定的经费支持
	各市县重视	在政策、经费、土地方面给予不同程度的支持

第六章

河北省科技园区创新生态对策建议与研究展望

促进科技经济融合发展，关键在于营造创新创业生态系统。一个有利于学习、应用和扩散科学知识和技术经验，涵盖各类市场主体和不同组织，且相互有机关联、开放合作、不断演化的生态体系，决定了一个地区的创新能力建设的效率。成熟的高科技园区创新生态系统能够发挥强大的区域辐射带动作用，提供企业创新技术需要，承载科技创新与区域创新主阵地作用。创新政策系统、营商环境系统、企业研发创新系统、创新型人才系统、园区文化系统为识别高科技园区创新生态系统发展模式提供了经验模式。在国内外典型科技园区创新生态发展模式分析的成功经验下，制定科学的政策措施，推动河北省科技园区创新生态高质量发展。

第一节 对策建议

一 重视产学研合作网络生态

从全世界来看，绝大多数科技园区周边都集聚了知名高校和科研院所，都非常重视企业研发机构、高校研究机构和技术咨询机构为三大创新主体的产学研合作网络生态营造。美国硅谷、北卡三角科技园、128公路科技园、中国台湾地区新竹科技园和英国剑桥科技园无一例外。部分科技园区初期科研基础相对薄弱，经过长期发展，科研院所数量逐步增加，研发能力有所提升。例如，韩国大德科学城设立之初，政府从首都汉城强制迁入了部分研究机构；法国索菲亚科技园为弥补科研短板，陆续引进、组建了一批高校和科研院所。

就河北省而言，高层次人才还是比较缺乏。目前，全省有两院院士17人、"千人计划"人才在全国处于较低水平。2022年，河北省研发经费占GDP的比重为1.85%，低于全国平均水平0.7个百分点。同时，河北省缺乏一流高校，理工类优势学科偏少，科技创新能力偏弱，科技成果转化率偏低。与其他城市相比，没有合肥与中科院十几年持之以恒的科研战略布局；没有武汉和长沙、成都和重庆的自然禀赋和人文文化吸引；没有青岛和济南的抱团式创新；也没有西安强大的科研积累和国家战略支撑下的单点式创新能力。京津冀科技创新能力在全国处于第一梯队，但河北省与北京的科技创新能力差距巨大。相反，河北省拥有坚实的生物医药产业、汽车产业、装备制造产业、信息技术产业基础，临近北京、天津，具备跨越发展的优势。在跨越发展中，可以借鉴美国丹佛、北卡三角科技园等发展模式，紧紧抓住世界科技发展前沿，利用河北省生活成本低、创业成本低、生活品质高等优势，加大信息产业、生物医药和环保能源等高科技绿色产业，逐步走出新时代产业特色发展道路。

河北省科技产业发展最需要借力于雄安新区和京津地区高校和科研院所的成果转移转化和科技型企业的技术溢出效应，吸引更多高端人才来冀，以弥补科技短板。放宽人才政策吸引优秀科研人才到河北就职、创业。对于在河北省设立的新型研发机构，可借鉴德国弗劳恩霍夫协会的市场化管理经验，在编制、薪酬、试验、技术转让和企业孵化等方面赋予较大的自主权。在研究方向上，可借鉴以色列的首席科学家制度，设立首席科学家办公室，对应细分相关研究所，代表政府管理部分研发资金，遴选资助项目和方向，推动成果转化。在首席科学家办公室引导下，各研究机构对前瞻性、共性技术开展长期研究，取得并保持技术优势，为行业发展提供技术支持。对于长期依赖进口的装备、设备、产品，以及新材料、信息技术和生命科学领域的关键技术，放在突出位置，集中科研力量重点攻关研发。研究成果转移转化可借鉴中国台湾地区经验，台湾地区工业技术研究院通过"开放实验室"为企业提供技术测试和经济评估。倡导技术整体转移，鼓励技术人员创业，积极推进应用技术产业化，培育了台积电、联电等知名企业，促进了中国台湾地区半导体产业发展。法国政府效仿德国成立了"卡诺研究所网络"。通过设立卡诺研究所网络，创新科研体制，激励公立研究机构对接企业，尤其是中小企业，实现协同创新。公立研究所可以通过加盟形式参与研究计划，采取合同研发模式，为中小企业提供技术服务。目前，卡诺研究所网络整体实力已接近弗劳恩霍夫协会。美国创建国家制造业创新研究网络，旨在借鉴中国台湾地区和德国经验，采取"政府支持、企业参与"方式，创建多个应用型科研机构。此外，以色列的首席科学家办公室制度，通过风险投资对研发和成果转化给予资金支持，也值得借鉴。

二 重视科技创新的连接性

基因创业（Startup Genome）& 全球创业网络（GEN）发布了2022年全球创业生态系统报告，中国北京、上海、深圳、杭州进入创业生态系统前36强。全球创新生态评价指标体系有绩效、融资、市场范围、连接性、人才和知识六个一级指标。我国进入榜单的几个城市与榜单相邻位城市相比，在连接性方面有较大差距，位于榜单前五名的硅谷、纽约、伦敦、波士顿在连接性方面接近或达到满分10分，我国进榜单城市连接性分值均在1分。

连接性是指局部连接性和基础设施两个方面。局部连接性重点是在技术沙龙、技术转移转化机构、技术中介等数量的函数。基础设施聚焦生命科学的加速器和孵化器、研究项目资助和研发标杆，比如顶级研究医院和研发公司实验室等。连接性方面，美国着手最早也最成熟。美国从1970年开始，大学就开始建立科技成果转移转化机构，高校科技成果转移转化机构在科技成果转化活动中处于强势主导地位，其在技术判断、专利营销、市场对接、授权许可等方面的专业判断能够取得发明人和企业双方信任，并通过系统、高效的工作方式提高转化的效率，促进成果商业化进程，大大提升了成果转化的成功率。这种高效体现在美国大学有约30%的技术在还没有获得专利授权时就已经被成功地许可给企业商业化使用。另外，美国科技园区的企业一般都有自己的研发机构，对大学提供的研究成果需先进行技术开发、再实验，形成稳定成熟的科技成果后再转让给大型企业，由大企业组织规模化生产，从而实现成果的高层次转化。后来，大学技术转移办公室的资金实力和专业职员跟不上科研创新的步伐,且重点业务主要放在技术许可方面阻碍了科技成果商业化;政府偏向于对基础研究的资助,而对应用型研究的资助力度较小;技术的复杂性特别是颠覆性技术的市场不确定性。在这种复杂情况下,催生了概念验证机构。概念验证中心可概括为一种设立在高等院校,多种组织、机构与高校合作运行的新组织模式,旨在促进高校科技成果商业化。它通过提供种子资金、商业顾问、创业教育等对概念验证活动进行个性化的支持,主要帮助解决高校科研成果与可市场化成果之间的鸿沟。

对比来看,河北省目前面向产业和生产实际的从事技术研发和技术转移的机构类别非常多,从其隶属关系大致可以分为:隶属于政府各部门,比如属于科技系统的生产力促进中心、科技发展中心、咨询协会等;从属于大学和科研单位的技术转移中心、成果推广中心等;从属于行业协会的技术咨询中心等;也有少部分是完全没有从属关系,即不仅为独立的企业法人,而且在业务上也不属上述各背景单位领导。在管理机制和运营效率上受到组织机构的制约,需全面变革组织功能。组织模式和治理结构方面可借鉴美国科技成果转移转化机构运行经验。同时借鉴中国台湾地区工业技术研究院和德国弗劳恩霍夫协会。采取"政府支持、企业参与"方式,采取一所两制、合同科研、项目经理和股权激励等改革措施来推动市场化运作。

在数字河北场景下,从加强科技创新资源与服务体系的协同为增强科技创新的连接性的一个着手点。建立全省统筹的科技资源平台服务体系,实现科技平台、科技资源的共享,科技服务体系的对接,营造资源一体、服务协同的大创新服务生态。可借鉴"长三角科技资源共享服务平台"成功经验,发挥数字平台加速供需匹配和网络化、规模化效应,促进创新要素高效配置和跨区流动。

同时,加强科技成果转化与重点产业发展上的协同。加强科技成果转化源头技术、项目、团队梳理,建立高精尖成果库、项目库,与省规划发展重点产业方向结合起来。

三 科技园区建设规划

在园区建设规划之初,不要一味地追求"战略性新兴产业"等"时髦"产业,避免因同质化建设产生恶性竞争。园区建设要本着求真务实态度，做好产业规划，加强区域研究和产业分析。对本地区经济基础、产业资源和科技实力，对地区产业拓展能力、招商引资能力和产业服务能力做好全面调研梳理，再确定园区定位。避免下一步招商难、配套难、服务难、运营难，难上加难。也就是说要根据自身优势确定园区主导产业，哪怕是主营传统型产业的园区。[①] 比如沧州经济开发区规划建设的塑料产业园就是在充分利用自身优势基础上建设而成的，围绕塑料原材料加工、新型建材塑料、工程塑料、塑料包装、塑料机械五个方面建立产业链条，带动沧州塑料产业整体层次和市场竞争力，打造塑料产业基地品牌。

在园区建设上要加强行业知名企业或者产业支柱性企业招商入园，目的是通过企业在行业的知名度以及影响力形成产业虹吸效应，形成园区内产业集群效果。也就是形成连接紧密，地理空间上集中的公司和机构集合，吸引更多行业外来者主动进入园区。有研究数据证明，行业簇群每增加十个百分点，这个地区的未来投资者投资概率会增加五到七个百分点，产业发展会像滚雪球一样越来越大。

在园区建设上要有园区建设的新理念。例如园区建设的"九通一平"，就不单单是物理硬件和信息人才等达标，还要关注理念、政策、信息、资金、运营、发展等"新"理念的"九通一平"（见图6-1）。

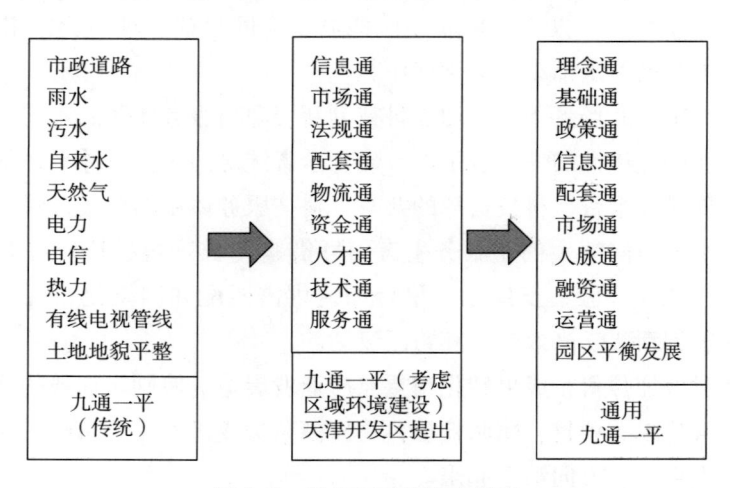

市政道路 雨水 污水 自来水 天然气 电力 电信 热力 有线电视管线 土地地貌平整	信息通 市场通 法规通 配套通 物流通 资金通 人才通 技术通 服务通	理念通 基础通 政策通 信息通 配套通 市场通 人脉通 融资通 运营通 园区平衡发展
九通一平 （传统）	九通一平（考虑区域环境建设） 天津开发区提出	通用 九通一平

图6-1 科技园建设理念转变

---

① 阎立忠：《产业园区/产业地产规划、招商、运营实战》，博瑞森管理图书出版2015年版，第41页。

在园区规划定位上，要从区域经济发展、国家产业政策和行业发展趋势以及产业市场前景上找交集。比如天津高新区智慧山科技文化创业产业基地。这个基地是在 2010 年建设，建设之初，运营者运用 SWOT 分析、PESTLE 宏观环境分析等方法，充分分析了产业宏观经济环境、区域产业基础与资源，最终将基地产业发展定位在以技术为基础、文化为内容的新兴文化产业，并开展软件和服务外包、科技服务等方向。获得了国家文化大发展政策和科技文化融合发展产业政策支持，这些都充分带动了地方产业的迅速发展。在经营过程中，科技园有计划地进行品牌拓展、复制经营，通过园区运营管理能力提升了园区核心竞争力。

在园区设计上，不仅仅要有"科技"，还要有"文化"。陆游在《示子遹》中说"功夫在诗外"，科技园建设和运营的核心也如此。科技园运营中要适应产业融合、产品跨界趋势，将文化与科技融合。科技园与文化园深入渗透，科技、媒体和通信产业成为产业融合最活跃领域。例如，iPhone 的成功是技术与美学完美结合。韩国在汽车、电子产品、服装等领域展现出出色的创意设计能力。

要根据科技园的发展特色形成产业亮点，多种方式展示和推动园区企业技术产品。及时加入互动性、乐趣性的体验式活动。例如，河北河间传统玻璃产业，从文化入手。先建玻璃博物馆，馆内不只是简单陈列，更重要的是开辟了互动文化区。包括热玻璃演示、DIY 工坊、艺术中心、文化长廊等各种让游客手脑并用，边学边看边体验的互动性项目。游客不仅感受到传统玻璃产业的精美，还能亲自感知玻璃制作的全过程。制作累了可以在旁边咖啡馆点上一杯别样的玻璃咖啡，或者做个工艺玻璃艺术品做留念。［书末附录：调研报告（做大做强科技领军企业，带动县域特色产业集群加快发展——中国玻璃工艺之都"艺术+文化+科创"实践）］

在产业定位上，园区建设也要符合产业定位，有别于一般的商业地产。比如中关村生命科学园，借鉴美国硅谷和印度班加罗尔经验，将住宅园林、景观等理念植入园区，设计了有益于人思考和交流的场所。河北省在做园区时，也要做好专业园区的配套工作。比如石家庄国际生物医药产业园，需要根据医药企业特点设计园区。比如增加蒸汽设施、医疗垃圾污染物处理等设施。

在生态定位上，价值观、产品观、方法论的传导是能够使得科技生态系统繁衍下去的根本。河北省科技园区的规划设计和运营者，应建立有共同价值观的团队，不急于赚快钱，抓好有前途的引进或孵化培养工作，看准产品或者技术或者行业趋势。河北省科技园管理方可以深入研究小米生态链的孵化功能。小米生态链在寻找投资项目时不是看风口或者市场占有率，而首先看对方是否有跟小米一致的价值观，按小米雷军所说：按照老婆的标准找团队。这种价值观的一致增强了沟通的信用分值。在小米孵化创业团队时，只为挣短线快钱的创始人是不能进入孵化链条中的。

四 科技园区利用"飞地经济"模式实现合作双赢

"飞地经济"是指两个互相独立、经济发展存在落差的行政区域打破原有的行政区域限制，通过跨空间的行政管理和经济开发，实现两地资源互补、经济协调发展的一种区域经济合作模式。合作双方突破行政区域限制，把甲地招入的资金和项目放到行政区划给隶属于乙方的园区内，利用税收分配、政绩考核等科学的利益机制，实现互利共赢。例如，天津宁河县与天津其他县区，如滨海高新区、河东区、东丽区、东疆港保税区等通过飞地经济合作，优化了宁河县产业布局，缓解了合作县区的土地资源紧张。上海与浙江合作建设了洋山港跨省飞地港口。内蒙古与河北省建设的内蒙古临港产业园和港口码头建设合作项目，在唐山市渤海湾给内蒙古划转数十平方千米土地，与内蒙古开展经济合作。曹妃甸为内蒙古煤炭、化工产业、矿石输出和对外开放的窗口，为港口及周边地区发展提供有力支撑。

"科创飞地"是"飞地经济"的创新。是指飞入地通过飞地吸引高端人才和优质项目，实现在飞出地探索研发孵化，飞入地实现产业化的逆向创新模式。属于借梯增高、借脑登高模式。目前，我国热门飞出地有武汉东湖光谷芯中心、深圳、上海张江、西安交大、北京、浙大紫金港、杭州未来科技城等科创基地集聚区。探索出多种飞地合作方式，如山东省国际科技合作创新创业共同体日本离岸创新孵化基地；河南的粤港澳大湾区科创飞地模式；衢州海创园模式；余杭—柯城"消薄飞地"模式等，不一而足。

石家庄在2022年10月出台《"人才飞地"认定管理服务实施细

则》，对于石家庄市行政区域内各级政府、园区、企事业单位、市属高校院所和科研机构等法人单位在市域外人才技术聚集、科创资源丰富地区设立或注册成立（含控股）的创新服务平台，包括研发机构、众创空间、引才工作站3个类型，面向和支持新一代电子信息、生物医药、先进装备制造、现代食品等产业领域给予适当补贴。

河北省应深入打造"科创飞地"合作示范区，打破行政区划界限，利用河北省优势产业，借他省优势科研力量与他省共创项目孵化和项目落地的无缝链接，形成优势产业"研发+制造+应用"的全产业链创新创业体系。

五　以知识创新集聚加强科技园区科技成果供给质量

从科技园区建设经验来看，科技成果转化效率高的重要原因是优质技术供给渠道的畅通。科技园区一般会有大学、科研院所和实力强悍的科技公司。比如美国硅谷因为斯坦福大学、加州大学伯克利分校等众多高端科研人才和前沿技术的涌入，形成科技成果产业苛动。日本筑波科学城则拥有46个国家级研究机构和教育院所，大量高水平科研机构与教育院所，大量高水平研究人员。正是这些科技园区产学研紧密连接，高校和科研机构与企业之间相互依赖有效合作，才为科技成果转化提供了强有力技术支撑。

相比之下，河北省科技园的产、学、研合作机制还不够完善，毗邻高校质量不高，科研院所科技成果转化为本地产业率不高，成果成熟度与产业主体工程化研究能力之间存在差距。企业缺乏优质、适合市场的科研成果，共性关键技术难以突破。为此，河北省可以借鉴海西高新技术产业园（福建物质结构研究所）的多元产研合作模式，根据企业提出的技术难题，以企业技术委托开发项目形式开展合作。结合学科领域布局，与行业骨干企业共建工程技术研发中心，形成长期合作关系，多举措推进成果转化转移。

河北省应注重源头创新和集成创新，为工程化和产业化提供技术创新源泉，进一步催生变革性创新成果。首先，建立科技成果供给方和需求方的沟通交流渠道，组织高校和科研机构深入企业调研，瞄准企业重大需求和行业企业调研，瞄准企业重大需求和行业共性技术难题开展研究。其次，构建形成从科研研究到产品研发一条龙体系，构建基础研与应用研究、产业化开发紧密衔接的创新价值链，及时跟踪和解决科技成果转移转化过程中存在的难题和问题。最后，着力打造和变革一批国家实验室、基础研究重大装备、大科学装置、国家创新中心等顶尖创新平台和机构，联合京津高校、科研院所、龙头企业等共同探索建立新型研发机构，为企业提供长效可持续创新后劲，通过灵活的机制体制源源不断地向科技园注入创新活力。

六 引入风险资本市场提供转化资金

科技园科技成果转移转化、产业化、市场化的必要条件是风险资本市场的活跃程度。成熟的风险资本对科技成果转化和技术创新，以及提供新经济增长点培育上有不可替代的作用。比如，美国硅谷风险投资总额占全国的43%。英国剑桥科技园利用政府建立的传统金融机构、风险资金市场和证券市场组成的市场经济体系填补园区资金空缺。以色列特拉维夫科技园创建玛雅孵化器，通过早期资金投入和股权调整手段来帮助高科技企业孵化。

河北省应在科技园风险投资机制上多加完善。首先，政府可以引导扶持资金，使得民间资本能够顺利进入风险投资市场。其次，鼓励企业进入资本投资市场。再次，通过筑巢引凤引入风险资本市场，完善风险投资机制，为园区提供风险投资、风险保险、风险担保等业务，通过传统金融机构的业务拓展和金融创新以及高效完善的证券市场，为科技园发展提供发展资金。最后，探索实践科技成果资本化和产业化的模式，根据成果技术成熟度、企业工程化水平、企业自主创新能力和资金实力等，采用不同的转化模式。通过制定风险资金退出机制，激发投资人的投资热情。科技园区还可以探索提高高科技企业初创期和科技成果转化初期的政府引导资金比例，通过政府公信力吸引海内外战略投资者、风险投资基金和产业投资资金共同投资，以满足科技成果转化关键环节资金需求。

七 以产业集群带动区域产业结构优化

科技园最大的特点就是产业的高度聚集，这种集聚表现在产业链的完整，或者在方圆50千米的范围内能找到完整的上下游。集聚带来的上下游价值相互交换，上游向下游输送产品、服务；下游向上游反馈信息。比如，英国剑桥科技园形成高科技生物技术产业集群，园区内集中了世界最具影响力的生物科技、制药、医疗器械公司，这种高度集聚为园区快速发展提供创新土壤。我国台湾地区新竹研究院拥有完整集成电路产业链，降低产业科技成果转化成本和企业生产运输成本。天津南港工业区能够实现在"油头、化身、轻纺尾"的完整产业聚集。

完整的产业链条吸引更多投资，形成同一产业各和投入品和成品的技术经济联系体。广州开发区坐落在珠三角地区，其在汽车产业链上形成完整的产业集聚，有日本汽车厂商落户和整车生产优势，还有各大汽车产业商数百家核心零部件企业落户。浙江嵊州利用本地产业链优势吸引韩国等国外大型领带生产企业落户。

河北省不仅要依靠土地和优惠政策吸引企业进驻，更要突破地方资源禀赋带来的空间聚集形式，提高产业化、专业化分工协作网络形成。不要一味追求产业结构的大而全，更要合理布局产业结构，以提升园区专业化和核心竞争力为宗旨，建设地方优势和特色的科技企业集群，为企业和产业发展提供孵化温床。河北省科技园区应打造园区产业生物链，重视相关产业网络体系建立。重视园区大中型科技企业龙头效应，通过大企业带动小企业孵化形成产业生态链，强化产业链韧性，提高科技成果转化强度，降低转化成本，降低转化风险。

八 以政府优质服务健全科技成果转化体制

政府在科技园发展中起到重要的作用。比如，印度班加罗尔软件园政府服务工作，通过园区管理机构来代行政府职能，开设单一窗口为企业简化行政手续，加快项目审批、软件出口等行政办理速度。美国硅谷完善的创新保护激励制度体系，如"拜—杜法案"、学徒制度等众多促进科技成果转化的法规、制度为高科技园区创新营造良好环境，为科技成果转化提供制度保障。

近几年，我国与科技成果相关的政策已经构成体系。有《科学技术进步法》《"十四五"技术要素市场专项规划》的顶层设计；也有《〈关于扩大高校和科研院所科研相关自主权的若干意见〉问答手册》《关于组织开展"百校千项"高价值专利培育转化行动的通知》《交通运输部促进科技成果转化办法》等促进高校和科研机构成果转化的重要政策文件；还有《关于营造更好环境支持科技型中小企业研发的通知》《关于知识产权助力专精特新中小企业创新发展若干措施的通知》

《关于开展"携手行动"促进大中小企业融通创新（2022—2025年）的通知》《关于组织开展"千校万企"协同创新伙伴行动的通知》《企业技术创新能力提升行动方案（2022—2023年）》《"十四五"国家高新技术产业开发区发展规划》《关于支持国家级经济技术开发区创新提升更好发挥示范作用若干措施的通知》等支持中小企业发展并促进融通创新的政策文本；以及《关于开展科技人才评价改革试点的工作方案的通知》《关于进一步做好职称评审工作的通知》的推进人才分类评价改革的政策指导；以及为专利开放许可制度全面落地做好政策准备的《专利开放许可试点工作方案》；为支持企业基础研究投入的系列税收政策等，都在为科技成果转化提供有力支撑。

在地方实践上，北京中关村科技园充分利用科技服务平台积极部署概念验证、中间测试等科技成果转化专业平台，加大技术供需对接活动支持力度，央地协同、市区联动推动全市科技成果转化落地工作。上海积极探索未来产业科技园以及职务科技成果赋权改革。

河北省应更好发挥政府服务协调职能，为科技园创造优惠宽松政策环境。同时要完善科技园法规建设，尤其是科技成果知识产权、专利技术方面的法律咨询和保护。优化办事机构和社会服务体系，建立风险共担、利益共享的激励机制，探索股权激励等多元分配范式。根据不同研发工作属性，探索以科技成果质量、成果转化经济效益和影响评价为主的人才分类评价体系，为科技园区引入高水平科研才和管理人才。

九 制定园区"和而不同"政策体系

科技园区要根据自身发展特色，在建设初期定好规划，确定重点发展产业。梳理园区产业发展与城市整体发展、区域发展之间的关系，防止科技园跟风建设。要从产业规划和科技管理体系入手，做好产业培育，因地制宜做好产业发展规划。规划制定要抓好产业组织落实。通过感情招商、中介招商、会展招商、以商招商、产业链招商等吸引企业入驻，通过高校、科研院所吸引科技成果在园区转化落地。园区积极出台土地新政，通过土地出让、存量厂房改造等保障重大项目落地。而后，园区要聚集重点，开展产业服务。

产业服务是科技园区管理者培育产业的主要工作抓手，是产业培育工作的"最后一公里"。科技园所属管委会应聚焦特色主导产业开展产业服务工作，通过梳理产业名录、组建产业联盟、实施产业政策、对接产业资源等，推动特色主导产业集群发展。在所有的发展环节，政府都要基于国家和省相关政策体系，针对园区特点制定配套专享政策，包括土地开发政策、财政税收政策、人才培养和引进政策、金融支持政策等，极大发挥政府在科技园区创新生态系统政策引导作用。政府作为服务机构，要以激发创新主体活力，营造有利于创新发展的市场为目标，涵盖整体营商环境面、部分产业线乃至具体企业。

十　围绕企业打造雨林式创新生态

企业是创新创业的生力军。围绕企业构建"创新+产业+资金+人才"的融合创新生态。对头部企业和初创企业要格外关注。从科技园发展经验来看，北卡三角科技园是由政府规划，依托三所全美知名大学即北卡州立大学、北卡大学教堂山分校和杜克大学而建立的园区。北卡三角区的成功从引进葛兰素史克、巴斯夫、思科、IBM等大型企业开始，带动了超过200家高技术企业的入驻，但是缺乏活力。近年来北卡三角区推出了许多共享空间和孵化器，以及打造满足年轻人喜欢的生活方式，补足了短板。我国大湾区科技成果转化做得最好的经验是以企业为主体的科技创新生态的形成，对市场和政府之间的关系做了很好的统筹。具体做法，一是政府牵头建设公共基础设施。这些基础设施包括科技成果转化平台，在地理空间、线上平台和运营机构，打通创新主体间信息通道。二是大胆借鉴了金融沙盒机制，给企业自由尝试机会。三是限定政府在科技成果转化领域的权力边界。

河北省应大力吸引产业链头部企业，发挥头部企业的孵化和带动作用，在技术、管理、商业模式等领域开展创新活动，吸引产业链上下游配套企业入驻，引导产业良性发展。进一步鼓励和支持企业加大研发创新投入，建立高水平研发机构，提升研发功能，不断向价值链高端升级。发挥龙头骨干企业创新引领和辐射带动作用，将与上下游企业的产业关联提升为创新关联，推动产业关联向创新协同转型升级。培育龙头企业带动中小微企业发展的产业创新生态群落。联合重点企业，大力建设众创空间、孵化器和加速器等初创企业孵育平台，激发市场活力，做厚做牢产业基础，提升产业和城市能级量级。在政策制定上，要提高对科技规律的把握能力，注意多元主体参与政策制定，特别要把企业和高校的专业人士纳入政策制定主体，以满足各利益主体诉求。

十一　用好多方位科技合作政策和制度

河北省应借助京津冀协同发展，利用好北京与河北合作的创新政策和创新制度，借助北京高新技术积累的雄厚基础，依托北京创新优势，推动科技成果转化。构建多方位、全方面、广领域、多层次的科技合作格局，积极承接或用好北京高研院所科研溢出能力，促进人才、资金和技术等创新要素充分流通以及高效聚集，提高京津冀创新合力。

河北省应全面聚焦"四个面向"，深化科技、教育、人才等各方面改革。习近平总书记在党的二十大报告明确提出教育、科技、人才三位一体战略布局，教育是加强创新人才培育的重要前提。实践证明，教育是创新体系形成的重要支柱，对科技成果转化有重大意义。所以，要大力鼓励支持高校与企业共建院系，发展新型高职职业教育，为科技创新储备技能人才。同时，要重视大学改革。大学改革要着重基础研究领域合作，着力突破国家发展关键核心技术研究。

同时，河北省要发挥冬奥会和雄安新区科技创新技术溢出能力，搭建创新发展合作平台，积极开展国际合作。

十二　创新园区人才聚集引留机制

习近平总书记讲科技创新一靠投入，二靠人才。科技园生态营造的重要一环是打造韧性的人才生态系统。一是在人才引进方式上。吸引冀籍院士回乡养老，以院士人际网络带动科学家和领军产业创新人才入冀。二是聘请年纪偏长退居二线的同志，以这些老同志多年经营管理经验和人脉关系弥补园区人才不足。三是加强高精尖人才培养导向。着力培养和选拔青年战略科技人才和领军人才。四是培养具有企业家精神的人才团队。营造有利于创新发展、精益求精、敢于冒险的创新团队。五是通过政策措施大力吸引研发企业创业人才和创新团队，逐渐形成人才集聚强磁场。可通过优惠政策、高校共建等模式吸引留住人才，打造园区适宜人才居住的生态环境。充分利用大学和研发机构成为科技园重要创新源，形成创新集聚磁力场，形成科技园发展内核驱动力。六是充分打造适合年轻人发展的园区。打破限制人才框架，在年轻人关注的住房、教育和医疗领域进行深入改革，降低创新创业成本，充分激发人才活力。

十三 善用大企业平台孵化模式

科技园功能定位包含对科技型中小企业的孵化。园区大企业通过生态构建、基地培育、内部孵化、赋能带动、数据联通等方式打造大中小企业融通发展，是开展创新创业孵化服务的最新模式。大企业服务平台扮演跟科技园平台一样的角色，借助大企业对市场的敏感抓取能力和拥有的产业资源能够迅速孵化出专精小企业。传统理解上，大企业孵化行业小企业孵化对象应为一个个创业团队，再评定这些创业团队是否是合适的投资对象。如果没有合适的创业团队，大企业可以开辟寻找合适的人才去组建创业队伍，这个队伍完全可以是一个人。比如，智米科技。小米生态链2013年发现空气净化器市场蓝海，却没有找到合适的投资对象，最终自己找团队，从一个专业人才开始孵化。小米生态链帮这个人找高端人才，打通供应链，设计产品并把握产品品质，创建智米科技。仅仅六年，智米便进入胡润全球独角兽榜第264位。

河北省应引入、借鉴大企业平台孵化发展模式，比如引入海尔海创汇、小米生态链等，通过大企业为中小企业提供孵化服务依托，提供精准资源配置，这种效率可能比园区提供的服务更高。同时，各区市地方政府要支持大企业做孵化器，对地方经济发展的提升作用不亚于招商引资几个大项目。一方面大企业帮助政府开展"定制化"招商，促成符合地方产业发展方向的孵化企业在当地落地，不仅提高了招商的精准度，还大大地降低了政府招商成本。另一方面，大企业加速器也是新兴产业的加速平台，其成功孵化的上市公司、独角兽或瞪羚企业，对地方经济的潜在驱动作用更加强劲。

鼓励河北省大企业加快向"服务平台"转型升级。建议河北省尽快出台相关配套政策，鼓励河北省龙头骨干企业、行业领军企业，特别是大型制造企业，创新转型思维，加快向"服务平台"转型。目前，河北省一些大企业具备建立创新服务平台的基础。以河钢集团为例，通过多次改革转型，其已经成为钢铁行业"技术+金融服务"的国际化龙头企业。通过建立双创服务平台助力中小企业，推动河北省钢铁企业向高端服务业优化升级。

各地高新区、开发区要为大企业孵化服务平台提供物理空间和基础服务。相应高新区（经开区）为大企业建立创新创业孵化器提供土地、场所支持，对提供的场所实行房租补贴等优惠。优先保障大企业孵化器在用地、用水、用电、用气、用汽、环境容量等指标需求。

制定专项政策支持大企业与优势平台资源开展合作，帮助大企业孵化器拓展市场资源。科技职能部门要与大企业孵化器联合举办创新创业大赛等大型活动，进一步提升服务平台的品牌影响力。对大企业创新创业服务平台在河北省运营的，实施精准财税金融政策，除按相关规定对被认定为国家级、省级科技企业孵化器、众创空间给予最大限度的税收优惠、财政奖补、股权投资、项目融资等综合性支持政策外，省级财政（市级县级可配套）对大企业孵化器或众创空间的年度培育绩效进行奖励：比如，新培育出科技型企业、领军企业、瞪羚企业等，按企业财报给予适当比例资金支持。鼓励设立投资基金支持大中小企业融合创新发展。由大企业所在市财政、高新区（开发区）以及大企业三方联合出资成立创业投资中心，设立创新创业投资基金，支持大中小企业融合创新发展。

十四　发展专业化国际化科技创新中介服务机构

从先行科技园中介服务组织经验来看，中介服务机构不仅是企业与政府之间的沟通桥梁，还是政府和企业之间市场信息、发展建议、科技成果转移转化的重要推动力量。科技中介服务机构与政府、企业、高校、金融等孵化主体一起，构建协同创新孵化生态。科技中介服务机构不仅可能为园区引荐入园企业，自身也可能是园区一员。成功的科技园区往往拥有发达的中介服务机构，这些中介服务机构可能是法律、财务、知识产权、金融信贷、管理咨询、广告营销等各领域的专业服务机构。比如，美国硅谷拥有的科技中介机构超过 3000 家，美国硅谷大量的活跃度极高的专业协会营造了硅谷创新创业的软环境。我国台湾地区新竹研究院拥有包括科技成果和技术咨询服务机构在内的完整中介链。日本筑波科技城成熟度高的中介服务系统为区内技术创新活动起到重要推动作用。中关村科技园海淀园的高科技公司科技中介服务涉及人才招聘、会计、广告公司、法律、保险等诸多环节。天津高新技术开发区与北方技术交易市场合作构建的"天津滨海新区国家 863 计划产业促进中心"，推出五个服务平台，包括企业需求信息、融资服务、政府资源、863 专家服务、863 成果信息等，为科技园科技型中小企业对接信息和服务。在企业最关心的知识产权、版权交易、软件认证、技术认定和产品质量监督检测等方面予以帮助和服务对接，提升企业技术研发和产品设计能力。西安软件园企业家沙龙以及各种产业联盟为创新创业提供合作机会。苏州工业园的产学研服务联盟为企业提供了技术交流、成果发布、产品推荐、市场对接等多种交流平台。

河北省应加快探索组建产业联盟和制造业创新中心，联合产业相关企业、科研机构和高校，打通产业链和技术链，促进科技成果转化。政府充当信息共享平台，为产业发展提供政策、需求等信息，充当科技园区内部各要素沟通纽带和产业服务中介。同时，探索园内建立专门信息管理咨询服务机构、技术产权中介交易机构、风险投资中介机构和科技成果育成中心等，搭建科技与经济及产业结合的桥梁和平台，最大限度地减少科技成果供给方和需求方的信息不对称，积极营造优质市场环境，为科技成果育成中心与企业之间的快速对接和高效转化搭建绿色通道，更好地实现科技园区的孵化功能。最后，通过政府补贴服务费用等相关举措，发展一批具有国际视野和水准的高端中介服务机构，推动国际化的金融、人力、知识产权、会计、管理和咨询等服务发展，为战略性新兴产业企业"走出去"提供高质量服务。

十五　加强科技园区知识产权保护力度

高标准知识产权保护体系能够最大程度规范保障创新。以企业为主体，以重大科技项目的实施带动园区形成具有核心知识产权的创新产业集群，对科技园发展有重要促进作用。

河北省应加强政府研发项目的知识资产管理、提升专利信息的检索和提供能力。建设加速审查系统、提升专利审查系统能力，向大学提供专家支持，开展避免知识产权泄露培训等方面提升知识产权资产的利用。在知识产权保护上可效仿日本大田的做法。对用于知识产权作为经营资源的企业，企业协会以促进知识产权保护和利用为目的，为企业提供免费专家建议咨询。同时，注重知识产权保护，通过严格执法保护企业的自主知识产权，鼓励研发，激励创新。

在重点推动自主知识产权国际布局上，大力发展重点产业知识产权联盟，鼓励研发具有自主知识产权的技术和装备，鼓励布局和申报PCT国际专利。建立关键技术评估遴选机制，确保高价值专利海外充分布局。积极探索完善与国内产业和行业协会的信息沟通交流机制，利用多种信息渠道，及时掌握"走出去"过程中遇到的知识产权问题，鼓励知识产权联盟成立联合专利诉讼应对基金。

在大力发展国际化服务机构上，通过政府补贴服务费用等相关举措，发展一批具有国际视野和水准的高端中介服务机构，推动国际化的金融、人力、知识产权、会计、管理和咨询等服务发展，为战略性新兴产业企业"走出去"提供高质量服务。

第二节　研究展望

科技园是区域创新体系的重要组成部分，是行业技术进步的主要策源地和创新资源的集聚地，同时也是区域经济发展的亮点和增长极。科技园是推动创新实现产业化的重要载体，在培育孵化创新企业、科技成果转化上有重要作用。科技园的技术扩散能力和科技成果转移转化程度对科技园创新生态形成意义重大。技术扩散能力是科技园活跃度的表现，科技成果转移转化是产业化率的表现。物联网、移动互联网等新一轮信息技术加速科技园智慧化升级，提升科技园创新链效能。

笔者对河北省科技园创新生态做了整体研究，完成了全省科技园数据库资料构建。对全省高新区、大学科技园、农业科技园做了概述性研究。鉴于本身能力有限，本书存在四点不足。一是数据的不全面不深入。在数据资料的深度全面收集上还有差距。比如从各科技统计年鉴中抽数据，而缺乏实地调研的数据验证。二是科技园创新生态的技术经济理论模型未建立。缺少对河北省科技园数字化生态的深入模型研究。三是技术扩散能力的研究未深入。应加大从地理信息科学角度的科技园技术扩散能力研究，这类研究会涉及很多地图类信息的使用，以及 GIS 等专业软件的辅助。四是科技成果转化深入研究。此研究主要针对大学科技成果转化率低的问题，寻求对策。

针对以上不足，笔者对下一步研究计划汇为以下三点。

一是从复杂网络理论视角，深入科技园数字化发展框架研究。科技创新生态关注创新环境、创新主体以及创新环境与创新主体之间的知识流动。数字技术加速了科技创新生态系统主体与环境的互动及知识转移，推动科技创新生态组织形态变革。从新技术实践场景来看，数字技术与传统科技创新生态的融合发展一方面表现在数字赋能创新要素，主体之间的高效协同与共生效能提升。另一方面表现为创新主体之间和创新生态系统之间的复杂关联，使得创新生态内部环境提升。基于河北省高新区、孵化器、重点实验室、中介服务机构等相互关系数据，对科技创新数字生态系统的融合创新机理及价值演化进行复杂网络分析。

二是从地理信息学视角，深入科技园技术扩散能力研究。基于数据分析可知总体空间演化格局，并可初步判断动力因素。演化呈现具有明显的核心区，并从核心区向周边的科技园区政策范围先辐射集聚，然后在企业自我发展的力量牵引下，基于各园区之间的交通、楼宇等生产要素逐步连贯成片，形成科技园特定的协同发展格局。

三是从成果转化实践，深入科技园成果产业化研究。党的二十大明确对完善科技创新体系、加快实施创新驱动发展战略作了全面系统部署，但从河北省实际来看，限于创新资源禀赋和创新基础条件限制，最有可能有作为的方面是加强"京津转化"辐射溢出能力，同时"加强企业主导的产学研深度融合，强化目标导向，提高科技成果转化和产业化水平"。也就是说，从全省层面上看，必须坚持以科技成果转化为落点来推进科技创新工作。从 2022 年国家知识产权数据来看，全国超过50%的高校内设了转移转化机构，32%的高校设置知识产权管理和运营基金，高校发明专利转化率为 3.9%。河北省则低于这一数值。在成果供给上，河北省主要采取技术供给和专利供给两种方式，两种供给方式比例为 2.76∶1，协议签订约为 0.69%。可见，高校大量科技成果未被转化。

附 录

附表 1　河北省各设区市科技园分布

序号	园区名称	城市	地区	详细地址	业务分类
1	中英国际智慧环境产业园	张家口市	下花园	110国道和新辰路的交汇处	环境监测传感器研发和制造、智慧环保、数据研发
2	科技冬奥双创示范基地	张家口市	万全区	张家口市万全区兴业路8号	冰雪运动装备、科技冬奥示范基地
3	河北张家口空港经济开发区	张家口市	桥东区	张家口市桥东区东南部姚家庄镇	省级开发区
4	腾讯怀来东园云数据中心	张家口市	怀来县	东花园镇火烧营村东100米	大数据产业
5	官厅湖新媒体大数据产业基地	张家口市	怀来县	张家口市怀来县葡萄大道路南	数据产业、数据会展、云计算
6	怀来人工智能产业园	张家口市	怀来县	张家口市怀来县葡萄大道南200米	人工智能
7	河北工业大学科技园	邢台市	邢台县	邢台市襄都区管委会对面	创新孵化
8	威县新时代科技谷	邢台市	威县	邢台市威县洺州镇威县思源学校北	战略新兴、电子信息、人工智能、物联网、跨境电商
9	阿里云创新中心（平乡县）	邢台市	平乡县	邢台市平乡县丰州镇振兴大街88号	大数据产业
10	恒实科技型中小企业孵化园	邢台市	临城县	临城经济开发区东	高新技术、新材料、机械电子、现代服务业

续表

序号	园区名称	城市	地区	详细地址	业务分类
11	河北巨鹿经济开发区	邢台市	巨鹿县	鲁班路工业集聚区	高新技术产业
12	河北金卓颐高电子商务产业园	唐山市	遵化市	唐山市遵化市西三里乡北二环西路	电子商务产业
13	河北唐山国家农业科技园区	唐山市	玉田县	河北省唐山市玉田县	农业科技
14	迁安高新技术产业开发区	唐山市	迁安市	唐山市迁安市创新路创新路与聚鑫街交口	高新产业
15	唐山创新小镇	唐山市	路南区	唐山市路南区南湖大道602号	科技文创产业
16	机器人产业园	唐山市	路北区	唐山市路北区	工业机器人、特种机器人
17	唐山航天科技园	唐山市	路北区	唐山市路北区友谊北路	航天科技
18	硅谷孵化器	唐山市	路北区	唐山市路北区建设路77号硅谷大厦	科技企业孵化
19	北京生物医药科技产业园	唐山市	乐亭县	唐山市乐亭县创业一街交高科三路	生物医药
20	盛达航空航天科技园	唐山市	开平区	唐山开平区唐山国际机械汽配城内	航空航天、高铁动车、装备制造
21	联东U谷产业园	唐山市	开平区	河北省唐山市开平区火炬路410号	电子信息、精密机械
22	中国轨道交通双创园（唐山）	唐山市	丰润区	唐山市丰润区唐山轨道交通创新中心	轨道交通
23	中日唐山曹妃甸生态工业园	唐山市	曹妃甸	唐山市曹妃甸区曹曹路附近	新能源、新能源汽车、环保、循环经济
24	中日生态工业园	唐山市	曹妃甸	唐山市曹妃甸区人利路	新能源、电子信息、航空航天、节能环保、装备制造
25	曹妃甸中小企业聚集区	唐山市	曹妃甸	唐山市曹妃甸区滨海道	现代制造、现代物流
26	曹妃甸创新创业孵化基地	唐山市	曹妃甸	唐山市曹妃甸区新城大道	科技企业孵化
27	赵县中关村产融科技园	石家庄市	赵县	石家庄市赵县石塔路与平安巷交口	园区管理服务；企业管理；会议及展览展示服务

163

续表

序号	园区名称	城市	地区	详细地址	业务分类
28	石家庄农业科技园	石家庄市	长安区	河北省石家庄市长安区胜利北街479号	创新创业、粮食加工、良种繁育、智慧设施
29	华北商用车科技产业园	石家庄市	元氏县	石家庄市元氏县107国道交长春路	商用车全生命周期的一站式服务
30	方亿科技工业园	石家庄市	裕华区	河北省石家庄市裕华区兴安大街222号	中试基地、创新孵化基地、研发基地
31	国家动漫产业发展基地创业孵化园	石家庄市	裕华区	河北省石家庄市裕华区湘江道39号	数字创新、文化教育、会展、电子信息、文化艺术
32	河北医科大学医药科技产业园	石家庄市	裕华区	河北省石家庄市裕华区湘江道198号	医药产业
33	高新区宏昌科技园	石家庄市	裕华区	石家庄市裕华区长江大道交恒山街	生物医药研发
34	石家庄高新技术产业开发区	石家庄市	裕华区	石家庄高新区裕华东路318号	生物医药、信息产业
35	电子科技园	石家庄市	裕华区	裕华东路与秦山街交叉口东40米	电子产业
36	冀港国际青年孵化中心	石家庄市	裕华区	河北省石家庄市高新区长江大道315号	创业指导
37	石家庄市创业孵化基地	石家庄市	裕华区	河北省石家庄市裕华区黄河大道134号	创业孵化
38	石药集团抗肿瘤高新科技产业园	石家庄市	裕华区	河北省石家庄市裕华区秦岭大街111号	药物研发
39	中铁城际科技园	石家庄市	裕华区	河北省石家庄市裕华区方文路2号	管线探测、城市景观
40	伊琳国际水环境科技孵化园	石家庄市	裕华区	河北省石家庄市裕华区湘江道238号	水环境科技孵化器
41	以岭医药产业园	石家庄市	裕华区	河北省石家庄市裕华区珠峰大街288号	医药研发
42	博深科技创新产业园	石家庄市	裕华区	河北省石家庄市裕华区海河道	高新技术企业孵化、培育、服务和成果转化
43	石家庄国际人才城	石家庄市	裕华区	石家庄市裕华长江大道浦江总部国际	人才服务、创业项目孵化、科技成果转化、资源共享

续表

序号	园区名称	城市	地区	详细地址	业务分类
44	方大科技园	石家庄市	裕华区	河北省石家庄市裕华区天山大街266号	科技园区开发建设和管理运营、物业服务、投资业务
45	石家庄北大科技园	石家庄市	裕华区	石家庄市裕华区众创大厦七层	电子信息领域孵化
46	河北师范大学科技园	石家庄市	裕华区	石家庄市裕华区建设南大街269号	创业孵化
47	十三所IT产业孵化基地	石家庄市	新华区	石家庄市新华区合作路交新合街	电子信息产业
48	申科电子科技园	石家庄市	辛集市	河北省石家庄市辛集市市府街9号	电子产业
49	未来科技城	石家庄市	栾城区	河北省石家庄市栾城区裕翔街165号	电子信息、生物医药、能源材料、环保生态
50	联东U谷·石家庄科技创新中心	石家庄市	栾城区	河北省石家庄市栾城区天山南大街695号	科技信息产业、精密仪器、能源环保
51	南方科技园	石家庄市	栾城区	石家庄市栾城区裕翔街189号	科技信息科技
52	森泰农业科技园	石家庄市	鹿泉区	石家庄市鹿泉区南龙贵村	农业科技
53	冀商·硅谷产业园	石家庄市	鹿泉区	石家庄市翠柏大街交和通路	军民融合、高科技电子信息产业
54	军鼎科技园	石家庄市	鹿泉区	石家庄市鹿泉区碧水街81号	科技企业孵化
55	石家庄鹿岛V谷工业园	石家庄市	鹿泉区	河北省石家庄市鹿泉区石柏南大街	电子信息产业基地、半导体光合
56	米谷科技园	石家庄市	鹿泉区	河北省石家庄市鹿泉区开发区御园路	电子信息产业
57	河北省军民融合技术企业孵化器	石家庄市	鹿泉区	石家庄市鹿泉区石柏南大街187号	航天军工、电子信息技术、通讯、新材料
58	中关村·鹿泉创新中心	石家庄市	鹿泉区	河北省石家庄市鹿泉区石铜路交京赞线	研发孵化、人才交流、科研办公、科技金融
59	中国电科十三所信息产业园	石家庄市	鹿泉区	石家庄市鹿泉区昌盛大街21号	电子信息产业
60	京东城市(河北)数字经济产业园	石家庄市	藁城区	石家庄市藁城区阿里山大街	数字经济服务

续表

序号	园区名称	城市	地区	详细地址	业务分类
61	石家庄天山科技工业园	石家庄市	高新区	石家庄高新区天山大街	高新技术、软件研发、商贸、广告及休闲娱乐
62	高新区科创孵化器有限公司	石家庄市	高新区	石家庄市新石北路368号金石工业园	科创企业孵化
63	中国青年创新创业板（京津冀）区域中心	石家庄市	高新区	河北省石家庄市高新技术长江大道89号	创业孵化、融资投资
64	山海关农业科技示范园区	秦皇岛市	山海关	河北省秦皇岛市山海关区角山路西50米	物联网现代农业
65	燕山大学科技园	秦皇岛市	海港区	河北省秦皇岛市河北大街西段438号	高新技术孵化
66	恒诚·知谷	秦皇岛市	海港区	秦皇岛市海港区经济技术开发区	国家级孵化器
67	河北亿广云数据产业园	秦皇岛市	海港区	秦皇岛市海港区碧海道腾飞路	数据产业
68	中关村海淀园秦皇岛分园	秦皇岛市	海港区	秦皇岛市海港区洋河道	高新产业
69	中关村海淀留创园秦皇岛分园	秦皇岛市	海港区	秦皇岛市海港区永定河道2—11号	高新产业
70	淮养汉大健康产业园	秦皇岛市	海港区	秦皇岛市海港区文化路320号附近	康养产业
71	中科遥感航天产业园	秦皇岛市	海港区	秦皇岛市海港区腾飞路与龙海道交叉口	遥感航天产业
72	北戴河生命科学园	秦皇岛市	昌黎县	河北省秦皇岛市昌黎县文博街文锦绣路86号	健康服务业
73	硅谷湾	秦皇岛市	北戴河	北戴河区联峰北路	信息技术
74	秦皇岛经济技术开发区	秦皇岛市	北戴河	北戴河秦皇西大街369号	高新技术企业
75	河北恒都美业现代农业园区	廊坊市	永清县	廊坊市永清县273省道东150米	智慧农业

续表

序号	园区名称	城市	地区	详细地址	业务分类
76	香河机器人产业港（建设中）	廊坊市	香河县	廊坊市香河开发区	智能机器人、自动化设备
77	燕郊国家高新技术产业开发区	廊坊市	三河市	河北省三河市燕郊高新区行宫东大街	高新技术产业
78	中关村互联网文化创意产业园	廊坊市	广阳区	河北廊坊市华祥路与云鹏道交汇处	互联网文化
79	固安科创中心	廊坊市	固安县	东方街与家和路交叉口东南150米	创新创业
80	富士康廊坊科技工业园	廊坊市	安次区	廊坊市安次区龙河高新技术开发区	电子产品
81	廊坊龙河高新区电子信息产业园	廊坊市	安次区	廊坊市安次区春雨道	信息产业
82	中关村智能制造协同创新园	衡水市	武邑县	衡水市武邑县欢快龙路6号	智能制造
83	衡水高新区	衡水市	武邑县	衡水市武邑县河钢路与衡井路交叉口	高新技术
84	武邑现代农业示范区	衡水市	武邑县	衡水市武邑县G106（京广线）	现代农业
85	中科衡水科技成果转化中心	衡水市	桃城区	衡水市桃城区衡井公路1号	成果转化平台
86	中关村e谷（衡水桃城）创业小镇	衡水市	桃城区	衡水市桃城区大庆东路27号	孵化空间
87	中关村贝壳菁汇（枣强）创新中心	衡水市	桃城区	衡水市桃城区肖张镇中关村	孵化、研发、加速、技转、金融
88	衡水创新港	衡水市	桃城区	衡水市桃城区衡水湖连接线	加速器
89	亚盟电商数字产业园	衡水市	桃城区	衡水市桃城区九州国际博览城	电商
90	京东云（衡水）数字经济产业园	衡水市	桃城区	衡水市桃城区高新区衡井公路科技谷	数字经济服务
91	蓝火计划众创空间	衡水市	桃城区	衡水市桃城区高新技术产业开发区新区七路	创业孵化
92	高创园	衡水市	桃城区	衡水市桃城区新区七路北50米	创业孵化

续表

序号	园区名称	城市	地区	详细地址	业务分类
93	中关村（枣强）产业协同创新基地	衡水市	桃城区	衡水市桃城区衡水湖连接线	智能制造
94	衡水高新技术产业开发区	衡水市	桃城区	衡水市桃城区永兴西路1988号附近	高新产业
95	罗小蛋文化创意园	衡水市	桃城区	衡水市桃城区南外环苦提院西	科技中介
96	邓庄农业科技示范园区	衡水市	桃城区	衡水市桃城区391省道西50米	智慧农业
97	深州·中关村融科技园	衡水市	深州市	衡水市深州市黄河东路108号	大健康产业、医养、高端养老、特膳特食企业
98	兴达科技园	衡水市	深州市	衡水市深州市G240与G307交叉口	先进制造
99	民族乐器文化产业园	衡水市	饶阳县	饶阳县	民族乐器
100	中饶科技创城	衡水市	饶阳县	衡水市饶阳县西城大街	饶阳县科创平台
101	安德森（河北）智能园区	衡水市	安平县	衡水市安平县经济开发区第一路8号	物联网智能家居
102	中国·魏县银耳产业园	邯郸市	魏县	邯大高速与邯大路交叉口	银耳产业
103	河北清研魏科产业技术创新中心	邯郸市	魏县	天雨东路与创业大街交叉口西200米	物联网、电子产品
104	河北峰峰5D智造谷	邯郸市	矿区	邯郸峰峰矿区大峪镇创业中街	共享机械加工平台
105	复兴区绿色制造产业园	邯郸市	复兴区	霍北西路二街中山北路东340米	小型微型企业创业创新示范基地
106	EGO科技创业中心	邯郸市	复兴区	邯郸市复兴区铁西大街交迁康街	电气产业
107	社交电商孵化基地	邯郸市	肥乡区	邯郸市肥乡区长安路南50米	产业孵化
108	北京大学邯郸创新产业园	邯郸市	丛台区	河北省邯郸市经济技术开发区	智慧产业
109	邯郸市成安县光电显示智能制造产业园	邯郸市	成安县	河北成安经开发区内	光电集成产业

续表

序号	园区名称	城市	地区	详细地址	业务分类
110	承德高新技术产业开发区	承德市	双桥区	承德市双桥区武烈路西150米	高新技术企业培育
111	河北清华发展研究院平泉科技园	承德市	平泉市	承德市平泉市荣华街与西城南路交口	高新技术产业研发及孵化
112	滦平国家农业科技园区	承德市	滦平县	承德市滦平县岑沟中桥	农业科技
113	河北工业大学科技园（沧州）园区	沧州市	运河区	沧州市运河区吉林北大道与兰州路交口	科创孵化
114	明珠电商创业孵化基地	沧州市	运河区	河北省沧州市运河区西外环全兴路68号	电商
115	高绿科技智慧生态园区	沧州市	运河区	沧州市运河区南陈屯乡刘胖庄村4号	智慧产业
116	洪盛科技支付产业孵化基地	沧州市	运河区	沧州市运河区广场街与解放西路交口	创业孵化
117	沧州激光产业园区	沧州市	运河区	河北省沧州市运河区永安北大道	机器人零部件、机器人整机、机器人装备与生产线
118	沧州高新技术产业开发区	沧州市	运河区	沧州市运河区西安路27号	高新产业
119	沧州市农林科技示范园区	沧州市	运河区	沧州市运河区南陈屯乡九河西路	农业科技
120	葡香园科技园区	沧州市	运河区	河北省沧州市运河区海河西路13号	食品科技
121	中国国际机器人产业园	沧州市	运河区	沧州市运河区运河区太原路	机器人
122	博天创业孵化基地	沧州市	肃宁县	沧州市肃宁县德善街与东洲路交口	科技孵化
123	肃宁县尚德创业孵化基地	沧州市	肃宁县	沧州市肃宁县泽城路铺路	创业孵化
124	肃宁县电子商务孵化基地	沧州市	肃宁县	沧州市肃宁县靖宁街	电商孵化
125	肃宁科创中心（超绿碗）	沧州市	肃宁县	河北省肃宁县尚村镇兴业路	与雄安产业链接，肃宁科创高地

续表

序号	园区名称	城市	地区	详细地址	业务分类
126	先导科技园	沧州市	任丘市	河北沧州任丘市381省道北50米	数字产业
127	中国·河北泊头经济开发区	沧州市	泊头市	沧州正港路泊头市工业区管理委员	精密铸造、环保设备、汽车模具
128	中小微科技企业创业园	沧州市	经开区	沧州市开曙街	创业辅导
129	沧州科技创新中心	沧州市	经开区	沧州市运河区南陈屯乡西砖河村	高新技术创业服务
130	黄骅市京津装备制造转移园	沧州市	黄骅市	黄骅港开发区307国道汽南门对面	自动化制造、智能技术研发应用
131	东北电力大学科技园	沧州市	河间市	沧州市河间市	电力科技
132	靖烨科技园	沧州市	沧县	沧州开发区东海路20号	电子信息、新材料、光机电一体化、新能源环保
133	东方地球物理科技园区	保定市	涿州市	保定市涿州市华阳东路北50米	地球物理勘探
134	涿州中关村科谷创新产业园	保定市	涿州市	保定市涿州市朝阳东路与盛福大街交口	信息技术产业、承接北京产业外溢和科技研发
135	中国农大涿州科技园	保定市	涿州市	河北省保定市涿州市中国农大实验场	中国农大科技场区
136	京雄科技园	保定市	容城县	保定市容城县上坡村上坡东街88号	产业落地、科技企业服务、产业资源对接与扶持
137	中关村北服时尚产业创新园	保定市	容城县	保定市容城县白洋淀大道西侧	服装设计
138	东湖云端科技产业园	保定市	莲池区	河北省保定市莲池区天宁路	承接雄安新区、数字化、智慧型、生态技术
139	耐斯·智慧海	保定市	莲池区	保定市莲池区保定市莲池区龙翔路	新兴产业融合
140	京东（保定）数字经济产业园	保定市	莲池区	复兴东路与锦潮大街交口	数字经济服务

续表

序号	园区名称	城市	地区	详细地址	业务分类
141	蜂巢创业孵化基地	保定市	莲池区	保定市莲池区建华北大街559号	创业孵化
142	蠡县创智中心	保定市	蠡县	河北省保定市蠡县公园南路123号	高科技、智能制造
143	中国电科电子科技园	保定市	涞水县	河北省保定市涞水县保野公路	网络软件研发、生产、服务
144	电谷科技中心	保定市	竞秀区	乐凯北大街3088号	专业技术服务
145	保定国家大学科技园	保定市	竞秀区	保定市北二环国家大学科技园8栋24层	"中国电谷"自主创新基地、战略性新兴产业
146	保定U谷产业园	保定市	竞秀区	河北省保定市竞秀区兴业路	新型制造业
147	亚大·雄智谷	保定市	竞秀区	保定市竞秀区旭阳路888号	大数据、物联网、科技医疗、创新科技研发
148	英利集团光伏产业园	保定市	竞秀区	保定市竞秀区恒源路	光伏产业
149	高新技术创业服务中心科技园	保定市	竞秀区	河北省保定市竞秀区复兴西路118号	科学仪器
150	金迪科技园	保定市	竞秀区	河北省保定市竞秀区恒滨路128号	科技金融
151	中关村创新中心	保定市	竞秀区	河北省保定市竞秀区朝阳北大街179号	数字经济服务
152	保定中关村数字经济产业园	保定市	竞秀区	河北省保定市竞秀区保定市民服务中心北行	高性能AI服务
153	百度云计算(定兴)中心	保定市	定兴县	河北省保定市定兴县金台经济开发区	数据服务
154	嘉福旭美大数据产业园	保定市	定兴县	河北省保定市定兴县福朔路166号	现代中药
155	河北省安国现代中药工业园区	保定市	安国市	河北省安国市北铁村乡瓦子里村西	现代中药

注：河北省11个设区市科技园区有超过3000条记录，鉴于篇幅原因只列出部分园区。

做大做强科技领军企业，带动县域特色产业集群加快发展

——中国玻璃工艺之都"艺术+文化+科创"实践

2022年7月21日，河北河间，艳阳高照。比夏日阳光更加耀眼的是河间明尚德玻璃制品有限公司的生产车间，玻璃管在匠人的手中经过灯工浴火蜕变成一个个晶莹剔透的玻璃制品。漫步在总面积1800平米的明尚德工艺玻璃博物馆，琳琅满目的工艺玻璃制品令人耳目一新。惊叹于产品设计的巧夺天工、制作工艺的精细有序、文化融入的天衣无缝、科技元素的无处不在。从产业角度看，玻璃制作本是劳动密集型传统产业，能将科技创新与中国文化完美融入，顺利投产并远销国内外，必定有其过人之处。

调研组就如何能够将玻璃淬炼成"花"？又是如何将县域产业集群做出特色？如何带动集群高质量发展的等一系列问题，深入河间玻璃产业集群，通过走访车间、企业家座谈等方式，探寻实践经验。

一 中国玻璃工艺之都基本情况

河北河间工艺玻璃制品产业起始于20世纪70年代，从一家一户手工作坊起家，历经从分散的家庭作坊到远销欧美日韩等55个发达国家和地区；从社队搞副业烧制仪器、仪表到具有实用、观光、收藏价值的八大类、几千种规格的系列产品；从分散加工到规模生产；从贴牌代工到拥有自主品牌；从手工操作到引进机械加工；从由主攻国内市场拓展到国际市场……现已发展成全球最大的耐热玻璃生产基地，是劳动密集型的富民产业，是河间出口创汇的主导产业之一。现有注册企业259家，规模以上企业19家，注册加工摊点1000多家，从业人员6万人，固定资产投资10亿元，年消耗玻璃10万吨。近20家企业取得自营出口权，2020年实现营业收入70亿元，出口创汇1.2亿美元。其中，明尚德玻璃制品有限公司是全球最大的手工吹制耐热玻璃制品生产企业，国内首家耐热玻璃上市公司。

二　中国玻璃工艺之都实践启示

启示一：会聚特色产业人才

创新的关键在人才，人才的伯乐是企业家。人才和企业家的同频共振是河间玻璃特色产业集群能够走向世界的密码。明尚德两代创始人均将人才视为第一生产力。除了组建企业自身科研团队，改进升级生产设备，还与中国工艺美协、清华美院等知名院所合作，实现产学研对接转化。对高硼硅绿色环保玻璃材料深入研发，提高产品质量。同时，注重前沿的设计理念，提高工业设计水平。双层玻璃制品就是最具有突破性的成果之一，像星巴克的猫爪杯就出自明尚德。企业与国内外知名院校、科研机构在研发设计、人才培养方面进行了全方位的合作。研发设计团队已由最初的 15 人发展到现在的 70 多人，聘请国际知名玻璃艺术设计大师 MASATO 任总设计师。与美国库根多弗公司合作开发出了高硼硅玻璃添加贵金属技术，近三年荣获 86 项国家专利。研制的耐热型螺旋玻璃奶瓶、水杯等产品填补国内市场空白，其玻璃产品先后荣获"最佳旅游商品设计奖"、德国红点奖（中国好设计大奖）等多种奖项，产品被人民大会堂指定为国宴用品，部分产品被故宫博物院、国家博物馆收藏。成为世界最知名的玻璃企业美国康宁公司的全球最佳供应商，被河北省文化厅认定为"河北省文化产业示范基地"，成为清华大学美术学院全国首家教学实践及成果转化双基地。

2020 年，明尚德公司与大连理工大学建筑与艺术学院合作，成立慧术玻璃产业技术研究院。利用龙头企业优势资源，公司自主研发的一种避免耐热玻璃器皿破裂碎片飞溅的制造工艺、一种不受玻璃器皿高度及造型限制的爆口设备、一种食品级耐高温低温玻璃釉料的配方以及制备工艺等技术，已全部推广应用到产业中，被河北明亮玻璃制品有限公司、河间市普德玻璃制品有限公司、河北璃匠玻璃制品有限公司、河间市鼎尚自动化设备有限公司等公司使用，产生了良好的经济效益，显著提升了工艺玻璃生产工艺、生产设备、产品研发设计水平。

新技术的推广使得人才培养成效明显，通过技术培训、项目合作等方式，培养出一批优秀的工艺玻璃技能型和操作型人才，有利地促进了工艺玻璃产业转型升级和科技成果转化，产生了良好的经济效益和社会效益，推动河间市工艺玻璃产业实现快速健康发展，为渤海经济圈发展提供新动能。

启示二：营造优质科技创新生态

首先，玻璃之都拥有稳定的营销生态。像明尚德这样的龙头企业通过直播和电商平台销售，并在各地设立了分销机构。通过广交会、各类产品交易洽谈会、各类展览活动、中外艺术家交流会等推广新产品，寻求合作合资，构建了广泛的销售网络。全市具有自营出口权的骨干企业，均已获得出口国家和地区的质量认证，并通过合资合作方式发展了境外代理商。通过多种渠道、多种形式，立体化、全方位宣传产品，展示了企业形象，提高了知名度，拓展了国际国内市场。

其次，政府优化营商环境，提升服务效能。在服务理念上，各科局的服务态度和效率非常高，做到了"无事不扰，有求必应"。在实际推动上，河间市政府通过"一节一赛"拓宽玻璃产业影响力和促进玻璃技术交流。与中国工艺美术协会、中国工艺美术学会、清华大学美术学院共同举办中国·河间工艺玻璃设计创新大赛和中国·河间国际灯工玻璃艺术节，目的就是实施艺术+科技创新驱动战略，以工业设计和技术创新融合为手段，为全国、全世界工艺玻璃设计创作人才提供展示和交流的机会和平台，共同打造工艺玻璃艺术界的"奥斯卡"，同时推动国际灯工技艺的技术交流和人才培养，使灯工这一传统技艺薪火相传、发扬光大。截至2022年7月，已成功举办了五届中国·河间工艺玻璃设计创新大赛和四届中国·河间国际灯工玻璃艺术节。

最后，精深自主知识产权产品。明尚德将中国文化元素处处渗入产品生产，很多作品结合了瓷、竹编工艺，装饰图案中也充满了中国特有的风景和文化元素。2022年，明尚德正在更多融入科技元素，生产出摔不碎的玻璃杯、红外碱性杯等，拉动整个行业转型升级。同时，对工艺玻璃产业、产品进行文化、艺术、技术工艺的嫁接，搭建了行业内的创新交流平台，加快了传统的工艺玻璃文化产业的转型升级步伐，对于整个工艺玻璃加工行业的发展起到积极的推动作用。

启示三：企业带动集群加快发展

龙头企业的创新文化和科技融合发展，形成了差异化核心竞争力，在当地起到了示范作用，带领当地企业认识了文化与科技融合发展的必要性，进而创新文化科技融合发展的内容和形式，推动经济繁荣发展。

龙头企业做到生产一代，研制一代，开发一代，月月有新品上市，月月有新样，供家庭工厂选用，带动了周边村的35个中小企业和100多个家庭摊点。

携带千年诗情，从河间走向世界。科技智慧和艺术魅力展现玻璃文化的故事还在继续。总投资100亿元人民币，占地1500亩，涵盖研发智造、电子商务、先进制造、金融服务等方面的玻璃智造产业园区正在建设，河间打造全国首家具有国际化、规模化的世界级工艺玻璃基地雏形已现。

"小巨人"格锐特数字化工厂创新实践

习近平总书记强调：要坚定不移把制造业和实体经济做强做优做大。制造业转型升级很重要的一点就是建立以数字化带动工业化、以工业化完善数字化的科学发展模式。2022年7月18日，河北省委书记倪岳峰在沧州考察调研时，察看了格锐特钻头的制造流程，了解技术研发、生产制造情况，对他们的创新精神和数字化应用表示赞赏。要求企业始终要把科技作为第一生产力，把人才当成第一资源。指出要加大企业研发投入，引进高端人才，积极上市融资，推动专精特新"小巨人"企业成长壮大。

落实习近平总书记的殷切嘱托，坚定不移沿着习近平新时代中国特色社会主义思想指引的方向前进，夯基础、优生态、强攻关、链资源、促转化，努力探索建设钻头行业具有核心竞争力的科技创新高地。数字技术则成为格锐特公司科技创新的关键催化剂。

一 基本情况

位于河北河间开发区的沧州市格锐特钻头有限公司，专业从事特种钢材和金刚石材料的加工业务和创新研究工作，致力于石油装备产品的研发、设计、生产与销售，是亚洲地区最大的PDC钻头制造企业之一。近3年新产品销售收入占公司整体营业收入的90%以上。从2010年开始，潜心13年经营钻头领域，通过先进的设计手段、制造工艺、国际化的管理体系以及持续的技术创新，实现了产品的卓越品质，得到国内外客户高度认同，系中石油、中石化、中海油指定一级物资供应商，成为钻头行业领军企业。产品省内市场占有率超60%，全国市场占有率超10%。

二 数字化车间整体情况

车间是工厂实施制造的过程主体，承担着产品制造过程、计划流、物流、质量流和信息流的会聚。生产过程中管理人员如果无法及时、准确地获取车间生产执行状况、产品参数、物料储存等信息，或者不能及时调整现场生产，往往会造成生产计划不能按时完成。针对离散车间的诸多问题，格锐特决定用数字化改善车间生产流程的调度和管理效率。

走进格锐特车间，机器轰鸣，一番热火朝天的繁忙景象，整个车间有87台联网机器忙而有序地运转着。这样有序运行的工厂得益于一个看不见的"神经中枢"：MES系统。整个数字化车间通过MES集中控制系统集成车间所有设备，同时实现生产设备与计算机之间的信息交换，彻底改变以前数控设备的单机通信方式。这个系统帮助格锐特数字化工厂进行设备资源优化配置和重组，大幅提高了设备的利用率。

其中高端智能加工设备Mazak HQUICKTURN—400L可以实现三项重要功能：一是自动识别检测。输入程序，按下操作按钮即可实现半成品向下一个工位传送的功能。这台设备还可自动检测故障、提示故障位置、检测方式，给予准确提示。在这个数字化车间中，大概每隔7小时就能有一台钻头下线，比传统生产时间缩短了66%。车间全过程有条不紊、高效安全，体现出智能制造的巨大魅力。二是实时监控车间设备和生产状况。系统生成标准ISO报告和图表，对当前或过去某段时间的加工状态数字化、可视化，这大大提高了决策指令下达效率。通过实时执行状态反馈，车间的透明化能力大幅度提高。三是数字化工厂的生产流程、管理流程、信息数据被同步集成。通过计算机网络和数据库技术，为工程技术人员提供一个协同工作的环境，实现作业指导的创建、维护和无纸化浏览。因为数据的实时不可篡改性，人工传递的误差被极大避免，安全的数据保障了工艺文档的准确性和安全性，实现快速指导生产，标准化作业。

用公司常务副总李春燕的话来说："数字化工厂实现了设备的数字化，表现在所需工人少，生产设备多，通过数控中心控制，实现国际先进的数字加工中心；管理的精细化，表现在设备摆放对称，实现一个工人可以完成两台设备无障碍控制，数字化的引入使得一个工人能够同时控制 7 台机器，大大提高工作效率。"

三　数字化生产过程，实现实时调度

通过车间生产管理采用先进的 MES 平台，实现对整个生产过程的实时调度，实现数据实时采集。从销售部与客户签订销售订单开始，在 MES 平台下推发货计划，并对无库存产品生产计划单。车间接到生产任务单后，根据生产任务按工艺路线下推领料单领料，进行生产，实时手机报工，数据自动同步到平台上，最后一道工序完工，入库到成品库。

因市场因素或客户等原因，需要增量、减量、交期提前或是遇到紧急订单等情况时，可根据生产计划的进度情况进行调整，如果生产计划还没有完成的，可以通过调整生产任务实现紧急订单，可根据其他订单情况，通过系统综合统计分析，调整生产任务或增加外协，来保证紧急订单的交期。

四　数字化物料配送，实现自动化

数字化自动识别技术设施、自动物流设备能够根据生产指令调取工装刀具，并自动给予准确提示，实现 PLC 自动化生产。

通过智能道具柜实现无人管理，员工通过电子身份证自动领取，并实现状态跟踪，道具出入自动执行记录，物料数据收集、追溯性更高，自动识别物料，避免物料错误。

五　数字化产品信息，实现加工程序可追溯

关键工序智能化质量检测设备能够实现产品加工数据自动检测，并依据设定参数自行判定是否合格。产品质量自动检测，不合格品将自动进入不合格品料框。

五金仓库所用的产品全部实现二维码标识，并通过二维码出入库和盘点。车间产品的批次管理是流程追溯的必要环节，可以有效地加强生产过程中的质量管控。批次管理的水平很大程度上可以反映一个企业仓库管理的能力。对于关键生产中的关键物料——板材有着严格的批次管理，入库、备货、生产时严格按照批次进行管控。

六　车间建设前后经济、社会效益

数字化车间建成后，实现了加工车间数字化智能制造技术升级，实

现钻头、钻杆、钻挺、PDC钻头、刮刀等关键部件制造过程的网络化、数字化的管理,快速满足订单驱动的高端钻头部件规模化定制生产的要求,达到有效缩短产品研制周期,提升产品质量,降低运营成本,提高生产效率以及降低单位产品能耗的目标,拟实现企业年销售收入由16695.13万元增长至18698.55万元,年利润总额由3447.25元增长至3860.92万元,年税金由430.08万元增长至481.69万元,拟实现建设前生产车间人数由101人减少至85人,生产效率由5510(元/人/天)提升至7333(元/人/天),运营成本由9064.25万元降低至8200万元,产品升级周期由现在的30天降低至23天,产品不良率由8%降低至1%。详情见表1。

表1　　　　　　　　数字化车间建设前后经济效益情况

数字化车间建成前指标	数值 (两位小数)	数字化车间建成后指标	数值 (两位小数)
建设完成前的企业年销售(万元)	16695.13	建设完成后的企业年销售(万元)	18698.55
建设完成前的企业年利润(万元)	3447.25	建设完成后的企业年利润(万元)	3860.92
建设完成前的企业年税金(万元)	430.08	建设完成后的企业年税金(万元)	481.69
车间人数情况:建设完成前车间人数	101	建设完成后车间人数	85
生产效率提升情况:建设完成前每人每天产出水平(元/人/天)	5510.00	建设完成后每人每天产出水平(元/人/天)	7333.00
产品质量提升情况:建设完成前产品合格率(%)	92.00	建设完成后产品合格率(%)	99.00
产品质量提升情况:建设完成前优良品率(%)	90.00	建设完成后优良品率(%)	98.00

从格锐特近三年"专精特新"小巨人的成长路可以看到,数字化与科技创新是掌握行业主动权、下好先手棋的最好组合拳。用好这个组合拳,打好攻坚战,在实现第二个百年奋斗目标新的赶考路上交出自主创新的优秀答卷。

保定国家高新区科技创新数字生态分析

科技创新生态关注创新环境、创新主体以及创新环境与创新主体之间的知识流动。数字技术加速了科技创新生态系统主体与环境的互动及知识转移，推动科技创新生态组织形态变革。从新技术实践场景来看，数字技术与传统科技创新生态的融合发展一方面表现在数字赋能创新要素，主体之间的高效协同与共生效能提升。另一方面表现为创新主体之间和创新生态系统之间的复杂关联，使得创新生态内部环境提升。基于保定国家高新区孵化器、重点实验室、企业、政府、金融和中介服务机构等100余家相互关系数据，对科技创新数字生态系统的融合创新机理及价值演化进行复杂网络分析，研究结论表明：①数字化加速创新生态系统知识转移速度。②科技创新数字生态推动产业向数字化生态进化。③数据价值生态与市场化配置是科技创新数字生态的核心话题。

一 引言

创新生态系统来源于生态学的生态系统概念，有复杂性、时空延展性、演化适应性、自组织型和开放性等特征。在理论上，美国学者 Moore 是创新生态系统理论奠基人。他从宏观视角研究创新生态系统的结构及主体间的动态关系。在实践上，创新生态系统发展与美国振兴、日本追赶有密切关系。第二次世界大战后，美国科技创新政策依据 Vannevar Bush 提出的创新线性模型。该理论影响着以美国为首的一些主要科学国家，它们的政策以基础科学在技术创新中的作用这一被广泛接受的见解为依据。日本第二次世界大战后工业大踏步发展，主要依靠对世界技术以及产生这些技术的科学知识的灵活掌握，并致力于巴斯德象限研究推动基础科学投资增加。日本重视创新"需求"判断与"后代"判断结合起来的做法，被德国、英国争相效仿。到了21世纪，生态系统概念被学者们引喻到科技创新领域，创新生态系统概念由此衍生。此概念强调了科技创新系统中各参与主体相互作用、共同演化和共生共栖的复杂网络关联状态。科技创新亦是多组织共同构成、相互依存、分工清晰的生态系统。科技创新生态系统各子系统集成度高，系统内产品、工艺、市场、制度等表现出高度协同特性。创新主体竞争与发展也必然是基于生态系统的协调发展而进步。

创新生态中组织、行业、政府等采用或使用数字技术,来实现新价值的创造,并对组织产生变革性影响。从技术维度看,数字技术具备弗里曼提出的"共性技术"特征,即"与大部分新技术的扩散模式相关的技术"。也就是说,数字技术融入水平与创新主体技术扩散呈现正相关性。数字技术对产业发展的重要作用,可以理解为"新技术体系或范式能够在广泛的范围内为许多产业和部门提供极大的技术和经济优势,当面临种种经济、社会、政治乃至军事上的竞争压力时,对这类范式的采用就变得极具必要性"。科技创新生态系统因为数据要素流配置形成一种创新要素重新组合状态,形成良好的社会网络环境。参与主体通过网络参与知识共创,并形成包含知识共识、知识共生、知识共享和知识共赢的开放型交易匹配过程,拓展了现有创新生态系统理论。

基于数字技术驱动特性,科技创新数字生态系统可定义为"区域内不同创新主体与创新环境之间依托数字技术,实现数字资源与非数字资源新组合以创造新产品或服务的竞合共生的复杂系统"。科技创新数字生态系统运行机理是从组织生态学视角将创新创业聚集地看作生态网络,通过数字平台将各种创新物种、创新群落、科创人才、资金和信息链接并快速融通,并在此基础上,形成具有自组织型的可调控性的能够形成组织、知识和制度创新的创新网络系统。

科技创新数字生态系统表现出两种明显特征:数字化在创新生态系统的技术扩散特征和数字化与创新生态主体行为深度融合的知识共创特征。第一种特征强调数字化的产生应用,重在数字技术对科技创新扩散的支撑协作作用;第二种强调科技创新生态系统的微观参与主体在科技创新上因数字技术实现的深度融合。两者相互渗透推动科技创新生态系统效能整体提升。

科技创新数字生态系统属于复杂系统,我们很难从对其各个组成部分理解中推出系统的整体行为。所以我们从复杂科学视角去理解,数字技术范式是如何促进科技创新生态各参与主体知识转移和资源流动的?数字技术又是如何推动科技创新生态系统演化的?在科技创新数字生态网络中,各主体之间非线性、互相制约和联系的复杂系统呈现结构如何?这些理论和现实问题亟待深入研究。

笔者在保定高新区科技创新数字体系形成的基础上，从复杂网络视角尝试对这些问题做解答以及可能的理论归纳。

二 文献回顾

学界对科技创新数字生态研究集中在创新生态系统知识转移研究、创新生态系统知识演化研究、创新生态系统多元主体参与数据要素价值化研究、数字化在创新生态系统的技术扩散研究和数字化与创新生态主体行为深度融合的价值共创研究等。学术界呈现出以下共性观点：第一，数字技术较好地解决了创新生态系统主体参与方式的创新，有利于参与主体价值共创模式形成。第二，数字技术之于科技创新系统的微观主体技术扩散效应产生。但是在宏观模型完整性上存有欠缺，创新系统与参与主体价值演化微观机理阐述不足。笔者基于复杂网络理论，从系统科学维度，依据保定国家高新区科技创新数字生态系统为落地案例，采集科技创新数字生态系统中多元参与主体技术、价值互动关系数据，构建宏观科技创新数字生态框架以及微观创新主体价值演化模型，进而量化分析科技创新数字生态结构及各参与主体价值演化关系，最终研究总结普适性结论和规律。

三 研究设计

1. 研究对象以及样本

选择保定高新区科技创新生态体系中政府（协调群落）、高研院所（驱动群落）、金融和中介服务机构（扩展群落）、企业（创新群落）为研究对象，通过分析科技创新生态系统中各个参与主体之间的关系、结构，弄清楚产业、创新在创新生态网络中的形成、发展和演化逻辑。为研究的普适代表性，笔者选取了保定国家高新区的6项重点产业为产业发展对象，分别是：新能源及智能电网、先进制造、生物医药健康、新一代信息技术、新材料、节能环保产业。创新载体选择国家级别的科技园区、高研院所及领军企业。数据收集通过调研问卷及互联网公开途径获取。互联网获取方式为关键词搜索获得，搜索关键词为"（保定高新区孵化器 or 科技园 or 国家重点实验室 or 重点单位 or 技术中心 or 博士工作站）and（合作 or 签约 or 共创）"。

所选取对象如表1所示，表1数据按照科技创新生态系统中参与主体定位设置。

表 1　　科技创新数字生态系统参与主体名单及分类（样本名单）

类型（群落）	名称（简称）
高研院所（驱动群落）	同光半导体公司院士工作站、哈宜环保公司院士工作站、华谊风电院士合作、荣毅通信院士合作、中环新源院士合作、博士后工作站
国家企业技术中心（驱动群落）	惠阳航空螺旋桨有限责任公司、英利集团有限公司、中国乐凯集团有限公司、恒天纤维集团有限公司
国家级技术标准创新基地（驱动群落）	国家级技术标准创新基地（光伏）
国家级孵化器（驱动群落）	3S双创社区、保定国家大学科技园、高新区创业中心、中关村创新中心
领军企业（驱动群落）	同光晶体、中创燕园
大学科技园（创新群落）	保定国家大学科技园、华北电力大学科技园、河北大学科技园
创新平台（创新群落）	中关村创新中心、深圳湾创新广场、中电光谷网络谷平台
关系节点（扩展群落）	中科院、清华、北大、中信通、雄安新区市场产业园、石景山定兴科技园、通州曲阳分园、涞水分园、保定安新中关村创新孵化器、丰台满城分园、中国电子集团关联企业、银行
政府（协调群落）	峰会、APP赛事
数字平台（协调群落）	保定高新区科技创新生态作战图（包括：投资考察路线图、平台载体引导图、产业用地供应图、投资合作机会图）

2. 研究方法

采用复杂网络分析方法，以保定国家高新区科技创新生态系统中参与主体的关系数据为基础，结合调研和网络收集的数据，构建复杂网络分析模型；然后量化分析复杂网络模型的参与主体之间的结构、运行关系和互动关系；最后根据现实场景运行逻辑抽象出科技创新数字生态的形成、运行与演化理论模型。

科技创新数字生态系统的复杂网络分析，重点在于系统中选择样本节点的关系数据以及通过关系数据构建的复杂网络模型。在复杂网络分析中，样本企业、政府、机构等为样本节点，与样本节点之间存在合作关系的非样本企业、机构称为关系节点。样本节点的关系数据即为样本节点与其他样本节点或者样本外节点的互动数据。通过对样本节点的所有互动数据收集，包括样本节点的孵化、引入，样本节点与样本外节合作、研发、服务等数据,将科技创新数字生态系统抽象成一个由各类创新参与主体及主体间互动关系组成的复杂网络。

科技创新数字生态系统中各参与主体之间的合作关系主要有三种。一是企业间技术输入和输出关系。企业节点间互动可以通过技术的输入与输出实现关系,技术输入是样本企业从样本节点内部获得的技术输入和样本节点从关系节点获得技术输入两部分。技术输出是样本节点对其他样本节点的技术赋能和样本节点对关系节点的技术赋能两部分。二是政府和企业协调保障关系。表现在政府节点通过政策、科技竞赛、峰会、推介等对样本节点起到的协调保障关系。重点体现在政务服务便捷化和营商环境的优化。三是数字平台与政府、企业、高研院所、服务机构等之间的信息与技术支撑关系。重点在于削减复杂网络样本节点信息不对等,通过数字平台呈现参与节点的挂图作战,全景显示,为建立样本节点与样本外节点关系做好技术支撑。

3. 指标说明

我们定义节点数据之间的互动关系如果存在,则赋值1,否则赋值为0,统计数据越多说明节点间关系越强,这个节点的重要性越强。在科技创新数字生态系统复杂网络模型中采用有向加权图模型。样本节点与样本外节点互动关系是有方向的,表现为复杂网络中的入度和出度;加权表现在节点间互动关系的强弱。复杂网络中节点的加权度是这个节点入度和出度的和。

四 科技创新数字生态复杂网络理论和模型构建

1. 科技创新数字生态复杂网络理论分析

科技创新数字生态系统是内部复杂结构,各个主体的复杂性变化使得网络内部之间的连接也随着发生变化,各个主体之间通过非线性作用形成有机的复杂性结构,主体之间的不断学习和创新使得彼此之间的连接呈现更为复杂的演化,各主体之间存在着大量的非线性结构。企业内部技术迭代能够促进网络内部的发展变化,新节点的进入提升创新网络的技术创新,呈现动态演化特征。创新生态系统演化发展符合生命周期理论,系统形成与发展源自系统内部创新主体之间知识共享合作需求。罗发友提出了生命周期集聚模型(四阶段CLC),基于生命周期的创新生态系统价值转移演化模型如图1所示。科技创新生态系统重点在于价值及知识的创造、转移、释放过程，当生态系统进入成熟期后，会面临价值红利释放空间减退甚至消亡风险。这种风险表现有三个：一是参与主体因存在机会主义而产生的创新动力不足；二是创新主体基于集聚系数较高的合作网络而形成路径依赖，不愿探索新知识；三是流向创新主体的知识高于转出流量，主体逐渐退出的正常消亡。在价值释放衰退期，如果能够引入新一轮的创新因素，就有可能再次撬动创新生态系统的新知识和新价值的产生和创造，使得创新生态系统进入新一轮生命周期。从国际科技创新中心发展经验来看，新一轮的撬动力根据资源禀赋和科技创新来区分，可以是政府通过行政手段，利用政策调整增强创新主体创新动力；另一个就是数字技术。数字化冲破原有的组织界限，跨边界、扩模式，形成更加紧密和可信的创新网络，使得创新生态系统价值释放尾部上撬。

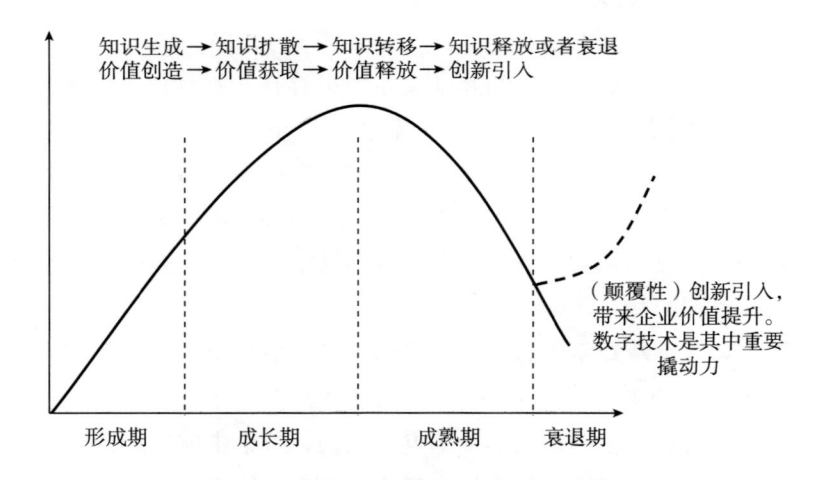

图1 基于生命周期的创新生态系统价值转移演化模型

数字化创新的科技创新生态系统属于复杂系统，要理解科技创新数字生态这个复杂系统，我们需要知道各个组成部分之间彼此交互的方式。换句话说，我们需要一幅刻画各组成部分之间连接关系的地图。通过记录系统各组成部分（节点或者顶点）以及它们之间的连接关系（被称为链接或者边）的网络图来理解。

2. 科技创新数字生态体系模型构建

科技创新生态系统是无尺度模型，有偏好连接和生长机制两大特性。偏好连接是指系统从一些关键核开始，通过添加新的节点而增长。这些节点在决定连接那里时，会倾向选择拥有更多链接的节点。生态系统中生长机制作用为，如果某个节点是最后一个到达的，就没有其他节点有机会去连接它；如果某个节点是网络中的第一个节点，所有随后到达的节点都有机会连接它。因此科技创新生态系统中资历老的节点有明显的生长机制优势，这让它有更多的链接。这就使得这些节点出现富者越富的现象。无论网络变得多大、多么复杂，只要偏好连接和生长机制出现，网络都将保持由枢纽节点主导的无尺度拓扑。

科技创新数字生态系统是无尺度网络，具有由枢纽节点支配的架构。在数字化赋能的科技创新生态中，科技创新数字生态网络包含企业、政府、中介、上下游厂商、科研院所、金融机构、消费者等多个主体，各主体之间通过产品和数据以松散耦合的形式动态地开放地连接在一起，各节点相互依存，既独立又相互影响，科技创新成果通过网络扩散到所有主体。

3. 科技创新数字生态体系结构

我们将科技创新数字生态系统看作是多元参与主体以及关系合作形成的复杂网络。用复杂网络分析软件 Gephi 对调查问卷和网络收集数据可视化分析，得到 104 个节点（参与主体和组织）以及 130 条边（关系）。

边和节点组成的复杂网络结构模型中加权度大的节点大，说明其在科技创新生态系统中枢纽作用大。科技创新数字生态加权度的分布图中可以发现度分布满足幂律分布特征。根据巴拉巴西对无标度网络的特征描述，幂律分布满足大部分节点具有较少连接，少数节点拥有大量强度较高的连接的特性。保定高新区科技创新数字生态中，少数的核心节点从领军企业带动转变为数字平台耦合产业链、创新链，形成以数字平台为核心节点的非均衡性特征。在数字技术以平台耦合形式深度融入科技创新生态系统中时，其理论和实践都在发生变化。数字技术融合科技创新生态系统，使得科技创新数字生态结构形成。此结构是构成整体的各部分要素的搭配和安排，包括各节点及节点之间的连接关系。科技创新数字生态结构可以理解为数字化技术生态耦合营销生态系统、生产生态系统等各成员之间的比例搭配和连接关系。

五 科技创新数字生态过程分析

从网络维度理解科技创新数字生态参与主体的相互依赖性,能够帮助生态系统预见和控制危机能力。对于识别关键节点并进行加强来为网络增加防火墙,监督破坏的路径,防止故障的级联效应。因此,科技创新数字生态注重理解网络效应,注重链接和关系。

1. 数字技术对科技创新生态系统中企业节点的驱动机理

从数字技术赋能科技创新生态系统中企业节点来看,数字技术融合前,企业发展的网络拓扑结构为树型结构。企业总负责人为树型拓扑结构的树根,各部门负责人、员工为树枝,树枝的末梢责任最小,树根传递到树梢的命令非常微弱。随着企业规模增大,信息在树型结构中从根向叶子传递过程中极易出现信息过载现象,导致树的最上层信息爆炸,进而使整个企业组织僵化。这也是很多层级组织结构的企业面临的"拜占庭石柱"问题,即组织结构过于专业优化,导致其僵化呆板,难以应对市场环境的变化。

数字化使得信息过载现象愈加明显,企业亟待从组织上增加其灵活性和快速应对变化的经营能力。原来适合规模化生产的树型模型已经不再是获取经济成功的主要模式,反而,更重要的是从企业模式上实现完全转型,从企业创造价值的思想和信息中实现转变。这种表现体现在组织结构上的拓扑变化,从树型拓扑结构转变为网络拓扑结构。网络拓扑结构的主要特征是扁平化,各节点之间存在交叉链接。数字化对企业经营的渗透赋能逐渐变为有形资产向虚拟资产转变,企业运作也从垂直整合为虚拟整合,商业策略从自树根向树叶传导变为从各个叶子向树根传递。这种快速的数据传递,使得企业中中层人员逐渐消失,处于叶子端的员工能够负责主要产品的生产、设计和产品实现。企业外部的同盟和外包也逐渐随着企业组织结构的变化而流行起来。因此,企业组织结构从树型结构向网状结构转变,是静态生产经营模式向动态链接经营链接模式转变,通过这种转型获得极大的、更有可塑性的、更加灵活的企业管理模式。另一方面,数字化使得企业和产业链、价值链、创新链上的其他相关企业和机构之间的链接关系越发紧密,互相合作频率大幅度提升。网络拓扑结构上所有节点要明白,链条上的所有节点都不能单独存在，而是要通过合作完善企业内部经营模式。所以，数字化使得企业间高度联系的概率大幅度提升。这种高度联系使得我们不得不关注网络中节点行为对其他节点的影响机制，弄清楚网络在什么情况下会失效以及对企业造成的各种影响。

2. 数字技术对科技创新生态系统整体影响机理

经济学标准形式化模式认为市场经济状况可以通过就业、产量、通货膨胀等总体量进行刻画，但是企业的个体行为对市场影响极小，也就是说市场与构成总体量的微观行为关系不大。在数字化与科技创新生态系统深入融合时，各个参与主体在不清楚如何借助网络优势获得优势时，就会面对彼此联通可能带来的风险。当风险可能出现前，做出正确避免风险的决策难度较大。从网络经济视角理解，参与节点需要理解相互依存带来的影响，才能维护好数字生态系统。

科技创新数字生态系统是由少数枢纽节点主导的无尺度世界，数字平台是网络枢纽节点，系统通过枢纽节点维持各模块间的通信，即其能够完整获取每个参与方的详细产、学、研、用的交互网络，并能够协调多个并行功能之间的通信。网络中，消费群落、驱动群落、协调群落、创新网络等通过枢纽节点高度联通。这种高度联通使得驱动群落的企业产品和观点通过枢纽节点迅速传播。网络的复杂性需要我们跨越结构和拓扑，关注科技创新数字生态中价值沿着链接进行的动态过程。通过清晰的动态交互理论去理解网络连接发生的反映过程。

六 结论

1. 数字化加速科技创新生态系统知识转移速度

创新的本质是知识创新。根据知识流动理论和价值网络理论，创新主体通过知识流动和共享创造价值，通过创新主体共创知识交易渠道降低学习风险形成知识过程。科技创新数字生态网络的无标度特性，决定了其在促进创新主体知识转移中，平均知识流动中稳定性最高，在知识转移中也具有充分性和公平性。创新企业组织结构的数字化加速企业内部、企业间资源互补效应，有效促进知识流动。当知识流动到数字生态系统的核心节点也就是数字平台时，这些核心节点会迅速将少数节点的知识扩散到其他节点，形成网络节点围绕知识流动共创价值的数字创新网络结构。

2. 科技创新数字生态推动产业向数字生态进化

产业发展建立在参与主体及其支撑环境构成技术经济系统之上。数字技术重塑着产业链生态体系，将价值链、创新链、供应链、产业链紧密耦合，实现多元韧性的产业链群生态体系。

3. 数据价值生态与市场化配置是科技创新数字生态的核心话题

科技创新数字生态要依托差异化新型数字技术，更要遵循产业发展和价值转移规律。基于数字平台，借力生产资源和环境资源，推动信息流、物流、价值流、产品流在生态系统中有效配置，形成多元创新生态，实现资本要素价值再造。

美国提升科研成果转化率的经验及对河北省的启示及对策

《中国专利调查报告》指出，2022年高校发明专利实施率为16.9%，高校发明专利产业化率为3.9%。这两个数值与实体经济创新发展密切相关。数据较2021年虽有提升，但依旧有超过95%的高校专利未转化。相较而言，20世纪70年代末，美国也出现95%的专利未被转化的情况。从1980年开始，美国在科技政策供给侧进行全面改革，颁布《拜—杜法案》《史蒂文森—怀德勒技术创新法》等超过17余部法律，全面释放了大学、企业的创新主体活力，大幅度提升了科技成果转化率，并为今后几十年美国始终居于科技强国地位奠定了基础。

高校科技成果转化是科技与经济相结合的关键环节，科技成果转化率的高低体现地区科技服务经济的能力。20世纪80年代，美国科技成果转化率的迅速提升，使其从经济萧条崛起跃升为世界科技强国。彼时，美国科技成果转化率（以专利转化率代指）从不到5%提高到80%。相对而言，2022年，我国高校专利转化率为3.9%。河北省专利签订协议仅为0.69%，这说明大量科技成果未转化。

美国是如何做到科技成果转化率大幅度提升？在与美国截然不同的社会环境与政治制度中，是否有可能参照美国模式执行类似的科技成果产业化做法？如何解决成果转化脱节现象，逐步形成"科学研—成果转化—技术开发—生产应用"于一体的科技研发体制？研究美国科研成果转化经验和做法，并从中获得有益启示对建设经济强省、美丽河北，推动河北高质量发展具有非常重要的意义。

一 美国科研成果转化率实现由5%到80%华丽转身的原因及启示

（一）原因

1. 社会基础——非政府机构的科技成果转化热情高涨

其中以大学技术转移转化实践模式诞生为主要表现形式。在"拜—杜法案"出台前，美国首个致力于促进科学发展的非政府机构以及基金会——美国科学促进基金会，通过经费资助的方式帮助高校或科研人员掌握科技成果的专利所属权，打下通过专业服务来自负盈亏的科研市场化运作基础。而后，美国科学促进基金会与麻省理工开创了一种"第三方授权"的高校科技成果管理模式。这种第三方授权模式虽然在短时间内起到了一定的科技成果转移转化促进作用，但因收益分配、时代局限性等问题，被迫终止或未获得大规模推广。到1970年，斯坦福大学创设了技术许可办公室，重点关注大学科技成果是否被转移到产业端，弱化对技术转移初期的实际收益。这种技术转移转化模式成功塑造了谷歌、思科。

2. 法规基础——联邦科研转化法律框架初建

正因为非政府组织的独立非营利技术转移机构对美国大学技术转移领域的关注，联邦政府第二次世界大战以来科技政策上"政府所支付的，就应该归政府所有"的逻辑不合理成为众矢之的。

1980年以前，联邦没有统一的法律制度，又缺乏必要的技术认证、授权相关环境与资源基础，科技成果与专利技术的商业价值转化步履维艰。一度出现政府有大量科技成果却无力将其变为应用技术或实现商业价值；机构和产业界有能力商业化，却无权力获取它；发明专利本身也不属于高校科研院所的尴尬局面。专利的商业授权仅为5%，相比，政府放弃专利权的技术转让率却高达18%—20%。于是，美国社会各界纷纷建议政府转变所有权模式，将专利发明的所有者正式从政府变为高校或发明人。

经过了长期的调查研究，以及与非营利组织、中小微企业、国会议员的共同游说，催生了名为《小企业非营利组织专利程序法》的立法案，也就是"拜—杜法案"。其具体内容以《美国专利商标法修正案》

第6部分的形式正式生效。而后，经过1982年9月美国《专利法技术性修改法》的修改，"拜—杜法案"规则被调整成为美国法典第35编第18章。其核心为：发明披露制度、高校和科研院所的发明所有权保留以及政府介入权力设置。"拜—杜法案"为美国联邦如今知识产权管理与保护法令的建立提供了基本框架。

3. 环境基础——各届对规则的严格遵守

"拜—杜法案"为政府、高校与科研机构、产业端投资机构带来了具体指导意见，基本划清了美国大学科技成果转移转化的各项工作边界与实现方法。譬如授予小型企业和非营利机构持有政府资助的课题研究发明所有权，而企业与研究机构需要将收益与发明人按比例分成等。但联邦法案内容复杂烦冗，自身很难带来清晰的执法权，只能够起到指导与促进作用，更多的作用还要依赖相关机构去解读。美国的技术转移中心、投资机构等起到了这样的作用，在此类专业机构对"拜—杜法案"精神的认可与贯彻之下，科技成果转移转化市场逐渐形成了良性循环，高校与科研机构发明人能够从被专业机构成功转化的技术发明中取得收益，而不遵守规则的参与方很难从市场获得投融资等要素。遵守规则的不仅仅是市场，还有司法机关。联邦法院始终贯彻法案理念来裁决知识产权争端，为各州法院提供典型科技成果案例。这就为美国经济的创新驱动发展带来了很好的环境基础。

4. 研发基础——科研成果与产业发展并行

促进科学技术应用是美国根深蒂固的实践文化。第二次世界大战后，范内瓦·布什的《科学——无尽的边疆》报告，推动了美国对基础研究的重视，强调要将基础科学与应用科学汇合起来。1940—1964年期间，联邦政府的研发资金增长了20倍。到了20世纪60年代上升到鼎盛期，这项开支应接近美国当年国内生产总值的2%，相当于美国每50美元中有1美元用于政府资助的科研。科研经费源源不断流入大学，基础研究促使技术进步潜力扩大。大量的人才涌入美国，到1950年，有13万名工程师和科学家"从事研究和开发"。最为重要的是，高校研究的科研成果能够直接向产业界转移，不存在技术脱节问题。

(二)启示

1. 机构助力

美国高校科技成果转移转化机构在科技成果转化活动中处于强势主导地位，其在技术判断、专利营销、市场对接、授权许可等方面的专业判断能够取得发明人和企业双方信任，并通过系统、高效的工作方式提高转化的效率，促进成果商业化进程，大大提升了成果转化的成功率。这种高效体现在美国大学有约30%的技术在还没有获得专利授权时就已经被成功地许可给企业商业化使用。

大学科学研究成果也并不是都符合规模化生产，也存在前景好但技术不成熟的情况。这就需要其他的转化方式，比如通过科技园转化方式。科技园区的企业一般都有自己的研发机构，对大学提供的研究成果需先进行技术开发、再实验，形成稳定成熟的科技成果后再转让给大型企业，由大企业组织规模化生产，从而实现成果的高层次转化。

"拜—杜法案"后，依旧有超过一半的大学专利没能实现产业化，究其原因是投资者、技术方和企业之间存在信息不对称和知识鸿沟；大学技术转移办公室的资金实力和专业职员跟不上科研创新的步伐，且重点业务主要放在技术许可方面阻碍了科技成果商业化；政府偏向于对基础研究的资助，而对应用型研究的资助力度较小；技术的复杂性特别是颠覆性技术的市场不确定性。在这种复杂情况下，催生了概念验证机构。

概念验证中心可概括为一种设立在高等院校，多种组织、机构与高校合作运行的新组织模式，旨在促进高校科技成果商业化。它通过提供种子资金、商业顾问、创业教育等对概念验证活动进行个性化的支持，主要帮助解决高校科研成果与可市场化成果之间的鸿沟。

2. 法规保障

美国科技转移转化之所以成功根本原因是完善的国家法律法规及政策保障体系。例如，知识产权法治体系的逐渐完善，体现在专利申请、转化、保护、监管各环节的法治化。从"拜—杜法案"颁布后，美国先后出台促进科技成果转化法律法规17余部，为美国的科技成果转化工作奠定了稳定的制度环境和牢固的政策基础。

美国在这些保障科技成果转化的法律法规中，对政府相关部门的职责有明确的要求，对转化过程中的各个环节及程序都有严格的规定。如对国家实验室、大学、科研院所、企业及个人的研究成果的商标、专利注册、知识产权归属等问题都有详尽的说明与规范；对科技信息中心的设立、国家科技基金的资助范围与资助对象、国家对科研人员奖励政策的法律依据都有清晰的界定。

其中"拜—杜法案"修改了过去由政府资助的项目研究成果知识产权归政府的规定，只保留了政府可以优先使用该项成果的权利，成果的全部知识产权归项目完成单位所有。自1980年以来实施的效果看，这项规定的改变，不仅调动了大学、科研机构和大企业主动申报政府资助的研究项目的积极性，还大大促进了技术成果的市场化流动和技术交易与技术转移，加快了国家产业发展急需技术的研发进程。

通过《史蒂文森—威德勒技术创新法》和《联邦政府技术转移法》的实施，建立和完善了美国国家层面促进科技成果转化与技术转移的组织体系，为科研机构和研究人员积极参与成果转化与技术转移活动提供了动力。而《小企业技术创新法》的实行，则促进了科技人员的创新创业活动，增加了小企业与大学、科研机构合作开展新技术研发的信心。《国家合作研究法》放宽了对技术合作的限制，提高了企业间特别是中小企业间合作进行技术研发和相互开展技术转移活动的积极性，为中小企业与大学、科研机构建立长期的技术合作奠定了法律基础。2000年修订的《技术转移商业化法》则强化了利益驱动机制和对成果转化与技术转移效果进行评估的法律责任，既调动了科研机构、国家实验室以及科技人员参与成果转化与技术转移活动的积极性，又增强了机构与个人的责任意识。

3. 政府调控

美国科技成果转化过程中政府的宏观调控作用充分发挥。通过其特有的保护、促进和监督职能。例如，颁布一系列科技法规及政策，发挥其对利益各方的保护职能；通过建立技术转移中介服务和风险投资机构发挥其促进职能；通过技术评估体系建立发挥其监督功能等。

4. 合作共赢

美国大学研发能够跟产业界紧密结合而不脱节，归功于良好的产学研运行机制和利益分配机制。一方面取决于美国企业界特别是实力雄厚的大企业重视与大学在技术创新方面的合作，从而使美国大学的科研工作能与生产紧密相连，这样既可以使大学直接接触到生产领域中存在的各类科学技术问题，使科研更有针对性，又能够使大学借此机会获得充足的科研经费，加快科研进程。另一方面是由于美国政府科技政策的引导和倾斜，促使美国高等学校在面向产业领域的技术创新活动中起着重要推动作用。高校、企业以及政府中的两者或三者通过共同建立研发平台，联合实施工业会员计划，建立产业合作中心和高新技术咨询中心，以及在自主选择基础上的伙伴选择机制等，不同高校间以及高校与企业之间，得以优势互补、资源共享，从而使得产学研结合更有针对性，有效性更强。

总的来说，美国从1980年开始，以政策供给侧改革撬动科技创新成果转化难题，为后来几十年科技创新生态体系奠定了理论基础和实践经验。基于不同制度，我国在引入"拜—杜法案"后，并未出现成果转化率明显提升现象。"拜—杜法案"在科技成果转化链条上找准问题，下准猛药，营造科技生态的做法值得河北省研究借鉴。

二　河北省科技成果转化存在的问题与解决对策

（一）深入开展科技成果价值评价和打造产业化（商业化）概念验证平台

价值评价和概念验证旨在为早期成果配置资金、开展技术与商业化验证，并吸引进一步的投资。这种做法由美国大学首创。2002—2019年，麻省理工学院德什潘德中心在概念验证方面投入了1700多万美元。受资金支持的转化项目中有近三成通过成立公司实现产业化，这些企业累计吸引8亿美元后续投资，资本放大比例高达47倍。其他经评价后获资助项目虽未成立公司，但大部分通过专利转让、许可方式实现转化。借鉴美国经验，2019年上海成立了科技成果评价研究院，河南成立了河南省科技成果评价研究院，广东成立了科技成果评价服务中心。

目前，河北省由省展交中心联合标准化院承担成果评价研究任务，综合、专业性与先行省市有差距。建议将其升级为河北省科技成果评价研究院，成员单位扩大为标准化研究院、成果展示中心、高校转移转化机构专家、技术转移机构、投资基金、转化平台、企业协会等。在科技成果价值评价上多做积累。

在打造产业化（商业化）概念验证平台方面。我国部分发达省市和综合性研究高校率先尝试。北京支持围绕高精尖产业领域建设第三方概念验证平台，支持创新主体联合实施概念验证活动；深圳明确对概念验证中心或中小试基地进行资助支持；杭州提出打造全国首个成果概念验证之都；上海张江成立上海首个区域型概念验证平台，打造1+N网络化概念验证体系平台；西安交通大学依托国家技术转移中心成立全国高校首个"概念验证中心"，并专注于生物及环保、新材料等方向的微种子概念验证基金。建议河北省依托国家级实验室，联合省内重点高校筹建概念验证中心。在投入上，可联合实施统一的高校概念验证资助计划，或者在原有资助计划的基础上增加概念验证专项费用，或者另设专项资金，对由政府资助的科技成果项目特别是高新技术领域的项目，提供一定数量的资金支持，依托高校进行概念验证，减少投资风险。

（二）加强省级专业技术转移人才培养体系建设

转化人才的能力在很大程度上决定了科技成果转化的最终结果。省外一些地方在积极探索如何提升转化人才能力。上海出台了建设专业化技术转移人才队伍的一系列举措，比如发布上海成果转化类紧缺人才开发目录、建立技术转移人才分类评价体系、畅通职业发展和职称晋升通道、增强对技术转移人才的价值认同感等。青岛则依托国家实验室，从青年科研人员中培养技术经理人，并建立了"创新单元—技术经理人—平台公司—项目公司"四位一体的成果转化体系。目前，河北省对于科技成果转化从业人员的培训活动已经举办了几届，但培训内容偏向于政策法规知识解读。在科技成果转化网上设置了技术转移人才培养链接入口，但链接入口到目前暂未开放。省内高校设置的成果转化机构位置尴尬，科技成果转化人才的职称评审体系也是空缺，没有激励通道。

建议依托河北省国家技术转移人才培养基地，力争在"十四五"时期建立省级专业技术转移机构和技术经理人培养体系，大力培养成果转化人才队伍。在培训内容上，紧扣《国家技术转移专业人员能力等级培训大纲》，结合河北省实际，确定"通用+个性"结合的培训内容。在师资规范上，加大对技术经理人培训教师的筛选、认定和评价工作力度。技术经理人培训师资认定评价可采用同行评议结合机构审核的方式进行，主要围绕理论知识和业务实践两个方面展开。只有通过评价的，才能获得从事相应课程的授课资格。此外，也要定期对技术经理人授课教师进行跟踪评价，督促不断更新科技成果转移转化知识和提升科技成果转移转化能力，动态调整技术经理人培训师资名单。

（三）从成果转化梗阻环节创新细化政策

制定落实科技成果转化相关政策需要坚持系统观念，在全局谋划中提升成果转化确定性。从成果转化生命周期入手，从高质量专利供给、技术转移机构与人才队伍培育、成果评价模式创新、应用能力强化等转化链条关键环节入手加强政策供给。从国家层面看，已经建立了科技成果转化的系列政策。（表1. 2022年科技成果转化政策相关重点和热点）河北省已经对标国家政策出台了相关规定，下一步需要在捆绑科技成果转化的"细绳子"上逐个攻破。

表1　　　　2022年科技成果转化政策相关重点和热点

政策特点	政策名称	重点和热点
激励政策	《中华人民共和国促进科技成果转化法》	解决了制约成果转化的突出问题，充分激发科技人员转化积极性，并确立"先转化后奖励"激励方式
	《赋予科研人员职务科技成果所有权或长期使用权试点实施方案》	要树立科技成果只有转化才能真正实现创新价值、不转化是最大损失的理念，并确立"先赋权后转化"激励方式
	《关于进一步做好职称评审工作的通知》	"成果转化"等业绩成果均可作为代表性成果参加职称评审
	《交通运输部促进科技成果转化办法》	进一步激发行业科技人员创新活力，为服务加快建设交通强国提供源头活水
应用导向	《中华人民共和国科学技术进步法》	促进基础研究与应用研究、成果转化融通发展
	《新形势下加强基础研究若干重点举措》	经济高质量发展急需高水平基础研究的供给和支撑，需求牵引、应用导向的基础研究战略意义凸显

续表

政策特点	政策名称	重点和热点
技术转移机构与人才队伍建设	《"十四五"技术要素市场专项规划》	将提升技术转移机构专业化服务能力、加强技术转移人才队伍建设作为"提升技术要素市场专业化服务效能"主要内容
	《职业分类大典》	技术经理人作为新职业
	《关于进一步做好职称评审工作的通知》	探索将"技术经纪"等新职业纳入职称评审范围
专利培育	《知识产权强国建设纲要（2021—2035年）》	健全运行高效顺畅、价值充分实现的运用机制。各地通过开展高价值专利培育、建设高校知识产权运营中心、建立对接机制、推进专利开放许可等方式促进专利转化运用
	《关于组织开展"百校千项"高价值专利培育转化行动的通知》	强化质量源头管理、培育高价值专利、推动高效转化、营造良好转化生态等四项任务，将充分发挥国家知识产权试点示范高校作用，推动专利申请前评估、知识产权全流程管理等制度扎实落地，探索构建可推广、可复制的高校高价值专利培育和转化运用新模式和新机制
成果评价	《关于完善科技成果评价机制的指导意见》	发挥科技成果评价作用，促进科技与经济社会发展更加紧密结合，加快推动科技成果转化为现实生产力
	《关于完善工业和信息化领域科技成果评价机制的实施方案（试行）》	创新科技成果评价工具和模式
企业转化	中央全面深化改革委员会第二十四次会议	提升国有企业原创技术需求牵引、源头供给、资源配置、转化应用能力，打造原创技术策源地
	《关于开展"携手行动"促进大中小企业融通创新（2022—2025年）的通知》	促进政府支持的科技项目研发成果向中小企业转移转化
	国资委召开中央企业关键核心技术攻关大会	要加快攻关成果转化应用，促进科技成果高效转移转化
	《国有企业科技人才薪酬分配指引》	重点激励在自主创新和科技成果转化中发挥主要作用的关键核心技术人才

在解开"细绳子"政策规范上，以技术转移机构与人才队伍建设为例：西安、成都、北京、湖北、辽宁、天津、山东、山西和安徽等多省市出台了有关技术转移人才职称评审、职务发明权属的管理办法；江苏、湖北、上海和青海等省市出台了技术经理人服务佣金收费标准指导意见；上海把技术转移人才纳入《上海市重点领域（科技创新类）"十四五"紧缺人才开发目录》；山东省印发了《关于进一步加强技术经理人队伍建设工作的通知》，指出技术经理人队伍是科技人才队伍的重要组成部分；广东省公布最新修订的《广东省科学技术奖励办法》，增设科技成果推广奖，授予将优秀科学技术成果大规模推广应用于广东省经济和社会发展，取得显著经济效益、社会效益、生态环境效益，并促进广东省区域协调发展的个人、组织。建议河北省在科技成果转化政策设置上，以知识产权生命周期为着眼，细化各环节措施方案。从激励、应用导向、技术转移机构与人才队伍建设、专利培育、成果评价、企业转化等成果转化链条梗阻环节大胆创新。

（四）以多种成果转化模式破解合作难题

建议河北省：一是依托国家级实验室，联合省内重点高校筹建概念验证中心。在投入上，可联合实施统一的高校概念验证资助计划，或者在原有资助计划的基础上增加概念验证专项费用，或者另设专项资金，对由政府资助的科技成果项目特别是高新技术领域的项目，提供一定数量的资金支持，依托高校进行概念验证，减少投资风险。二是科技研发导向要精准。先研发成果再转化的难题，要以企业为主体开展科研攻关。从顶层设计改变科研成果与产业界脱节问题。在年度省科技成果转化专项资金项目指南中，明确以重大战略产品为主攻方向，打造一批标志性"拳头产品"。三是在国家研究机构和大科学工程中，鼓励配备企业工程师、企业科学家与装置科学家一起设计、研制与改造设备和装置，及时发现并快速转化科技成果。这样可以最大可能实现"沿途下蛋"转化问题。

参考文献

蔡奇：《推进京津冀协同发展》，《人民日报》2017年11月20日，第6版。

邓小平著：《邓小平文选》第2卷，人民出版社1994年版，第89页。

洪华：《小米生态链战地笔记》，中信出版集团2021年版，第26页。

洪霄：《产学研合作的模式与机制创新研究》，《江苏高教》2011年第6期。

卡斯特尔、霍尔：《世界高技术园区：21世纪的产业综合体》，北京理工大学出版社1998年版，第250页。

李强等：《日韩国家创新体系研究及我国的启示》，《科学管理研究》2021年第3期。

林嵩：《创业生态系统：概念发展与运行机制》，《中央财经大学学报》2011年第4期。

刘瑞明：《国家高新区推动了地区经济发展吗——基于双重差分方法的验证》，《管理世界》2015年第8期。

刘永：《卡罗来纳州三角研究园区创新发展的启示》，《创新科技》2016年第9期。

卢顺平：《国家高新区政策机制演进研究——一个基于政策过程的分析框架》，《科技管理研究》2022年第42期。

麻彦春：《产业集聚视角下科技园融资的市政分析》，《税务与经济》2007年第7期。

马海涛等：《当前地方政府招商引资存在的问题与根源》，《中国发展观察》2010年第5期。

马相东等：《地方政府招商引资政策的变迁历程与取向观察》，《改革》2021年第8期。

马宗国等：《国际典型高科技园区创新生态系统发展模式及其政策启示》，《经济体制改革》2022年第1期。

吴敬琏：《简论中小企业优势与高技术产业发展方针》，《科技导报》1999年第9期。

诺伯舒兹：《场所精神迈向建筑现象学》，华中科技大学出版社2010年版，第115页。

欧阳桃花等：《中国企业产品创新管理模式研究》，《管理世界》2008年第2期。

沙德春：《索菲亚科技园转型中的社会技术创新研究》，《科技管理研究》2016年第3期。

申秀清等：《借鉴国外经验发展我国农业科技园区》，《现代经济探讨》2012年第11期。

宋玉祥等：《空间政策：由区域倾斜到产业倾斜》，《经济地理》2010年第30期。

苏文松等：《京津冀城市群高科技园区协同发展动力机制与合作共建模式——中关村科技园为例》，《地理科学进展》2017年第36期。

谭劲松等：《产业创新生态系统的形成与演进："架构者"变迁及其战略行为演变》，《管理世界》2021年第9期。

汪涛、杨雪梅：《高校技术创新溢出能力对国家大学科技园孵化效率的影响》，《华中师范大学学报》（自然科学版）2021年第5期。

王宏伟等：《寻求推动高校科技成果转化的有效途径——以北京科技大学科技园为例》，《中国高校科技》2020年第8期。

卫平等：《国内外科技园区发展模式异质性研究》，《中国科技论坛》2018年第7期。

吴传清等：《长江经济带高质量发展研究报告》（2020），中国社会科学出版社2021年版，第264页。

吴林海：《中国科技园区域创新能力理论分析框架研究》，《经济学家》2001 年第 3 期。

阎立忠：《产业园区/产业地产规划、招商、运营实战》，博瑞森管理图书出版 2015 年版，第 41 页。

杨震宁等：《企业入驻科技园的动机及影响因素模型研究》，《科学学研究》2008 年第 1 期。

杨震宁等：《中国科技园绩效评估：基于企业需求的视角》，《科学学研究》2007 年第 5 期。

曾丹：《关于辽宁省科技投入水平的分析及配置对策》，《市场论坛》2006 年第 3 期。

詹绍文、朱一鑫等：《国家大学科技园时空演化特征与发展绩效评估》，《中国科技论坛》2021 年第 9 期。

张金龙等：《河北省科技投入现状及政策分析》，《科技管理研究》2013 年第 33 期。

中共中央文献研究室编辑委员会编著：《周恩来选集》下卷，人民出版社 1984 年版，第 162、163、166 页。

中共中央文献研究室和中央档案馆编著：《建国以来周恩来文稿》第 1 卷，中央文献出版社 2008 年版，第 119 页。

中国科技创新政策体系报告研究编写组编著：《中国科技创新政策体系报告》，科学出版社 2018 年版，第 5 页。

钟观：《中关村——探索中国特色的自主创新之路》，《前线》2010 年第 6 期。

Felsenstein, "University-related Science Parks", *Technovation*, Vol. 24, No. 3, March 1994, pp. 28-35.

Richard Nelson, "Making Sense of Institutions as a Factor Shaping Economic Performance", *Journal of Economic Behavior and Organizations*, No. 44, 2001, pp. 31-45.